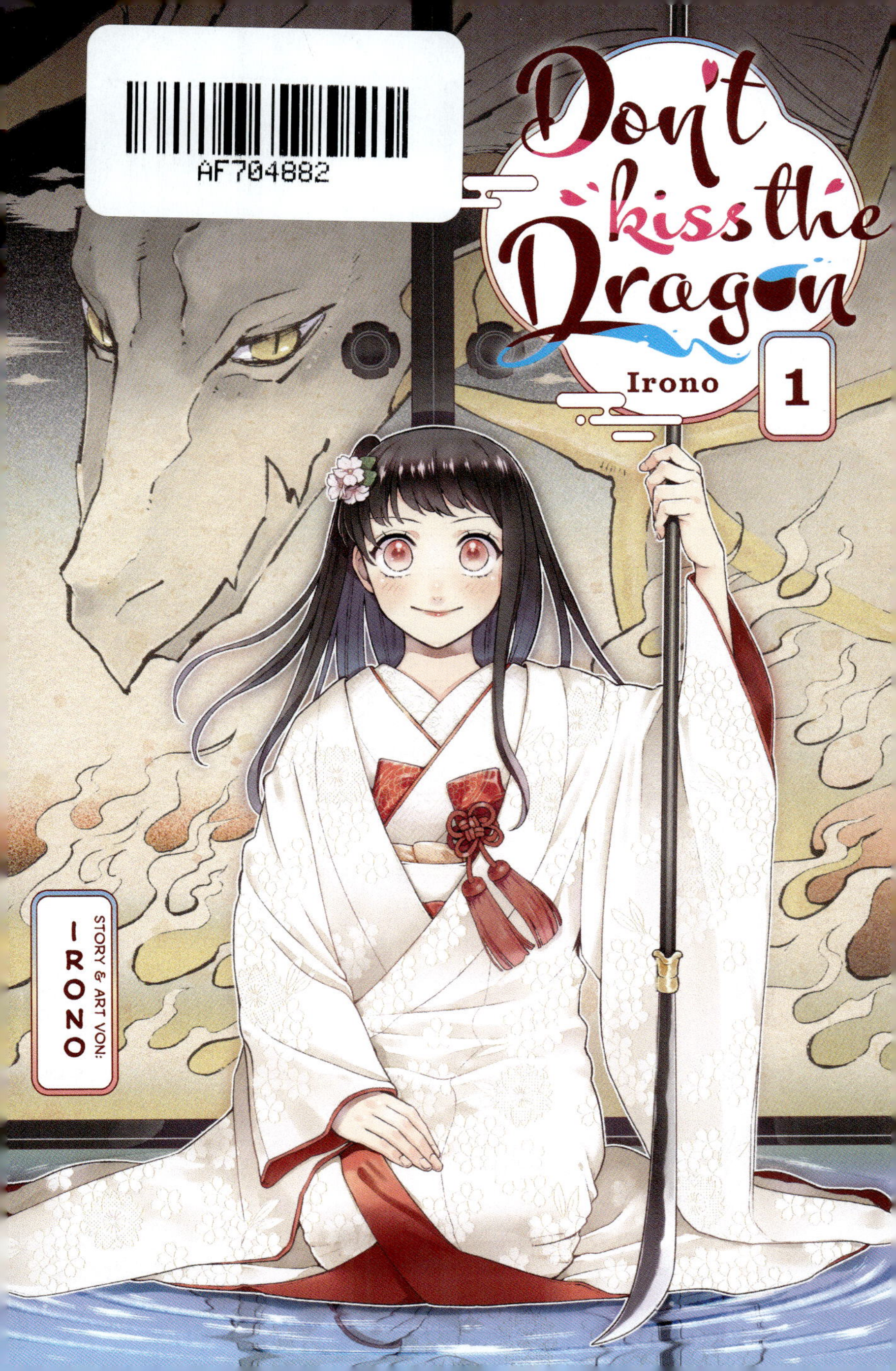
Don't kiss the Dragon
Irono
1
STORY & ART VON:
IRONO

INHALT

KAPITEL 1	DIE KOGA-LEGENDE	003
KAPITEL 2	WARUM DER ÄLTESTE DRACHE KAM	075
KAPITEL 3	ZWEI OHNE JEDEN FUNKEN	111
KAPITEL 4	ROCK ON	147

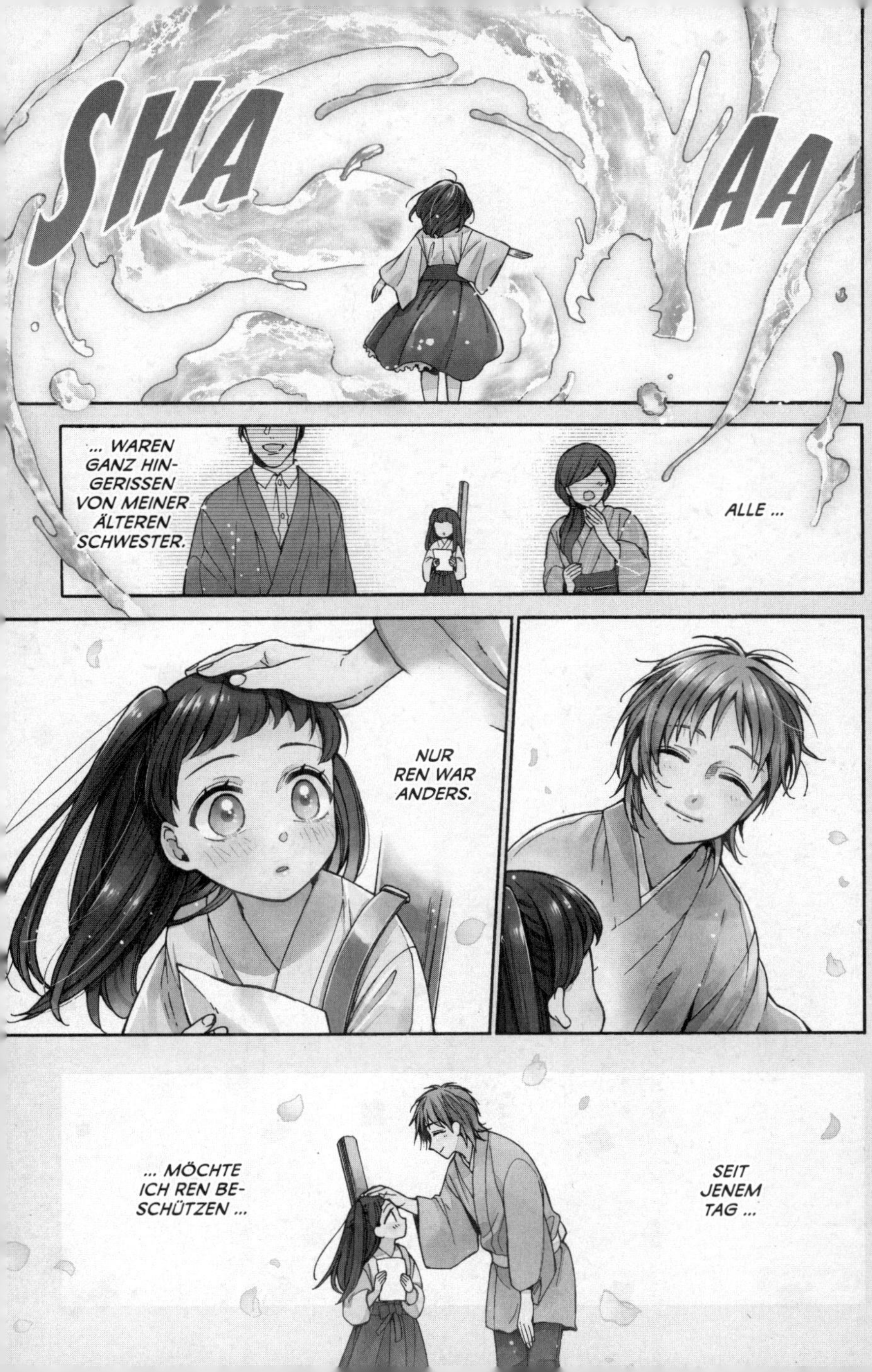
SHA
AA
ALLE ...
... WAREN GANZ HINGERISSEN VON MEINER ÄLTEREN SCHWESTER.
NUR REN WAR ANDERS.
SEIT JENEM TAG ...
... MÖCHTE ICH REN BESCHÜTZEN ...

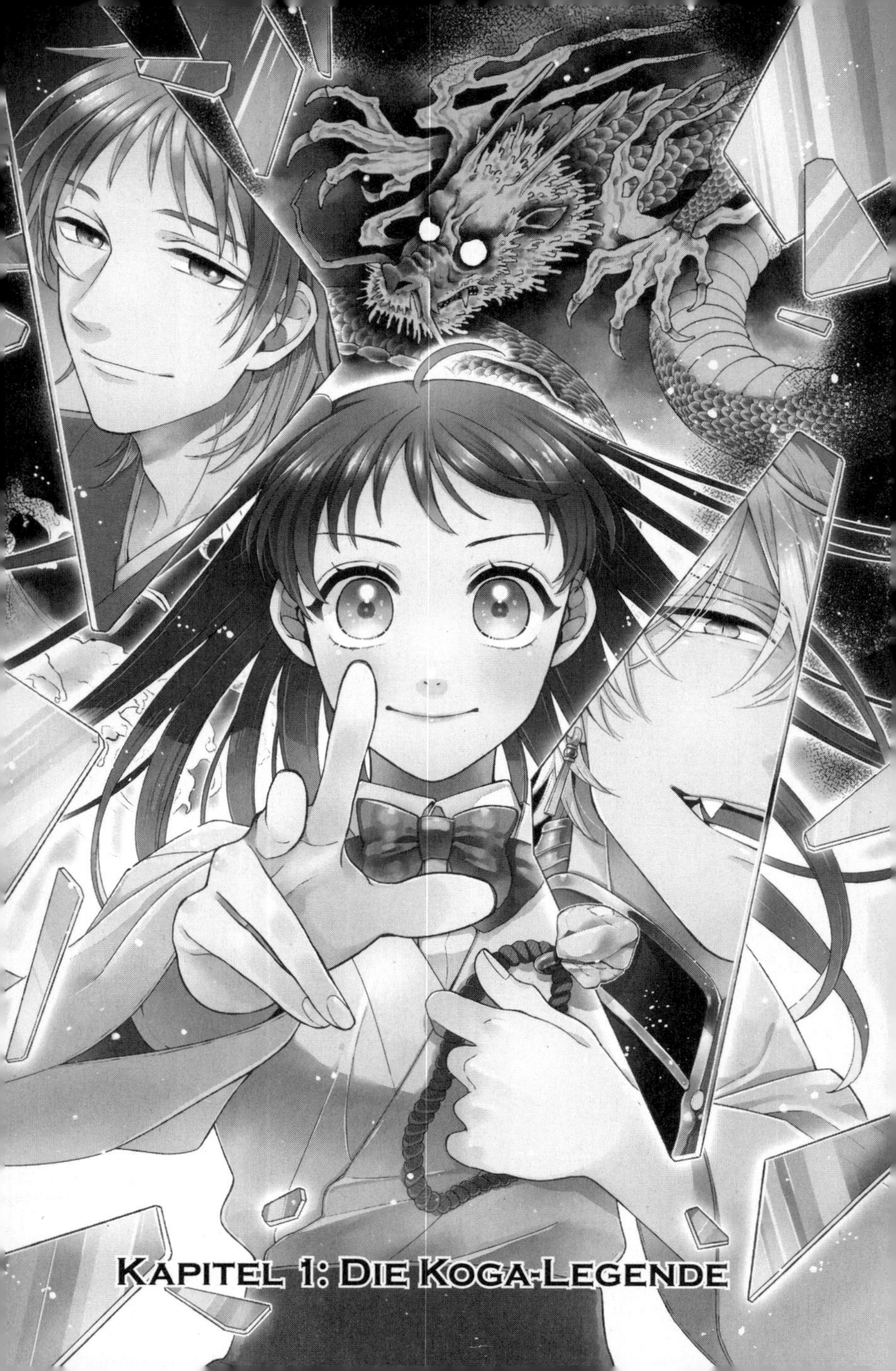
Kapitel 1: Die Koga-Legende

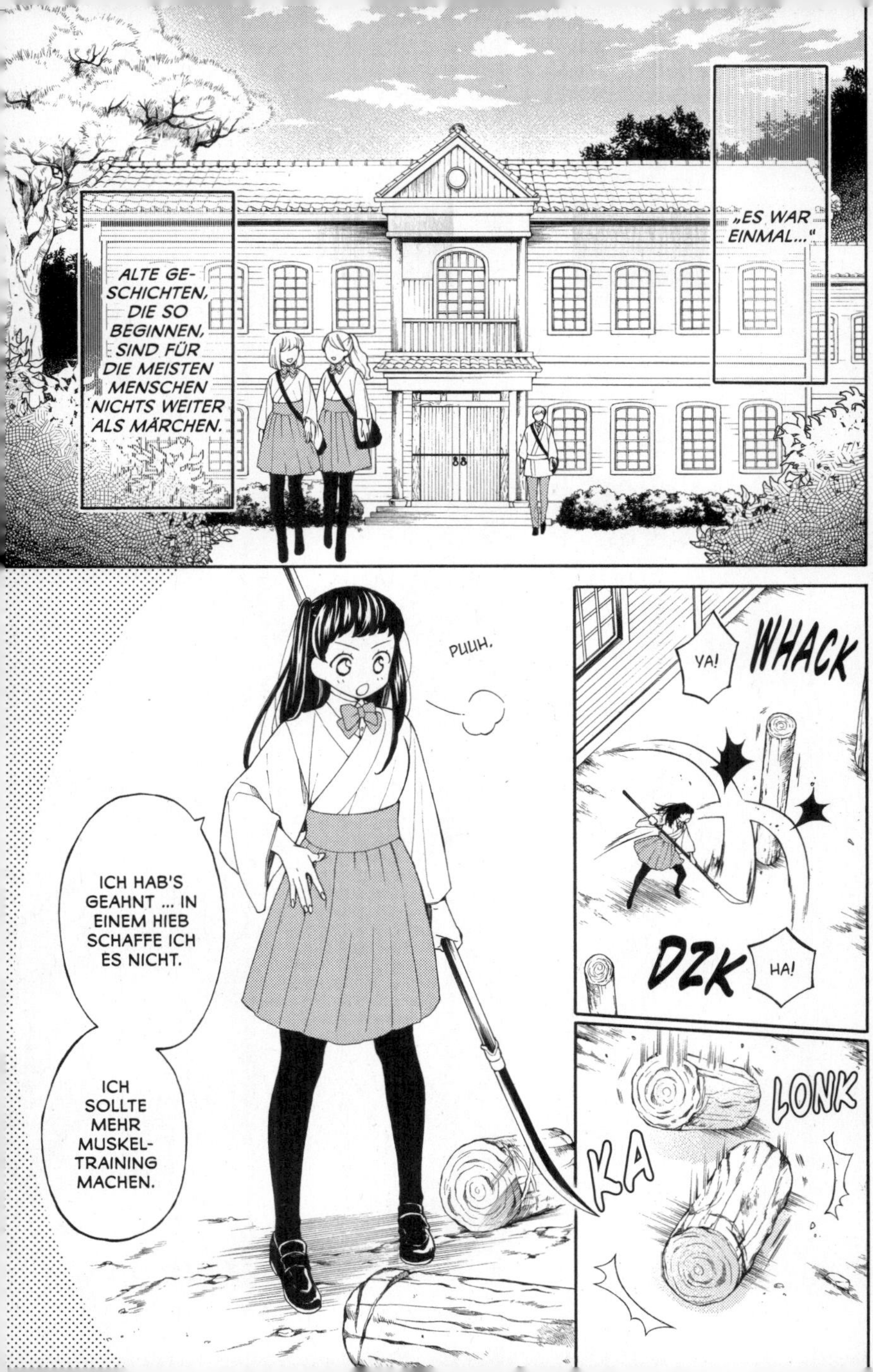
„ES WAR EINMAL...“
ALTE GESCHICHTEN, DIE SO BEGINNEN, SIND FÜR DIE MEISTEN MENSCHEN NICHTS WEITER ALS MÄRCHEN.
WHACK
YA!
DZK
HA!
LONK
KA
PUUH.
ICH HAB'S GEAHNT ... IN EINEM HIEB SCHAFFE ICH ES NICHT.
ICH SOLLTE MEHR MUSKEL-TRAINING MACHEN.

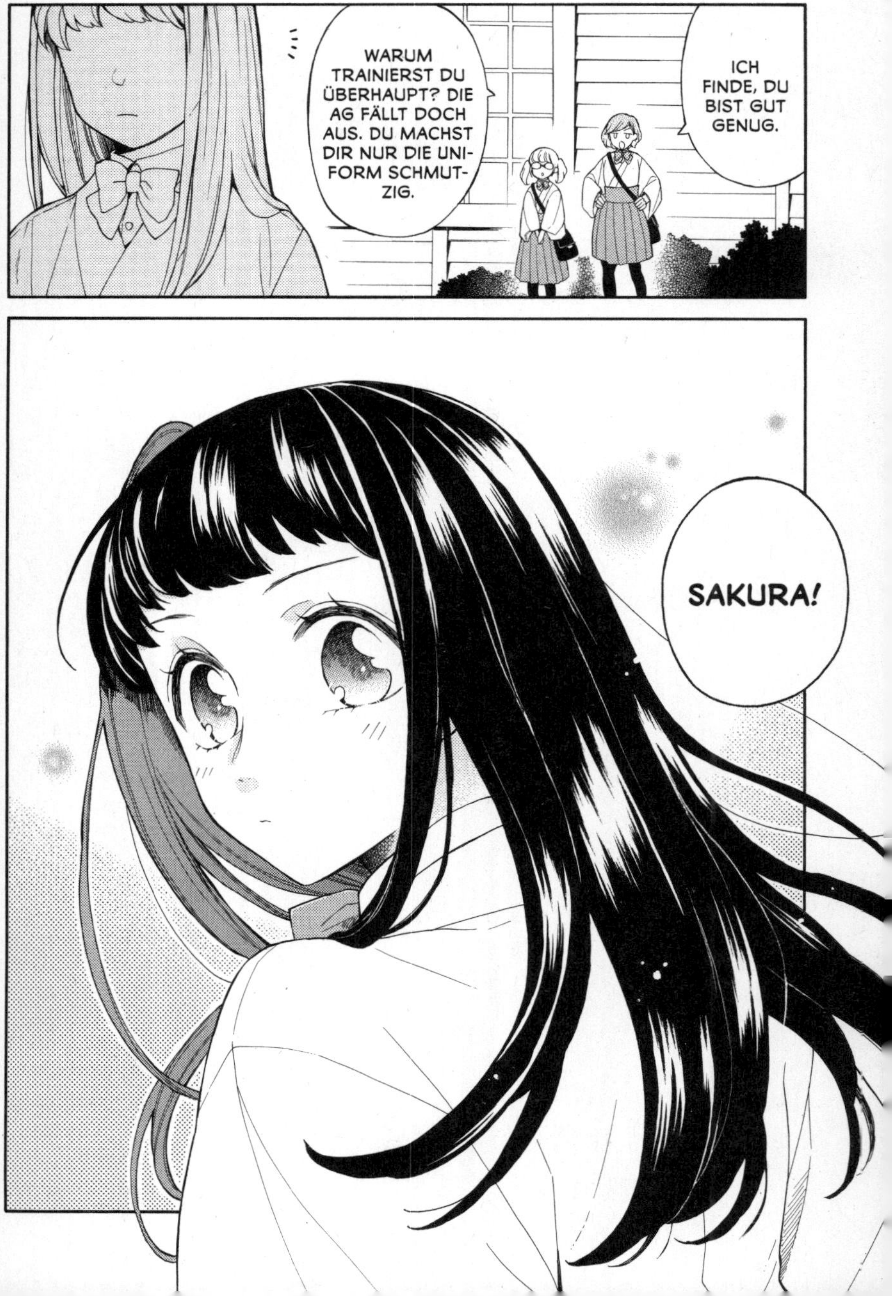
ICH FINDE, DU BIST GUT GENUG.
WARUM TRAINIERST DU ÜBERHAUPT? DIE AG FÄLLT DOCH AUS. DU MACHST DIR NUR DIE UNIFORM SCHMUTZIG.
SAKURA!

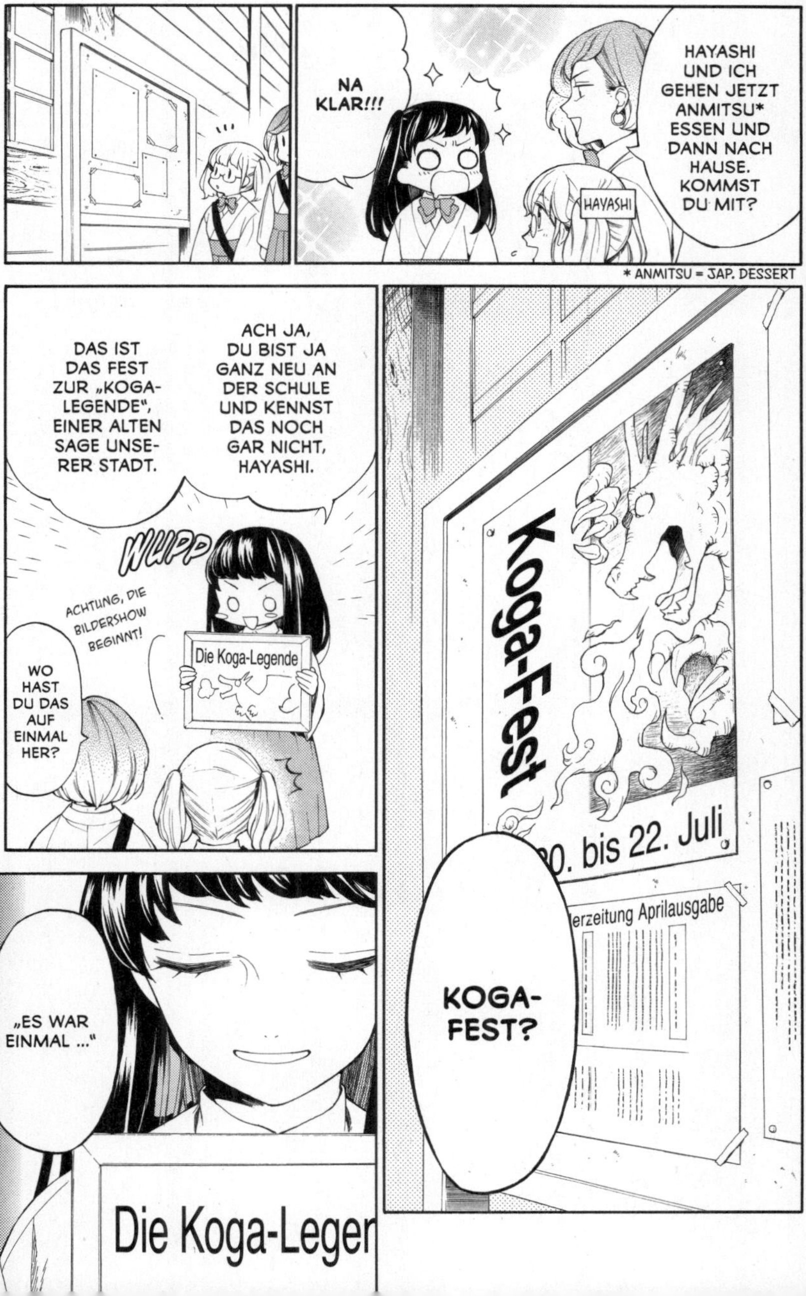

* ANMITSU = JAP. DESSERT

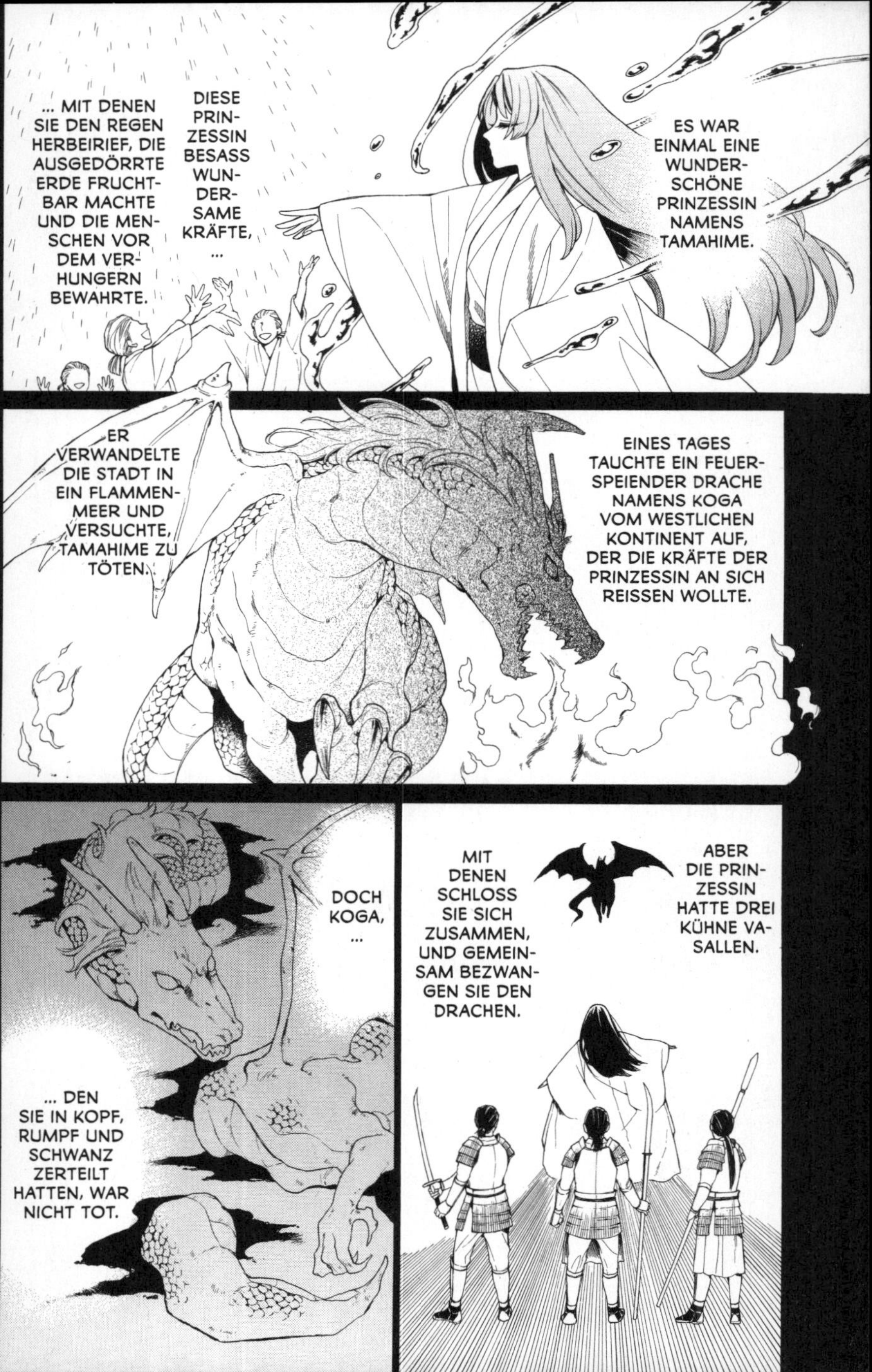
ES WAR EINMAL EINE WUNDERSCHÖNE PRINZESSIN NAMENS TAMAHIME.
DIESE PRINZESSIN BESASS WUNDERSAME KRÄFTE, ...
... MIT DENEN SIE DEN REGEN HERBEIRIEF, DIE AUSGEDÖRRTE ERDE FRUCHTBAR MACHTE UND DIE MENSCHEN VOR DEM VERHUNGERN BEWAHRTE.
EINES TAGES TAUCHTE EIN FEUERSPEIENDER DRACHE NAMENS KOGA VOM WESTLICHEN KONTINENT AUF, DER DIE KRÄFTE DER PRINZESSIN AN SICH REISSEN WOLLTE.
ER VERWANDELTE DIE STADT IN EIN FLAMMENMEER UND VERSUCHTE, TAMAHIME ZU TÖTEN.
ABER DIE PRINZESSIN HATTE DREI KÜHNE VASALLEN.
MIT DENEN SCHLOSS SIE SICH ZUSAMMEN, UND GEMEINSAM BEZWANGEN SIE DEN DRACHEN.
DOCH KOGA, ...
... DEN SIE IN KOPF, RUMPF UND SCHWANZ ZERTEILT HATTEN, WAR NICHT TOT.

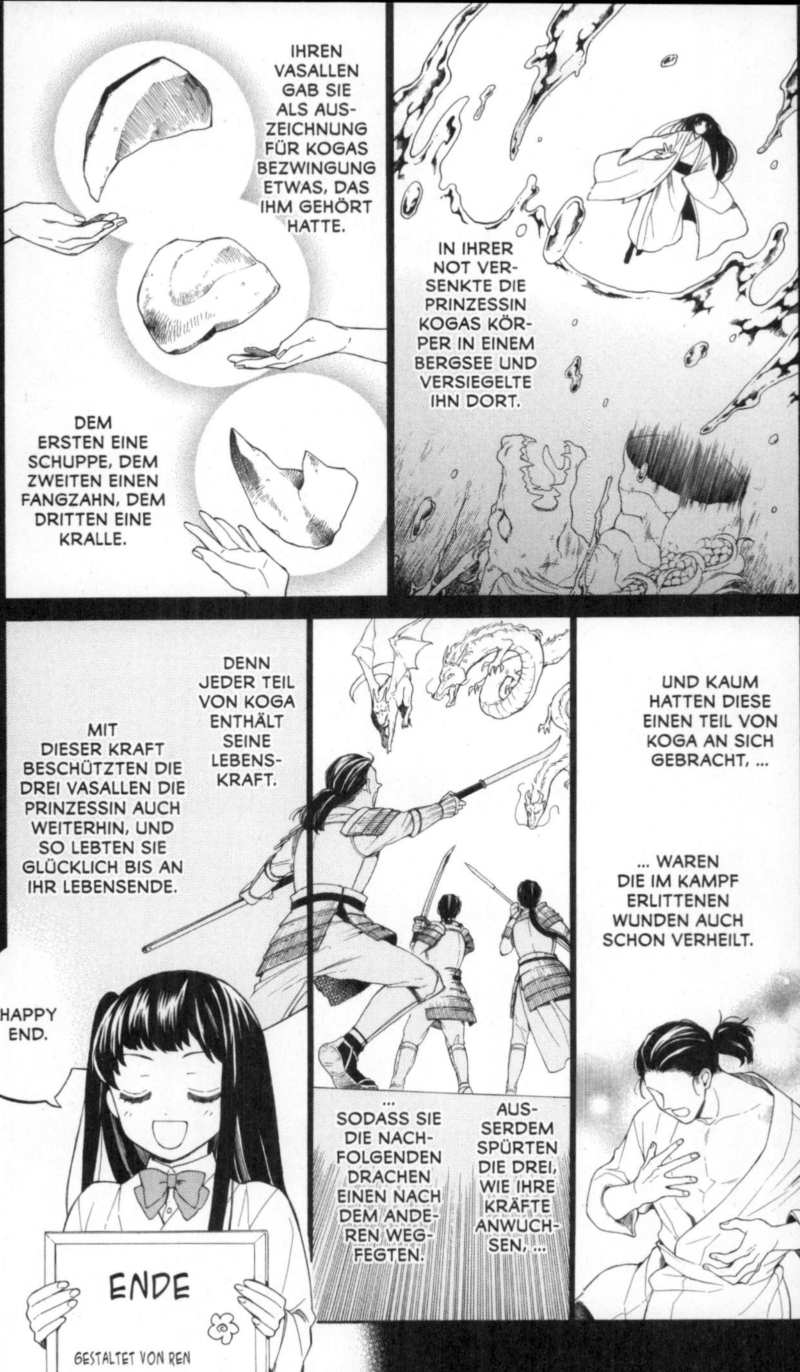
IN IHRER NOT VERSENKTE DIE PRINZESSIN KOGAS KÖRPER IN EINEM BERGSEE UND VERSIEGELTE IHN DORT.
IHREN VASALLEN GAB SIE ALS AUSZEICHNUNG FÜR KOGAS BEZWINGUNG ETWAS, DAS IHM GEHÖRT HATTE.
DEM ERSTEN EINE SCHUPPE, DEM ZWEITEN EINEN FANGZAHN, DEM DRITTEN EINE KRALLE.
UND KAUM HATTEN DIESE EINEN TEIL VON KOGA AN SICH GEBRACHT, ...
... WAREN DIE IM KAMPF ERLITTENEN WUNDEN AUCH SCHON VERHEILT.
AUSSERDEM SPÜRTEN DIE DREI, WIE IHRE KRÄFTE ANWUCHSEN, ...
... SODASS SIE DIE NACHFOLGENDEN DRACHEN EINEN NACH DEM ANDEREN WEGFEGTEN.
DENN JEDER TEIL VON KOGA ENTHÄLT SEINE LEBENSKRAFT.
MIT DIESER KRAFT BESCHÜTZTEN DIE DREI VASALLEN DIE PRINZESSIN AUCH WEITERHIN, UND SO LEBTEN SIE GLÜCKLICH BIS AN IHR LEBENSENDE.
HAPPY END.
ENDE
GESTALTET VON REN

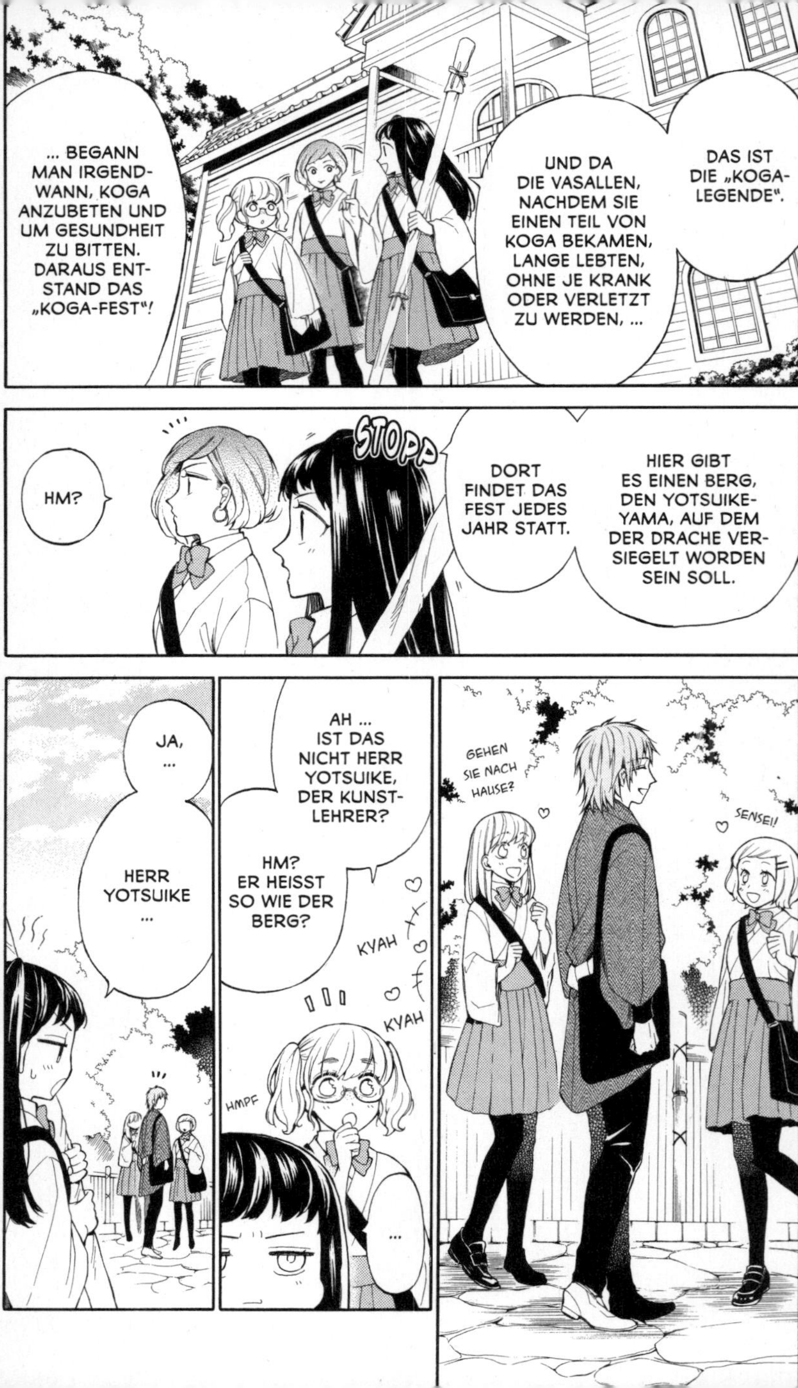
DAS IST DIE „KOGA-LEGENDE“.
UND DA DIE VASALLEN, NACHDEM SIE EINEN TEIL VON KOGA BEKAMEN, LANGE LEBTEN, OHNE JE KRANK ODER VERLETZT ZU WERDEN, …
… BEGANN MAN IRGENDWANN, KOGA ANZUBETEN UND UM GESUNDHEIT ZU BITTEN. DARAUS ENTSTAND DAS „KOGA-FEST“!
HIER GIBT ES EINEN BERG, DEN YOTSUIKE-YAMA, AUF DEM DER DRACHE VERSIEGELT WORDEN SEIN SOLL.
DORT FINDET DAS FEST JEDES JAHR STATT.
STOPP
HM?
SENSEI!
GEHEN SIE NACH HAUSE?
AH … IST DAS NICHT HERR YOTSUIKE, DER KUNSTLEHRER?
HM? ER HEISST SO WIE DER BERG?
KYAH
KYAH
HMPF
…
JA, …
HERR YOTSUIKE …

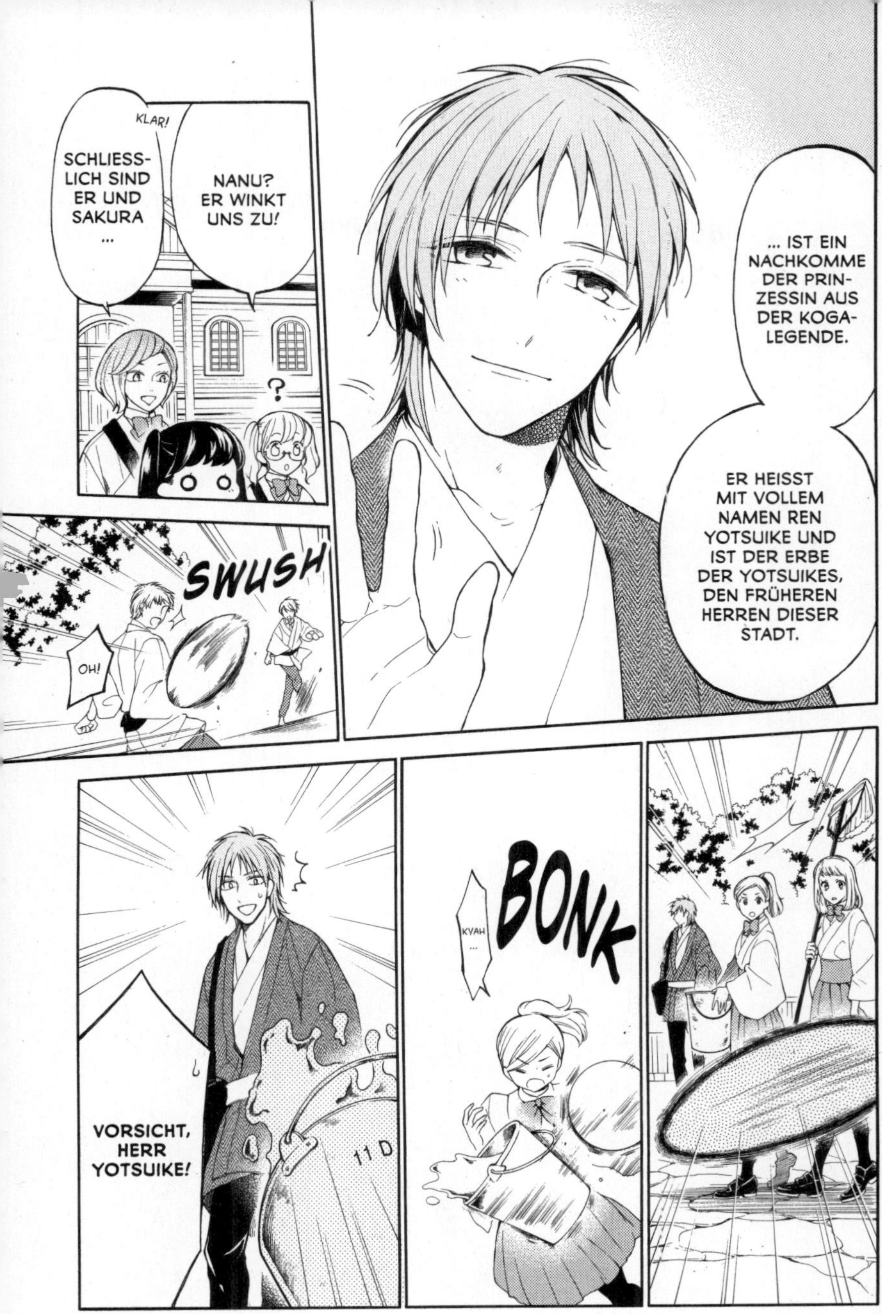
... IST EIN NACHKOMME DER PRINZESSIN AUS DER KOGA-LEGENDE.
ER HEISST MIT VOLLEM NAMEN REN YOTSUIKE UND IST DER ERBE DER YOTSUIKES, DEN FRÜHEREN HERREN DIESER STADT.
NANU? ER WINKT UNS ZU!
KLAR!
SCHLIESS-LICH SIND ER UND SAKURA ...
SWUSH
OH!
BONK
KVAH ...
VORSICHT, HERR YOTSUIKE!
11 D

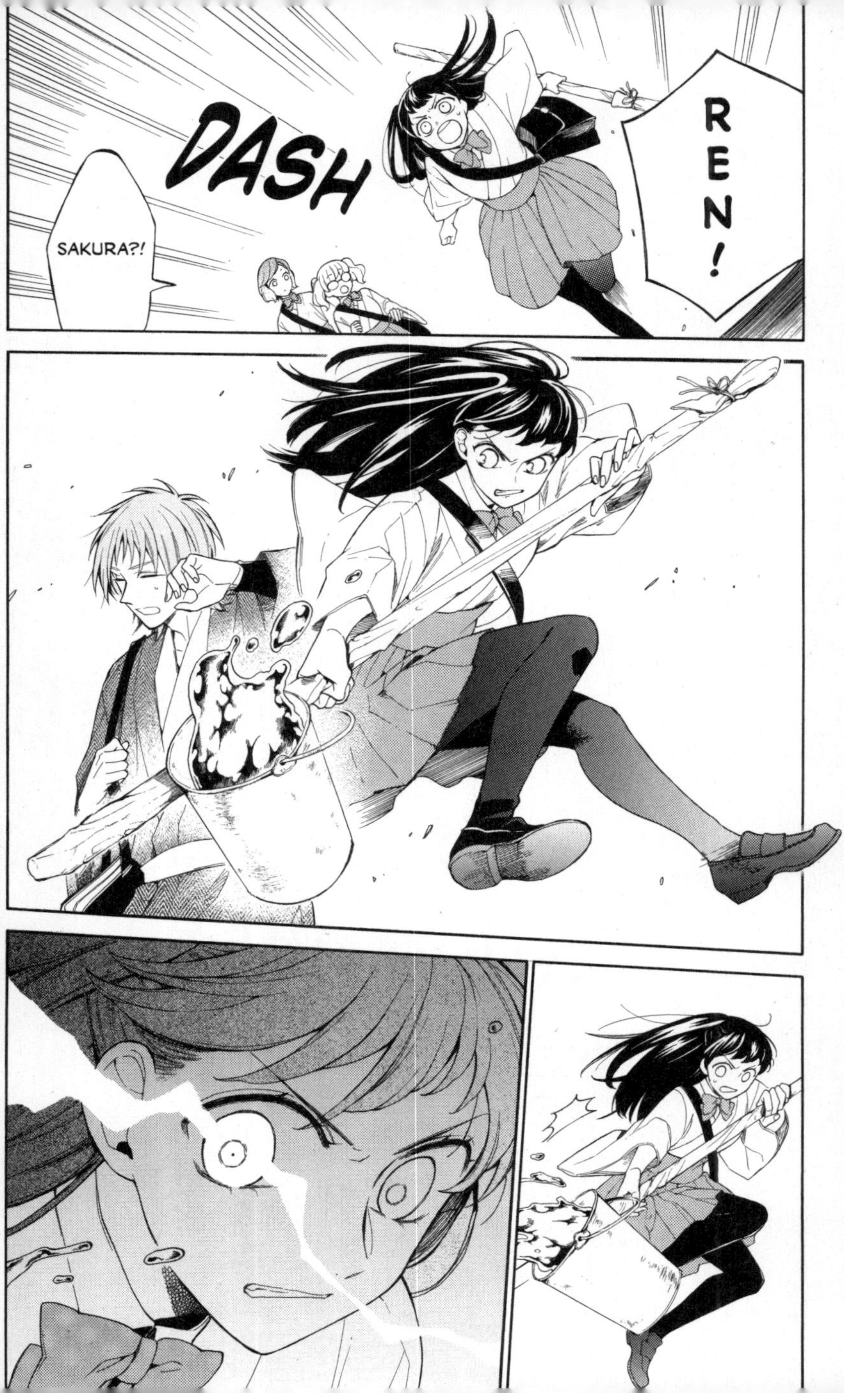
REN!
DASH
SAKURA?!

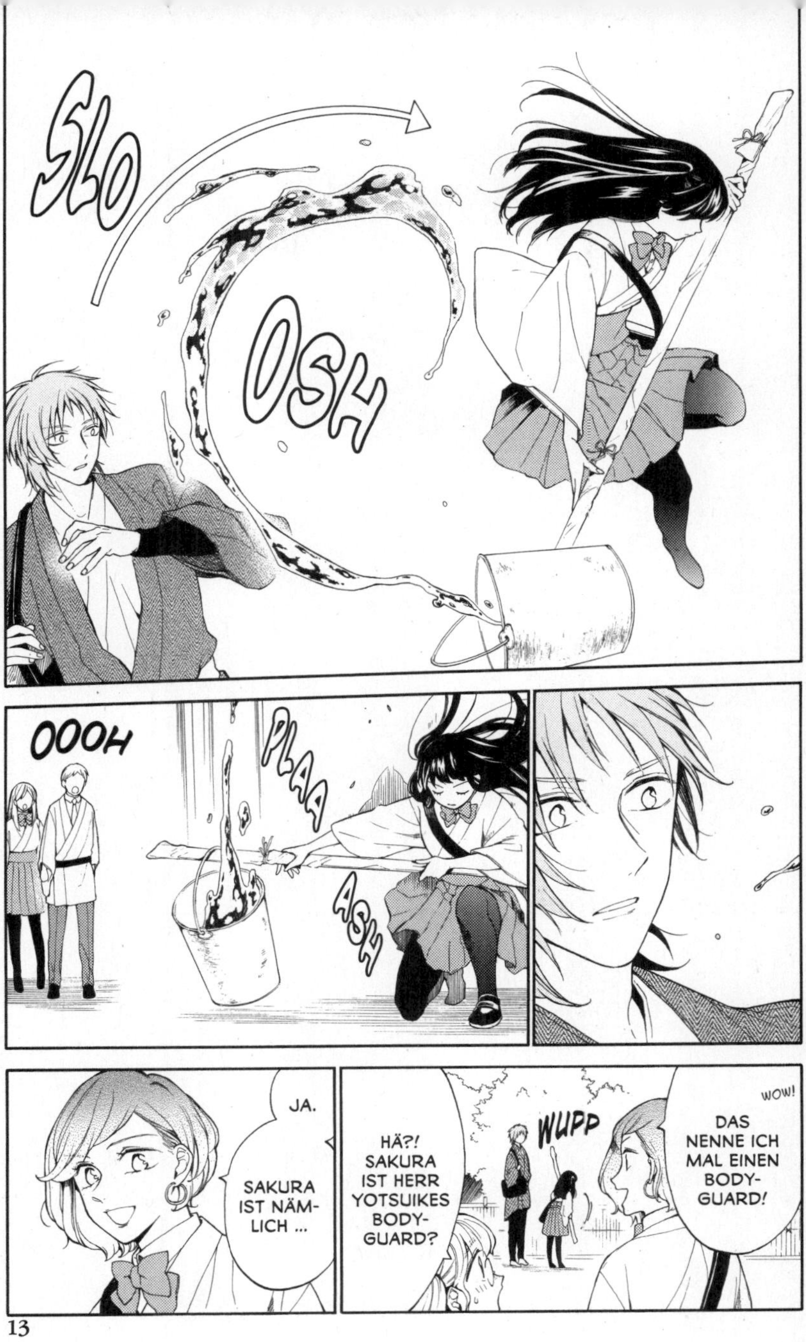
SLO
OSH
PLAA
ASH
OOOH
WOW!
DAS NENNE ICH MAL EINEN BODY-GUARD!
WUPP
HÄ?! SAKURA IST HERR YOTSUIKES BODY-GUARD?
JA.
SAKURA IST NÄM-LICH ...

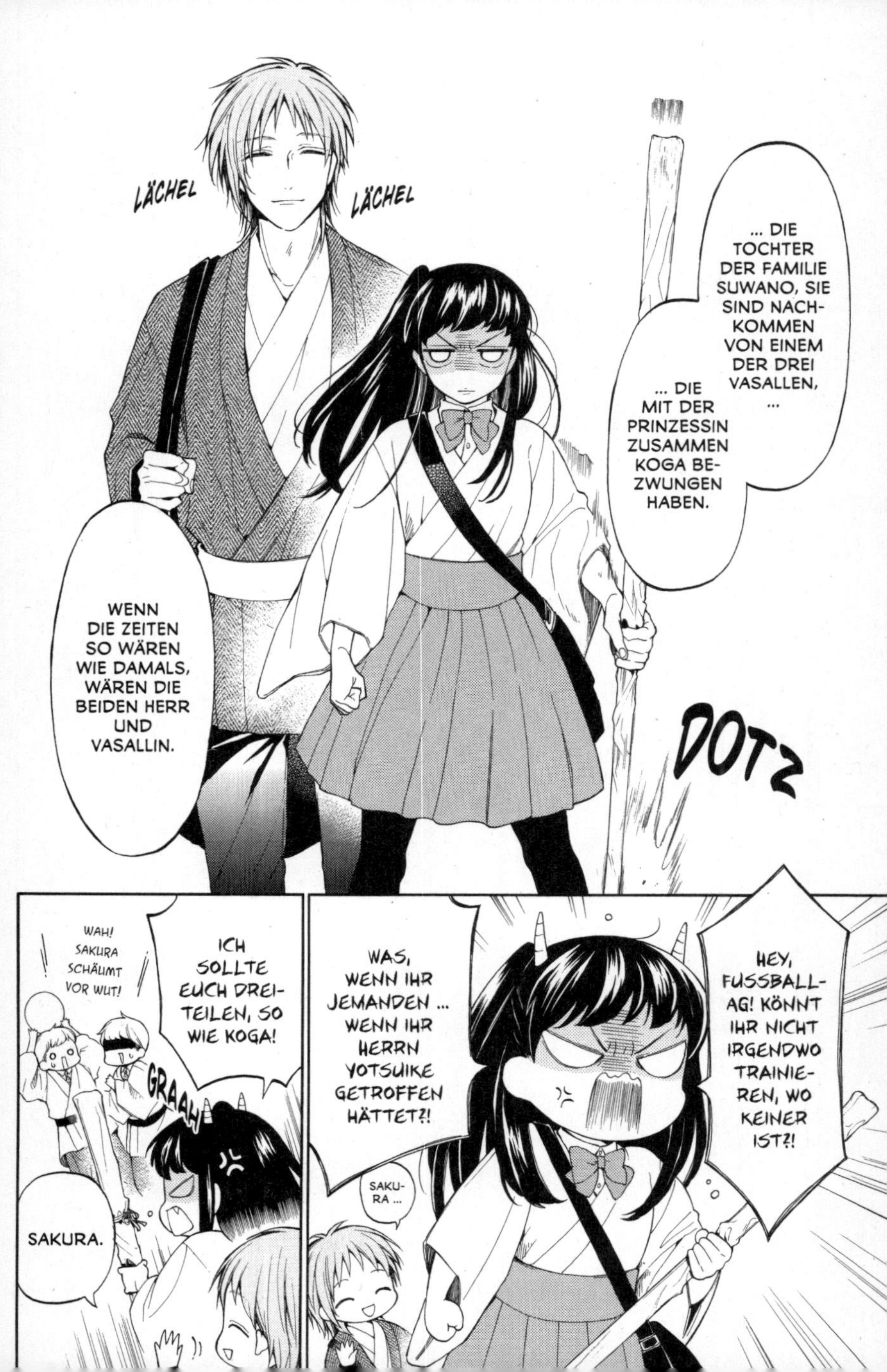
... DIE TOCHTER DER FAMILIE SUWANO, SIE SIND NACHKOMMEN VON EINEM DER DREI VASALLEN, ...
... DIE MIT DER PRINZESSIN ZUSAMMEN KOGA BEZWUNGEN HABEN.
LÄCHEL
LÄCHEL
WENN DIE ZEITEN SO WÄREN WIE DAMALS, WÄREN DIE BEIDEN HERR UND VASALLIN.
DOTZ
HEY, FUSSBALL-AG! KÖNNT IHR NICHT IRGENDWO TRAINIEREN, WO KEINER IST?!
WAS, WENN IHR JEMANDEN ... WENN IHR HERRN YOTSUIKE GETROFFEN HÄTTET?!
SAKURA ...
ICH SOLLTE EUCH DREITEILEN, SO WIE KOGA!
GRAAAH
WAH! SAKURA SCHÄUMT VOR WUT!
SAKURA.

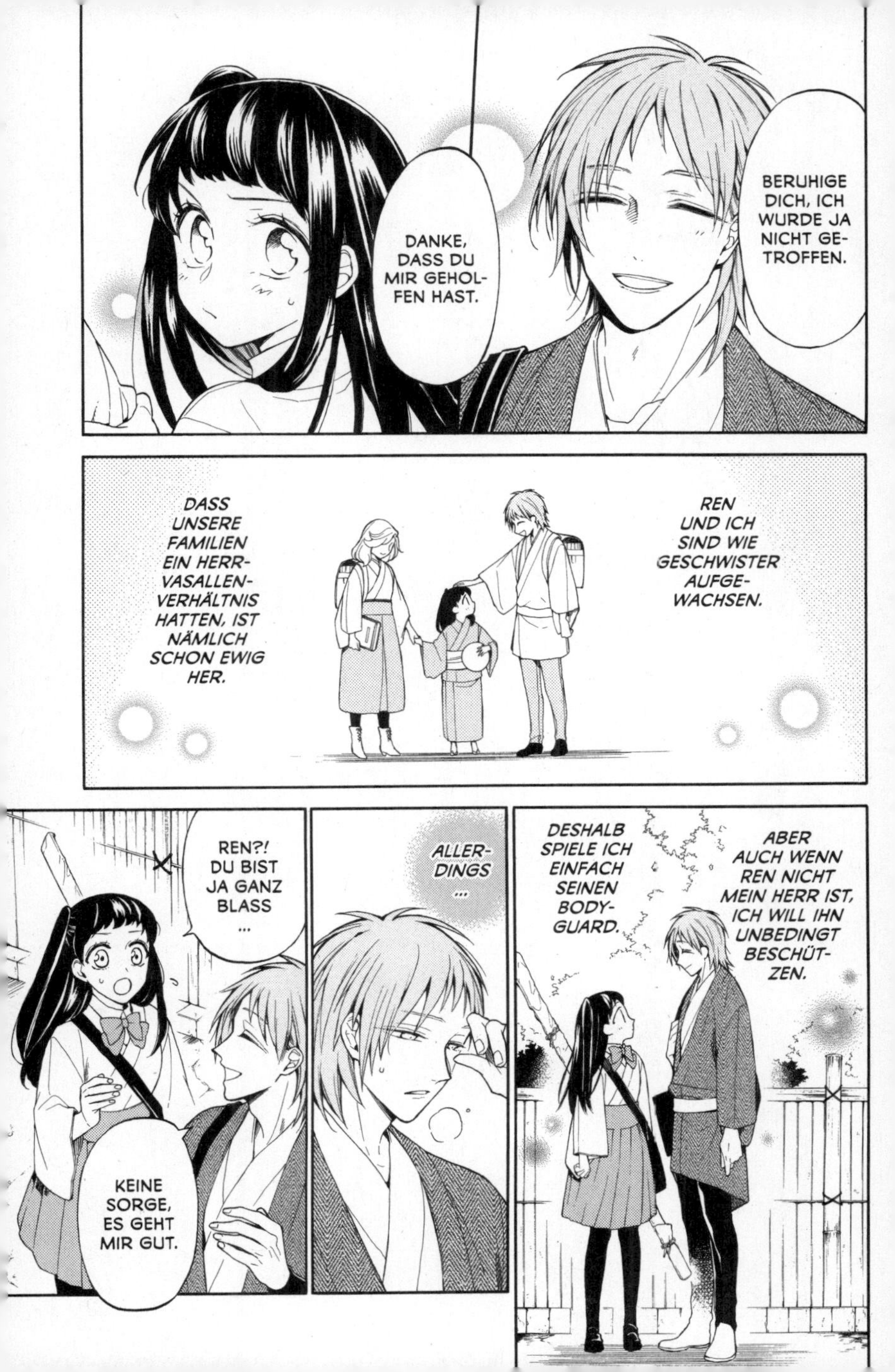

BERUHIGE DICH, ICH WURDE JA NICHT GE-TROFFEN.
DANKE, DASS DU MIR GEHOL-FEN HAST.
REN UND ICH SIND WIE GESCHWISTER AUFGE-WACHSEN.
DASS UNSERE FAMILIEN EIN HERR-VASALLEN-VERHÄLTNIS HATTEN, IST NÄMLICH SCHON EWIG HER.
ABER AUCH WENN REN NICHT MEIN HERR IST, ICH WILL IHN UNBEDINGT BESCHÜT-ZEN.
DESHALB SPIELE ICH EINFACH SEINEN BODY-GUARD.
ALLER-DINGS ...
REN?! DU BIST JA GANZ BLASS ...
KEINE SORGE, ES GEHT MIR GUT.

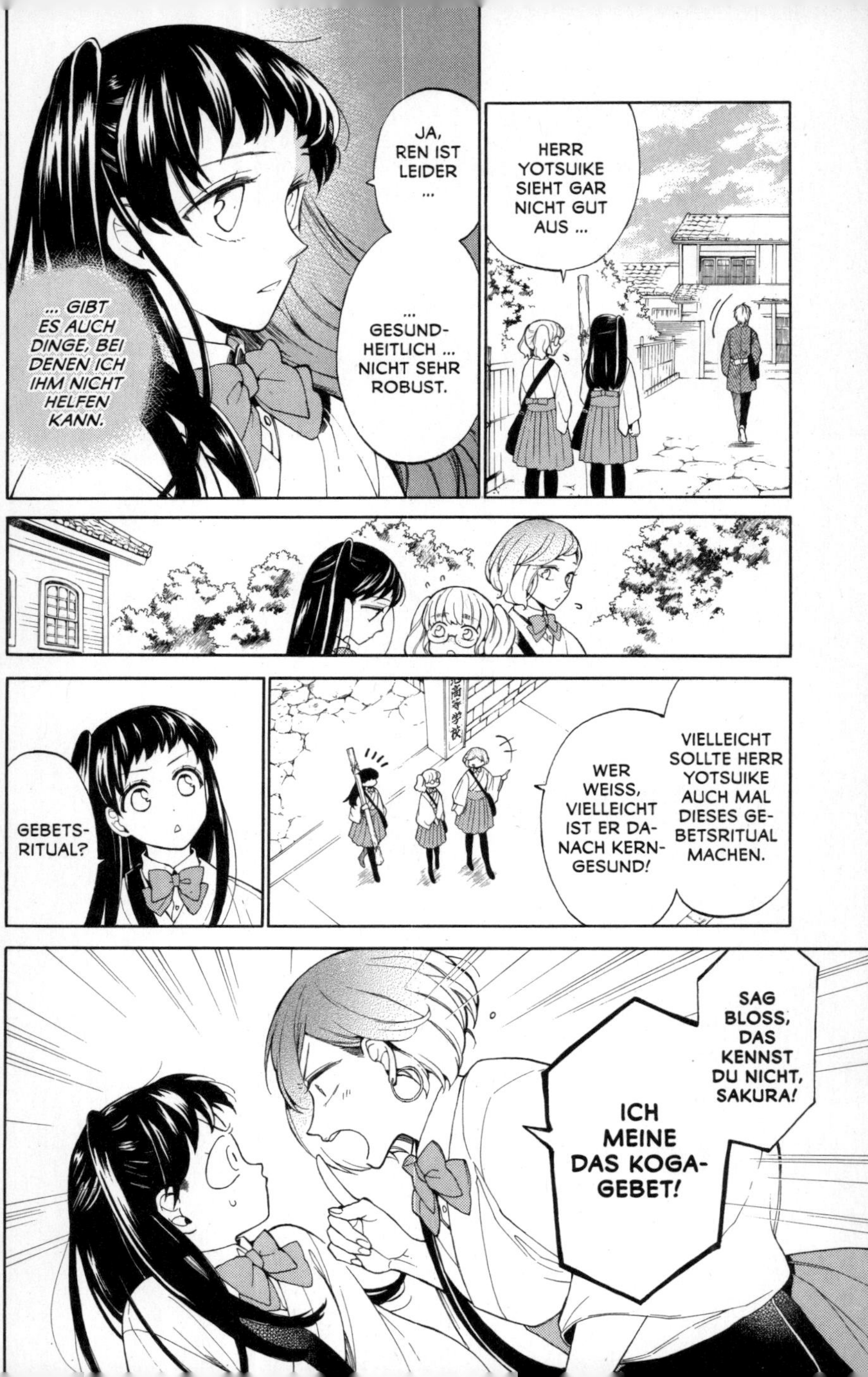
HERR YOTSUIKE SIEHT GAR NICHT GUT AUS ...
JA, REN IST LEIDER ...
... GESUNDHEITLICH ... NICHT SEHR ROBUST.
... GIBT ES AUCH DINGE, BEI DENEN ICH IHM NICHT HELFEN KANN.
VIELLEICHT SOLLTE HERR YOTSUIKE AUCH MAL DIESES GEBETSRITUAL MACHEN.
WER WEISS, VIELLEICHT IST ER DANACH KERNGESUND!
GEBETSRITUAL?
SAG BLOSS, DAS KENNST DU NICHT, SAKURA!
ICH MEINE DAS KOGA-GEBET!

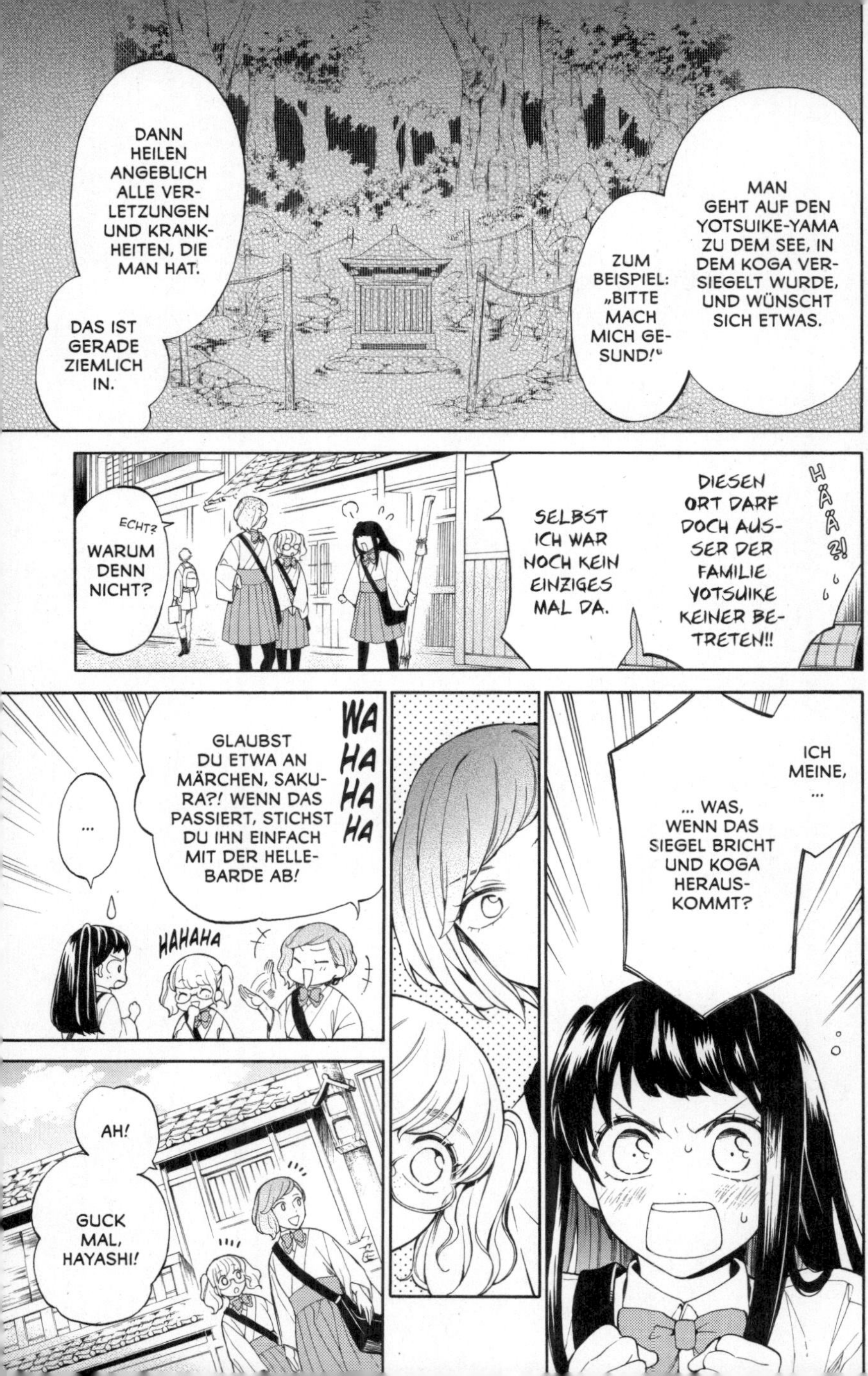
MAN GEHT AUF DEN YOTSUIKE-YAMA ZU DEM SEE, IN DEM KOGA VERSIEGELT WURDE, UND WÜNSCHT SICH ETWAS.
ZUM BEISPIEL: „BITTE MACH MICH GESUND!“
DANN HEILEN ANGEBLICH ALLE VERLETZUNGEN UND KRANKHEITEN, DIE MAN HAT.
DAS IST GERADE ZIEMLICH IN.
HÄÄ?!
DIESEN ORT DARF DOCH AUSSER DER FAMILIE YOTSUIKE KEINER BETRETEN!!
SELBST ICH WAR NOCH KEIN EINZIGES MAL DA.
ECHT?
WARUM DENN NICHT?
ICH MEINE, ...
... WAS, WENN DAS SIEGEL BRICHT UND KOGA HERAUSKOMMT?
WAHAHAHA
GLAUBST DU ETWA AN MÄRCHEN, SAKURA?! WENN DAS PASSIERT, STICHST DU IHN EINFACH MIT DER HELLEBARDE AB!
...
HAHAHA
AH!
GUCK MAL, HAYASHI!

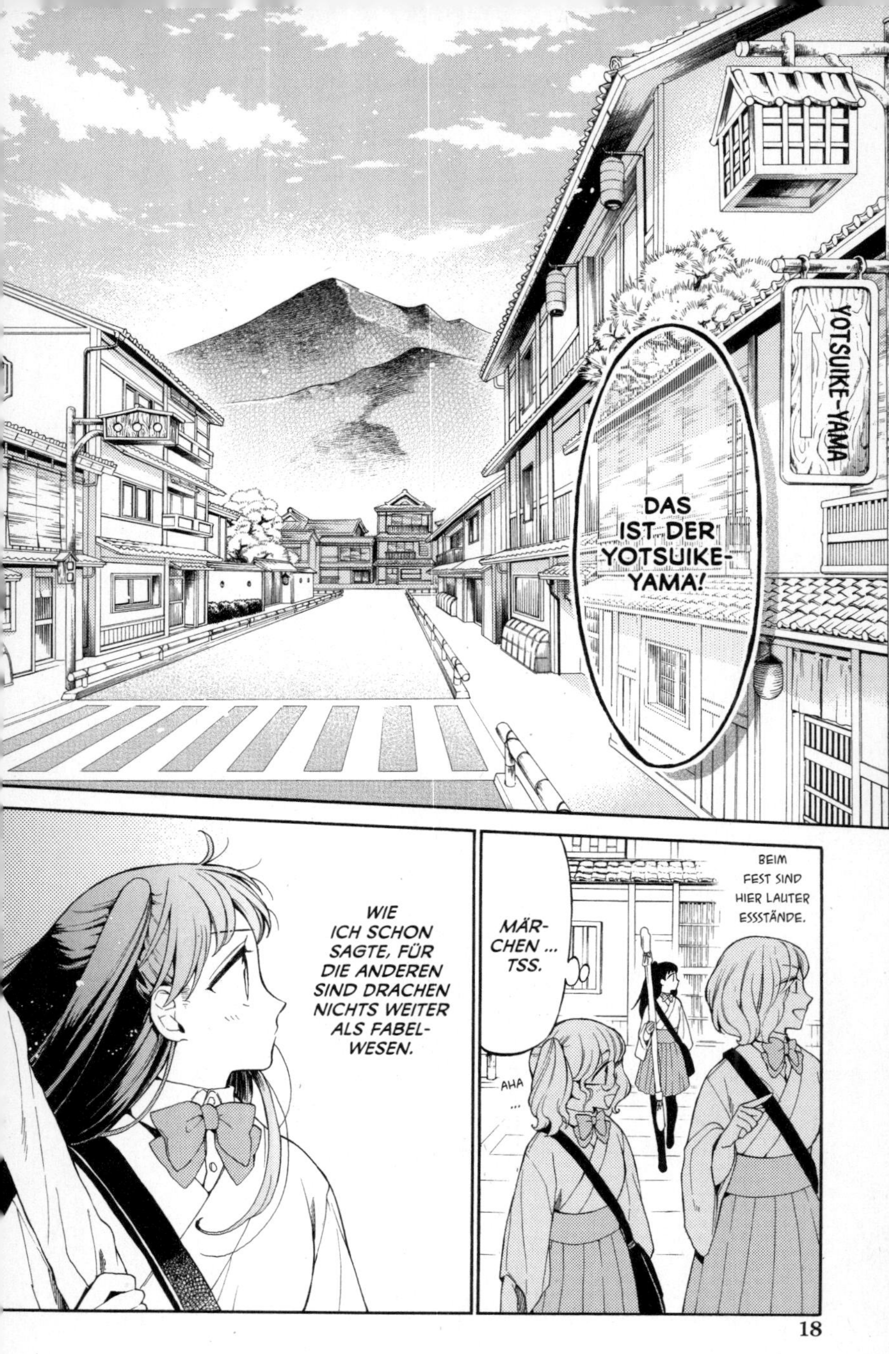

YOTSUIKE-YAMA
DAS IST DER YOTSUIKE-YAMA!
WIE ICH SCHON SAGTE, FÜR DIE ANDEREN SIND DRACHEN NICHTS WEITER ALS FABEL-WESEN.
BEIM FEST SIND HIER LAUTER ESSSTÄNDE.
MÄR-CHEN ... TSS.
AHA ...

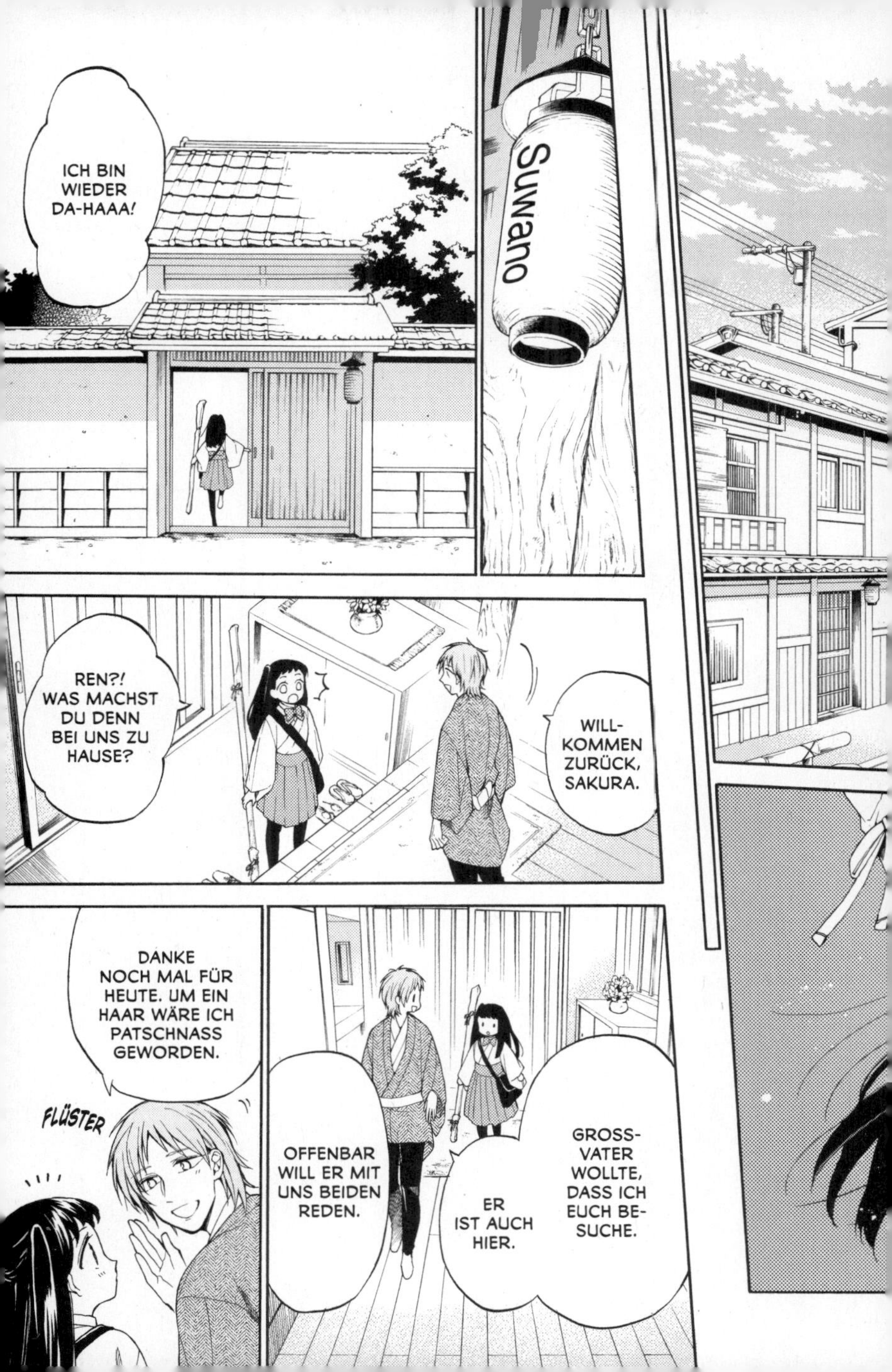
Suwano
ICH BIN WIEDER DA-HAAA!
WILL-KOMMEN ZURÜCK, SAKURA.
REN?! WAS MACHST DU DENN BEI UNS ZU HAUSE?
GROSS-VATER WOLLTE, DASS ICH EUCH BE-SUCHE.
ER IST AUCH HIER.
OFFENBAR WILL ER MIT UNS BEIDEN REDEN.
FLÜSTER
DANKE NOCH MAL FÜR HEUTE. UM EIN HAAR WÄRE ICH PATSCHNASS GEWORDEN.

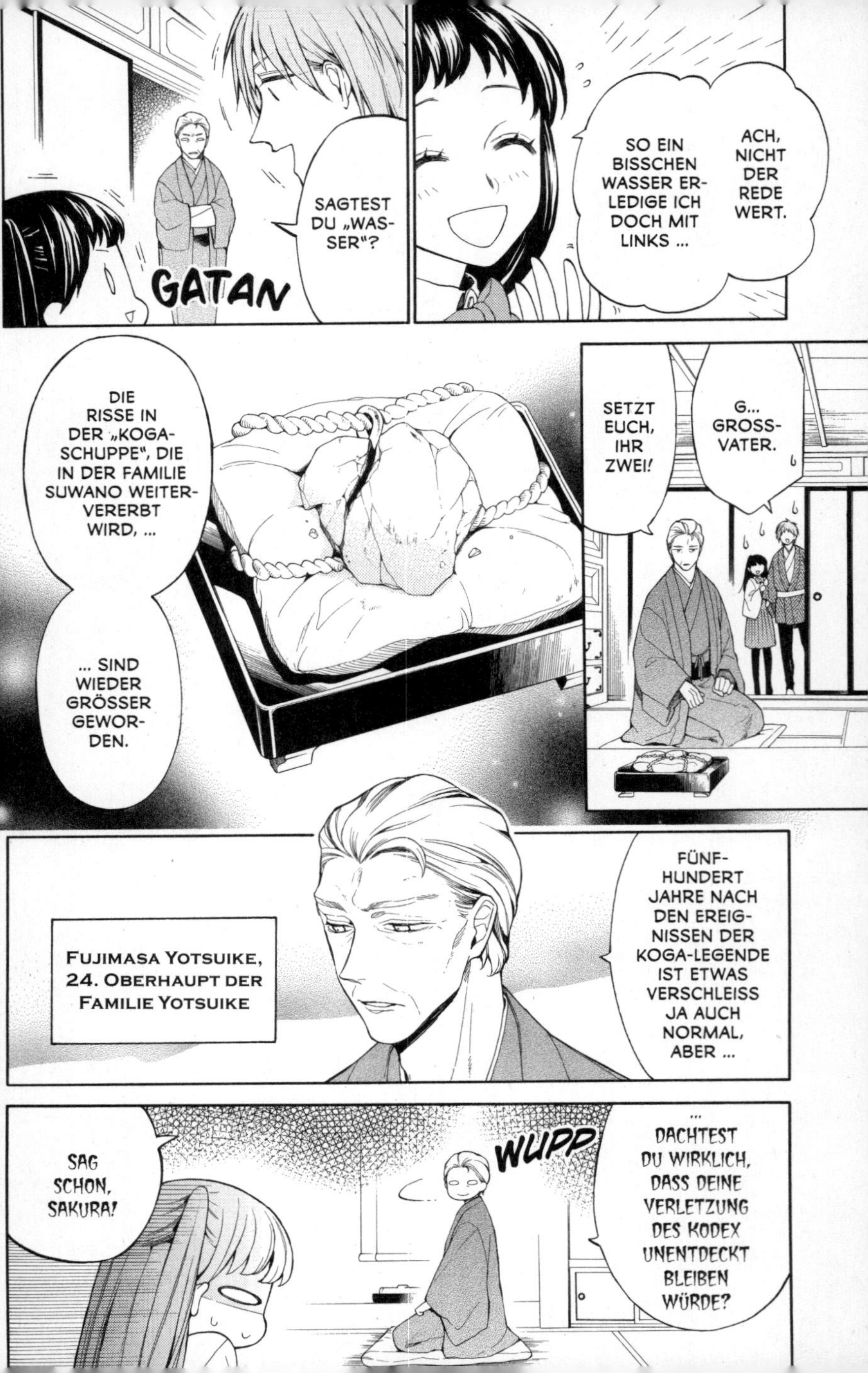
ACH, NICHT DER REDE WERT.
SO EIN BISSCHEN WASSER ERLEDIGE ICH DOCH MIT LINKS ...
SAGTEST DU „WASSER“?
GATAN
G... GROSSVATER.
SETZT EUCH, IHR ZWEI!
DIE RISSE IN DER „KOGA-SCHUPPE“, DIE IN DER FAMILIE SUWANO WEITERVERERBT WIRD, ...
... SIND WIEDER GRÖSSER GEWORDEN.
FÜNFHUNDERT JAHRE NACH DEN EREIGNISSEN DER KOGA-LEGENDE IST ETWAS VERSCHLEISS JA AUCH NORMAL, ABER ...
Fujimasa Yotsuike, 24. Oberhaupt der Familie Yotsuike
... DACHTEST DU WIRKLICH, DASS DEINE VERLETZUNG DES KODEX UNENTDECKT BLEIBEN WÜRDE?
WUPP
SAG SCHON, SAKURA!

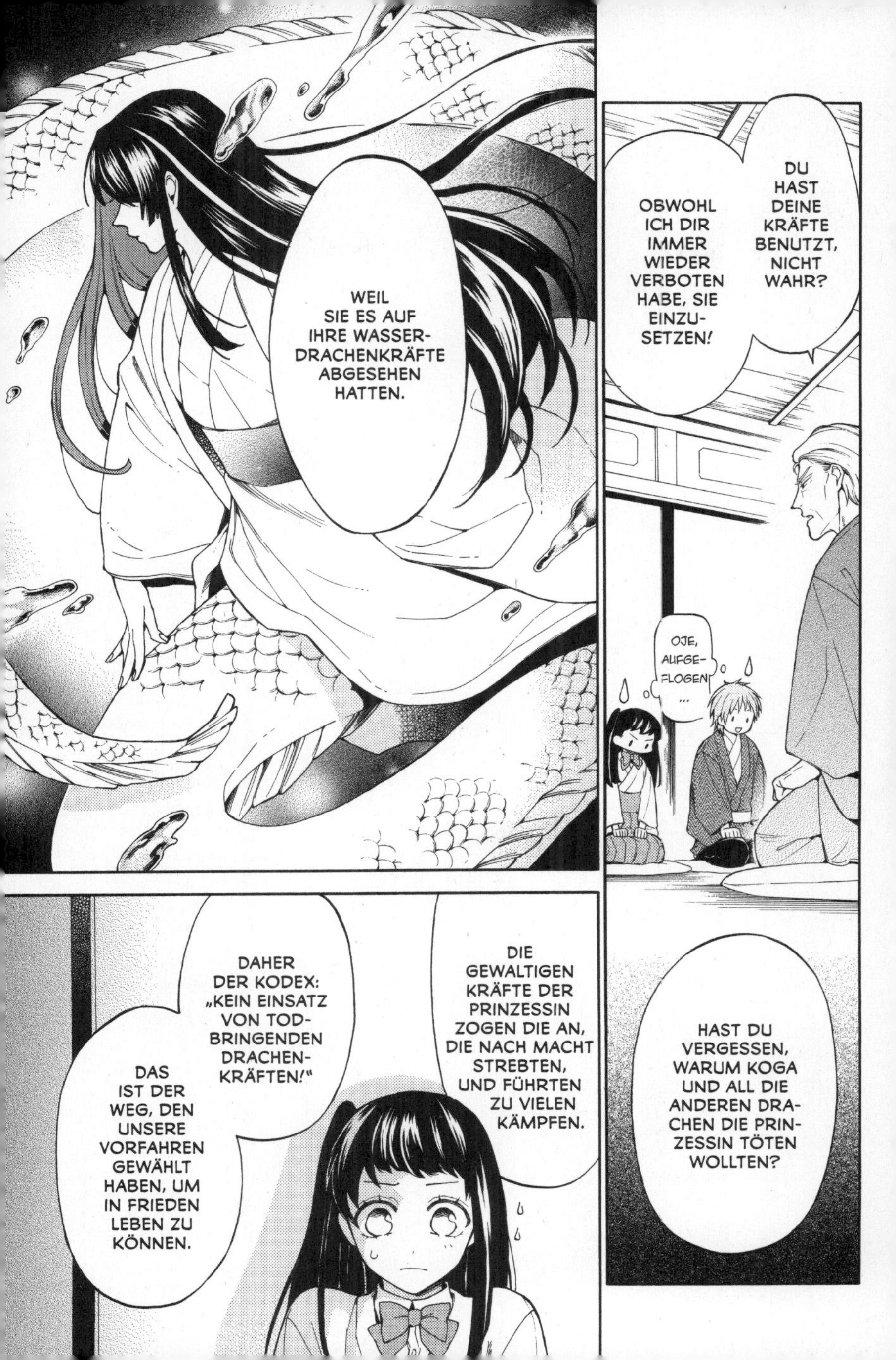
DU HAST DEINE KRÄFTE BENUTZT, NICHT WAHR?
OBWOHL ICH DIR IMMER WIEDER VERBOTEN HABE, SIE EINZUSETZEN!
OJE, AUFGEFLOGEN ...
HAST DU VERGESSEN, WARUM KOGA UND ALL DIE ANDEREN DRACHEN DIE PRINZESSIN TÖTEN WOLLTEN?
WEIL SIE ES AUF IHRE WASSERDRACHENKRÄFTE ABGESEHEN HATTEN.
DIE GEWALTIGEN KRÄFTE DER PRINZESSIN ZOGEN DIE AN, DIE NACH MACHT STREBTEN, UND FÜHRTEN ZU VIELEN KÄMPFEN.
DAHER DER KODEX: „KEIN EINSATZ VON TODBRINGENDEN DRACHENKRÄFTEN!“
DAS IST DER WEG, DEN UNSERE VORFAHREN GEWÄHLT HABEN, UM IN FRIEDEN LEBEN ZU KÖNNEN.

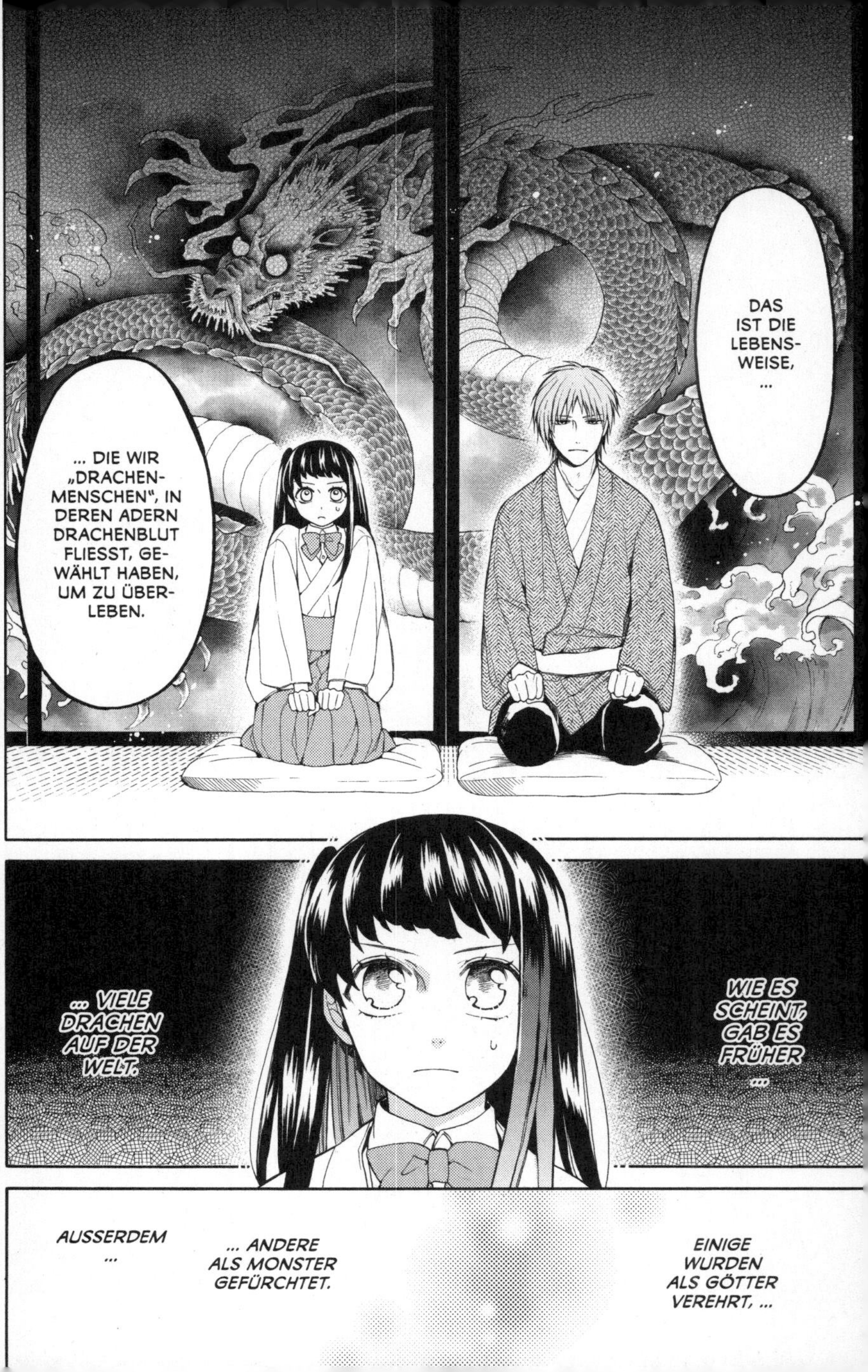
DAS IST DIE LEBENS-WEISE, ...
... DIE WIR „DRACHEN-MENSCHEN", IN DEREN ADERN DRACHENBLUT FLIESST, GE-WÄHLT HABEN, UM ZU ÜBER-LEBEN.
WIE ES SCHEINT, GAB ES FRÜHER ...
... VIELE DRACHEN AUF DER WELT.
EINIGE WURDEN ALS GÖTTER VEREHRT, ...
... ANDERE ALS MONSTER GEFÜRCHTET.
AUSSERDEM ...

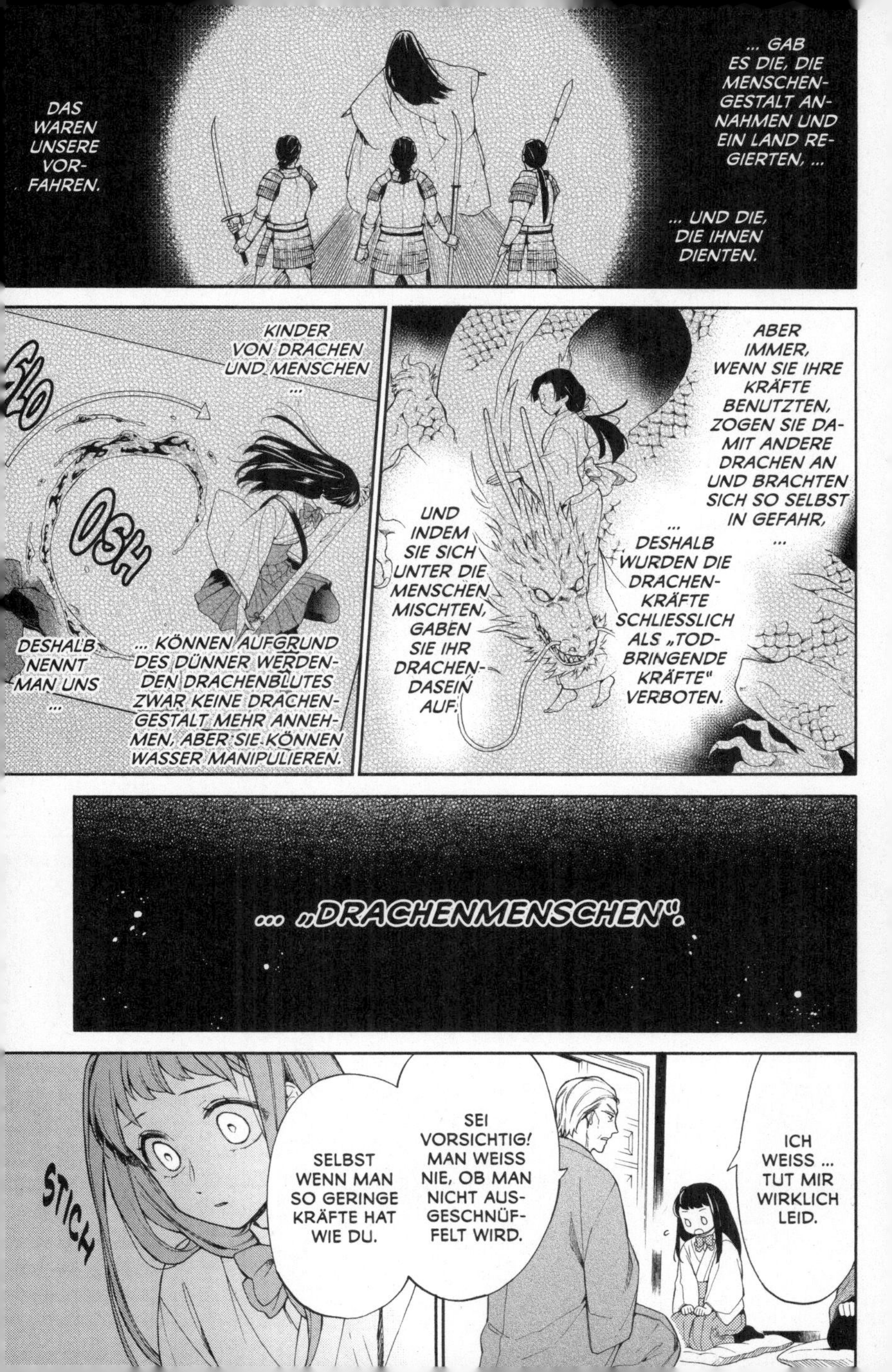
... GAB ES DIE, DIE MENSCHEN-GESTALT ANNAHMEN UND EIN LAND REGIERTEN, ...
... UND DIE, DIE IHNEN DIENTEN.
DAS WAREN UNSERE VORFAHREN.
ABER IMMER, WENN SIE IHRE KRÄFTE BENUTZTEN, ZOGEN SIE DAMIT ANDERE DRACHEN AN UND BRACHTEN SICH SO SELBST IN GEFAHR, ...
... DESHALB WURDEN DIE DRACHENKRÄFTE SCHLIESSLICH ALS „TODBRINGENDE KRÄFTE“ VERBOTEN.
UND INDEM SIE SICH UNTER DIE MENSCHEN MISCHTEN, GABEN SIE IHR DRACHENDASEIN AUF.
KINDER VON DRACHEN UND MENSCHEN ...
SLO
OSH
... KÖNNEN AUFGRUND DES DÜNNER WERDENDEN DRACHENBLUTES ZWAR KEINE DRACHENGESTALT MEHR ANNEHMEN, ABER SIE KÖNNEN WASSER MANIPULIEREN.
DESHALB NENNT MAN UNS ...
... „DRACHENMENSCHEN“.
ICH WEISS ... TUT MIR WIRKLICH LEID.
SEI VORSICHTIG! MAN WEISS NIE, OB MAN NICHT AUSGESCHNÜFFELT WIRD.
SELBST WENN MAN SO GERINGE KRÄFTE HAT WIE DU.
STICH

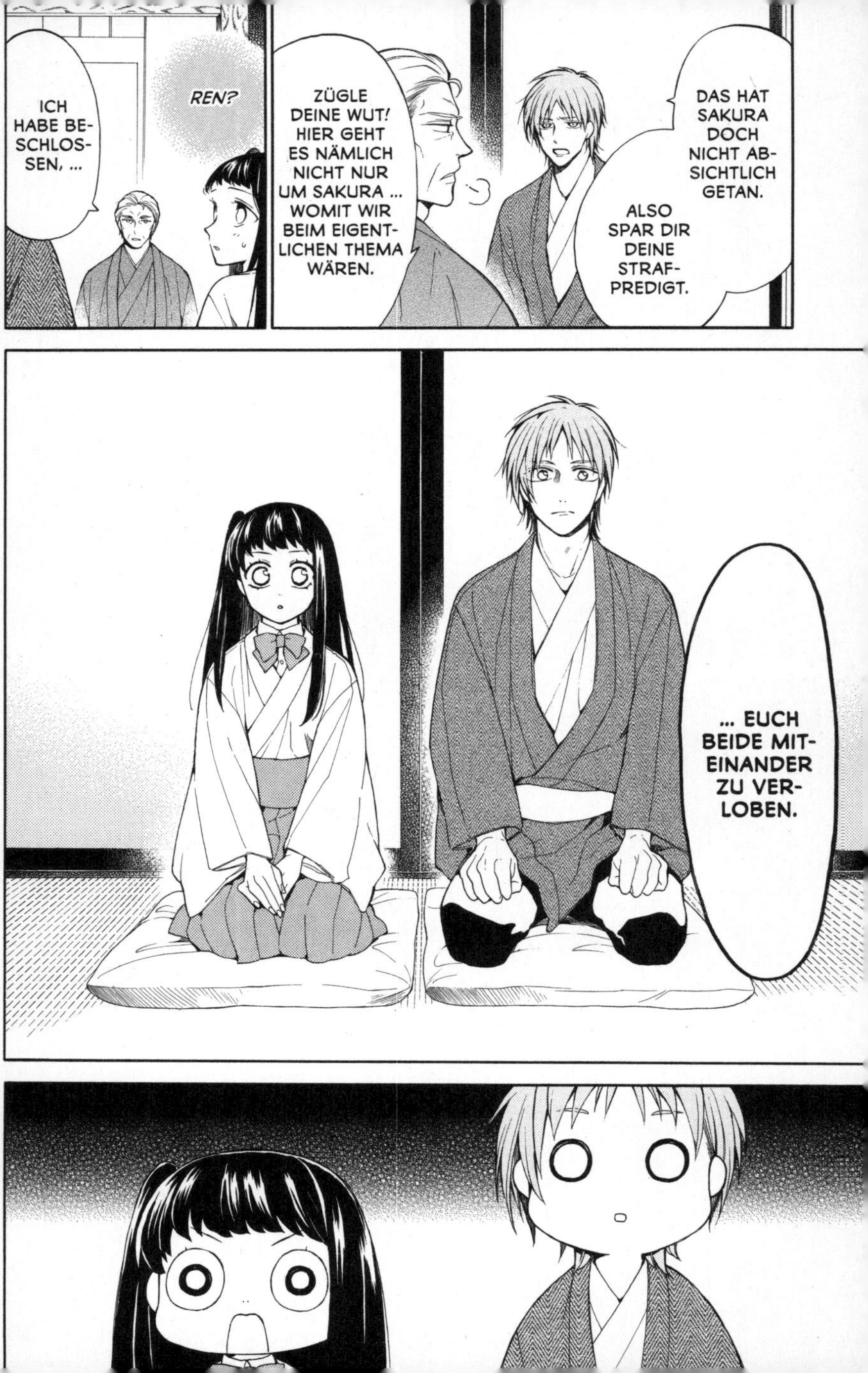
DAS HAT SAKURA DOCH NICHT ABSICHTLICH GETAN.
ALSO SPAR DIR DEINE STRAFPREDIGT.
ZÜGLE DEINE WUT! HIER GEHT ES NÄMLICH NICHT NUR UM SAKURA ... WOMIT WIR BEIM EIGENTLICHEN THEMA WÄREN.
REN?
ICH HABE BESCHLOSSEN, ...
... EUCH BEIDE MITEINANDER ZU VERLOBEN.

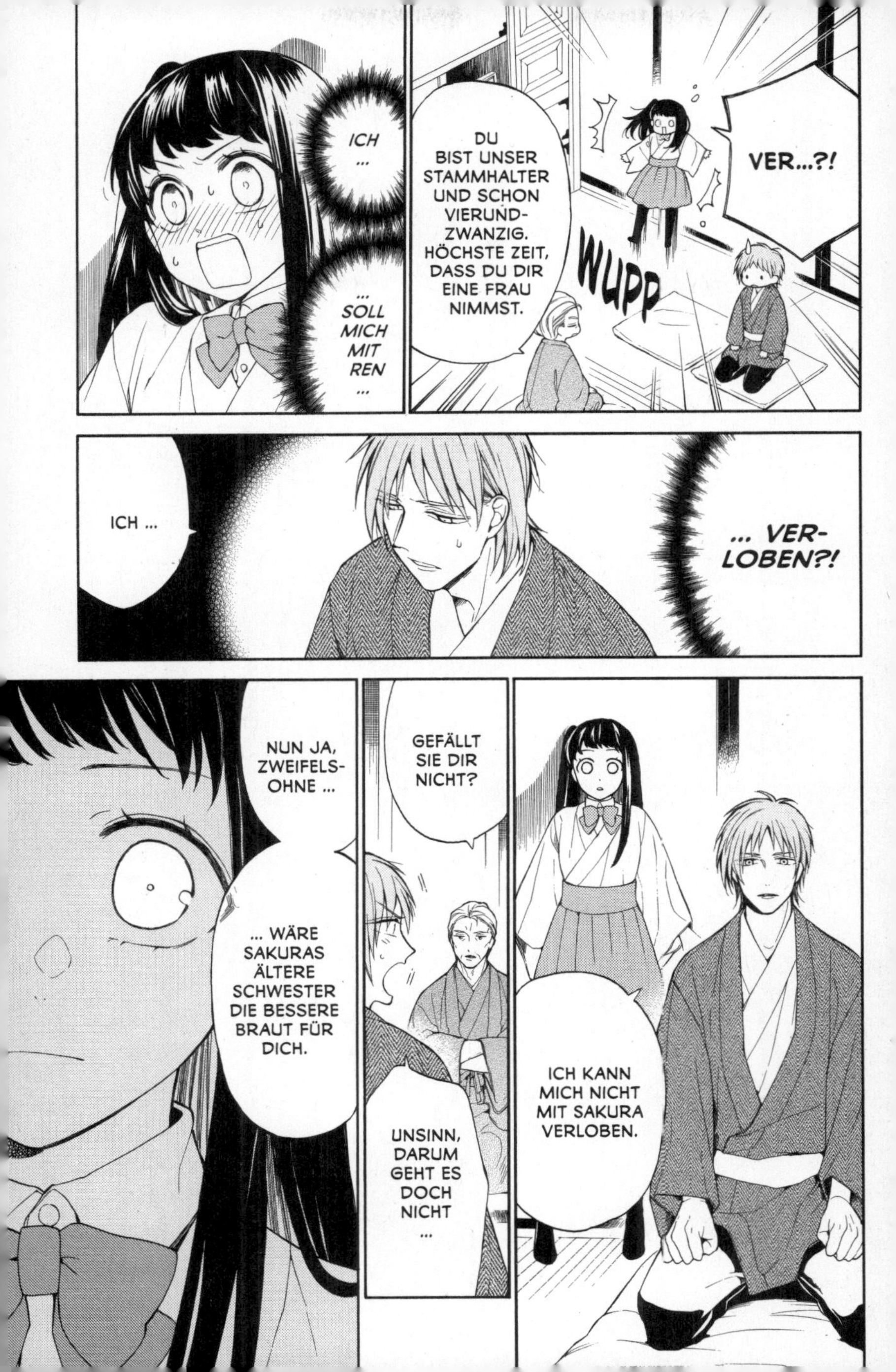
DU BIST UNSER STAMMHALTER UND SCHON VIERUNDZWANZIG. HÖCHSTE ZEIT, DASS DU DIR EINE FRAU NIMMST.
WUPP
VER...?!
ICH ...
... SOLL MICH MIT REN ...
... VERLOBEN?!
ICH ...
ICH KANN MICH NICHT MIT SAKURA VERLOBEN.
GEFÄLLT SIE DIR NICHT?
UNSINN, DARUM GEHT ES DOCH NICHT ...
NUN JA, ZWEIFELSOHNE ...
... WÄRE SAKURAS ÄLTERE SCHWESTER DIE BESSERE BRAUT FÜR DICH.

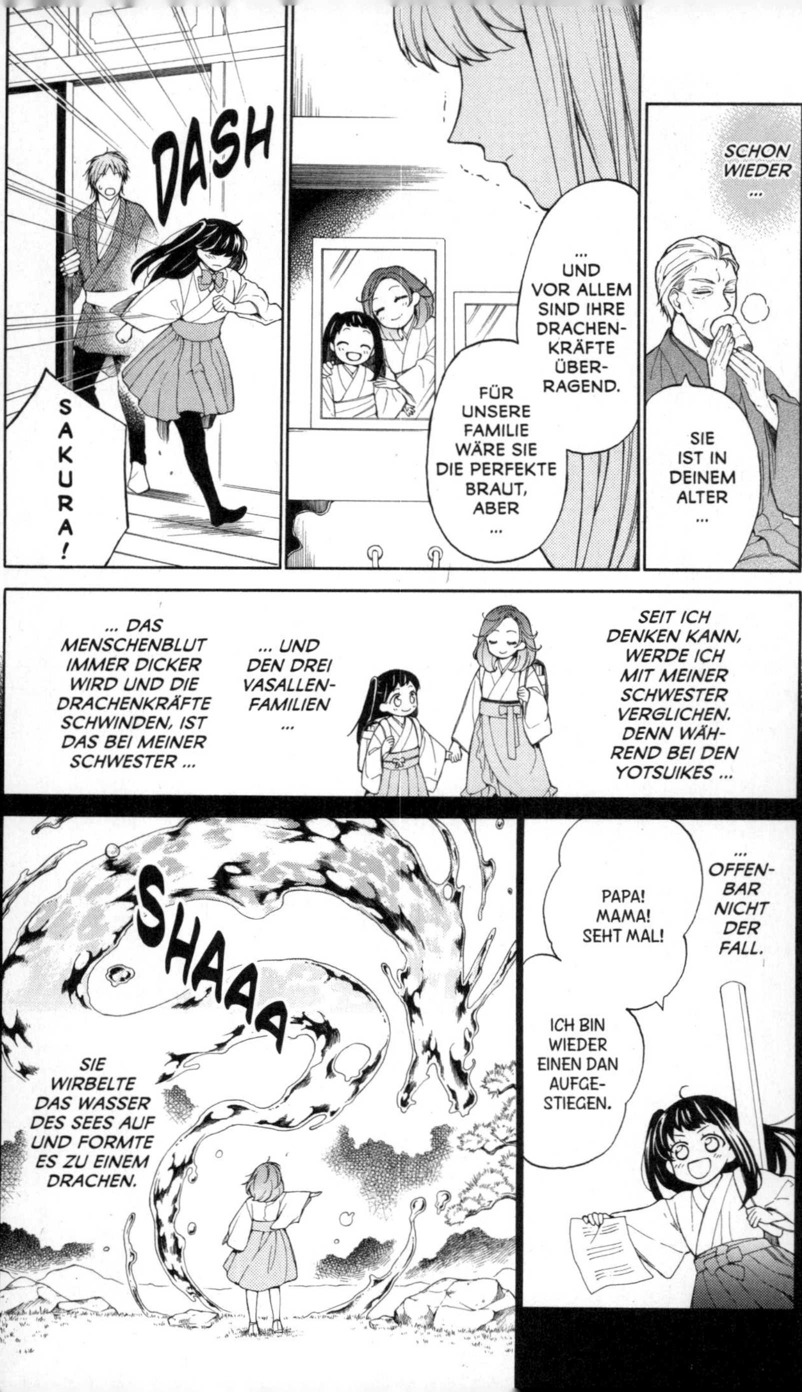
SCHON WIEDER ...
SIE IST IN DEINEM ALTER ...
... UND VOR ALLEM SIND IHRE DRACHENKRÄFTE ÜBERRAGEND.
FÜR UNSERE FAMILIE WÄRE SIE DIE PERFEKTE BRAUT, ABER ...
DASH
SAKURA!
SEIT ICH DENKEN KANN, WERDE ICH MIT MEINER SCHWESTER VERGLICHEN. DENN WÄHREND BEI DEN YOTSUIKES ...
... UND DEN DREI VASALLENFAMILIEN ...
... DAS MENSCHENBLUT IMMER DICKER WIRD UND DIE DRACHENKRÄFTE SCHWINDEN, IST DAS BEI MEINER SCHWESTER ...
... OFFENBAR NICHT DER FALL.
PAPA! MAMA! SEHT MAL!
ICH BIN WIEDER EINEN DAN AUFGESTIEGEN.
SHAAAA
SIE WIRBELTE DAS WASSER DES SEES AUF UND FORMTE ES ZU EINEM DRACHEN.

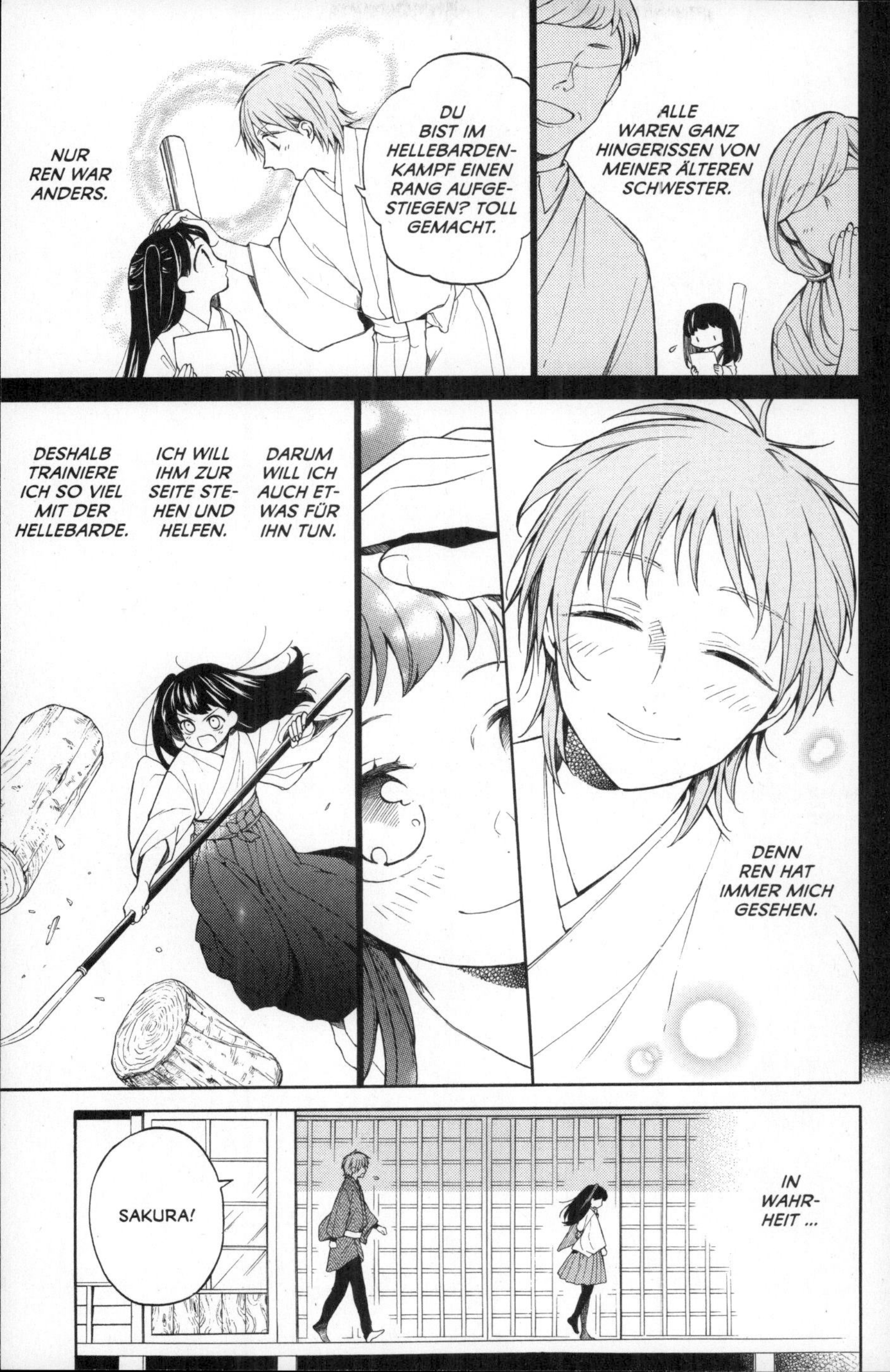
ALLE WAREN GANZ HINGERISSEN VON MEINER ÄLTEREN SCHWESTER.
DU BIST IM HELLEBARDEN-KAMPF EINEN RANG AUFGE-STIEGEN? TOLL GEMACHT.
NUR REN WAR ANDERS.
DENN REN HAT IMMER MICH GESEHEN.
DARUM WILL ICH AUCH ET-WAS FÜR IHN TUN.
ICH WILL IHM ZUR SEITE STE-HEN UND HELFEN.
DESHALB TRAINIERE ICH SO VIEL MIT DER HELLEBARDE.
IN WAHR-HEIT ...
SAKURA!

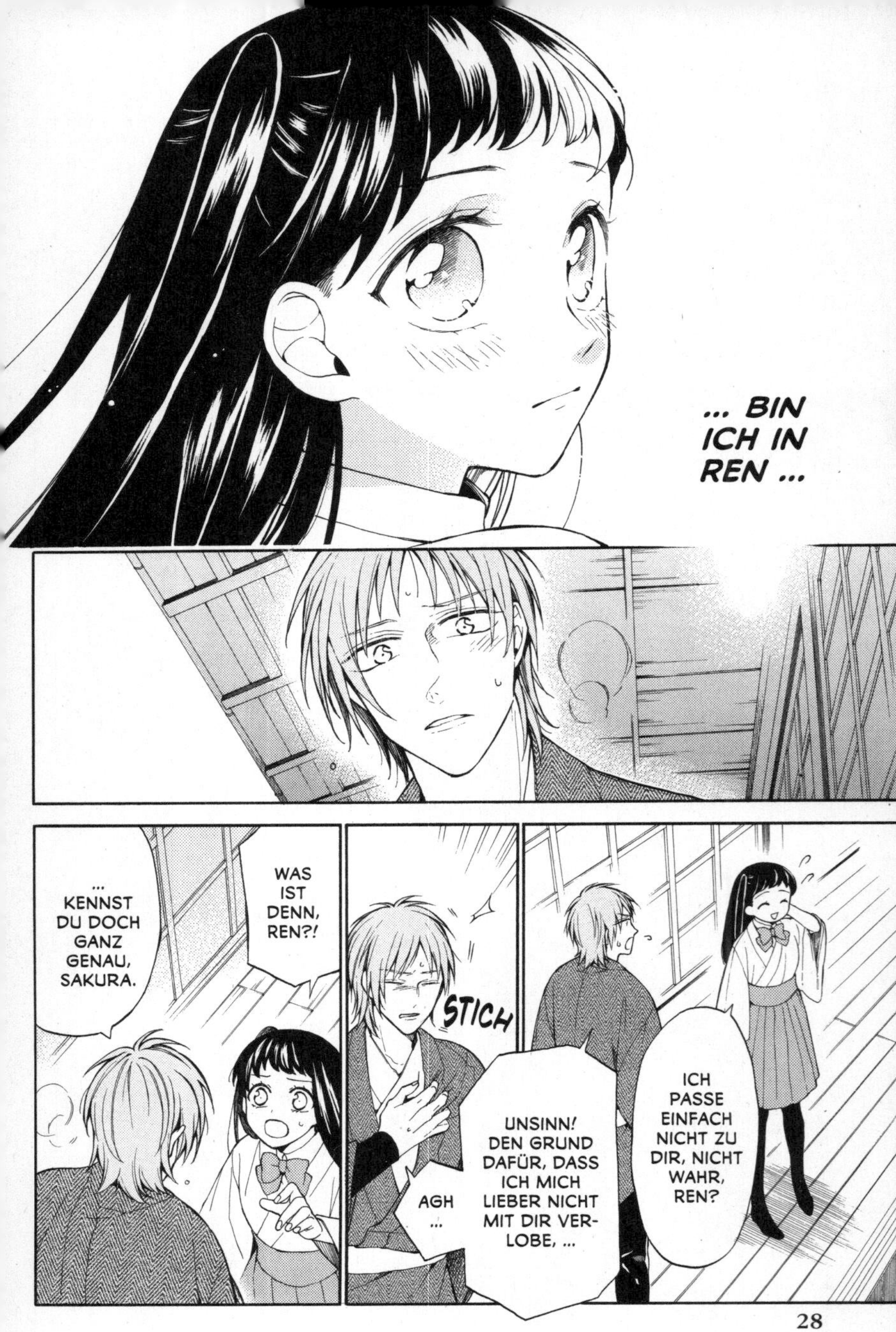
... BIN ICH IN REN ...
ICH PASSE EINFACH NICHT ZU DIR, NICHT WAHR, REN?
UNSINN! DEN GRUND DAFÜR, DASS ICH MICH LIEBER NICHT MIT DIR VERLOBE, ...
STICH
AGH ...
WAS IST DENN, REN?!
... KENNST DU DOCH GANZ GENAU, SAKURA.

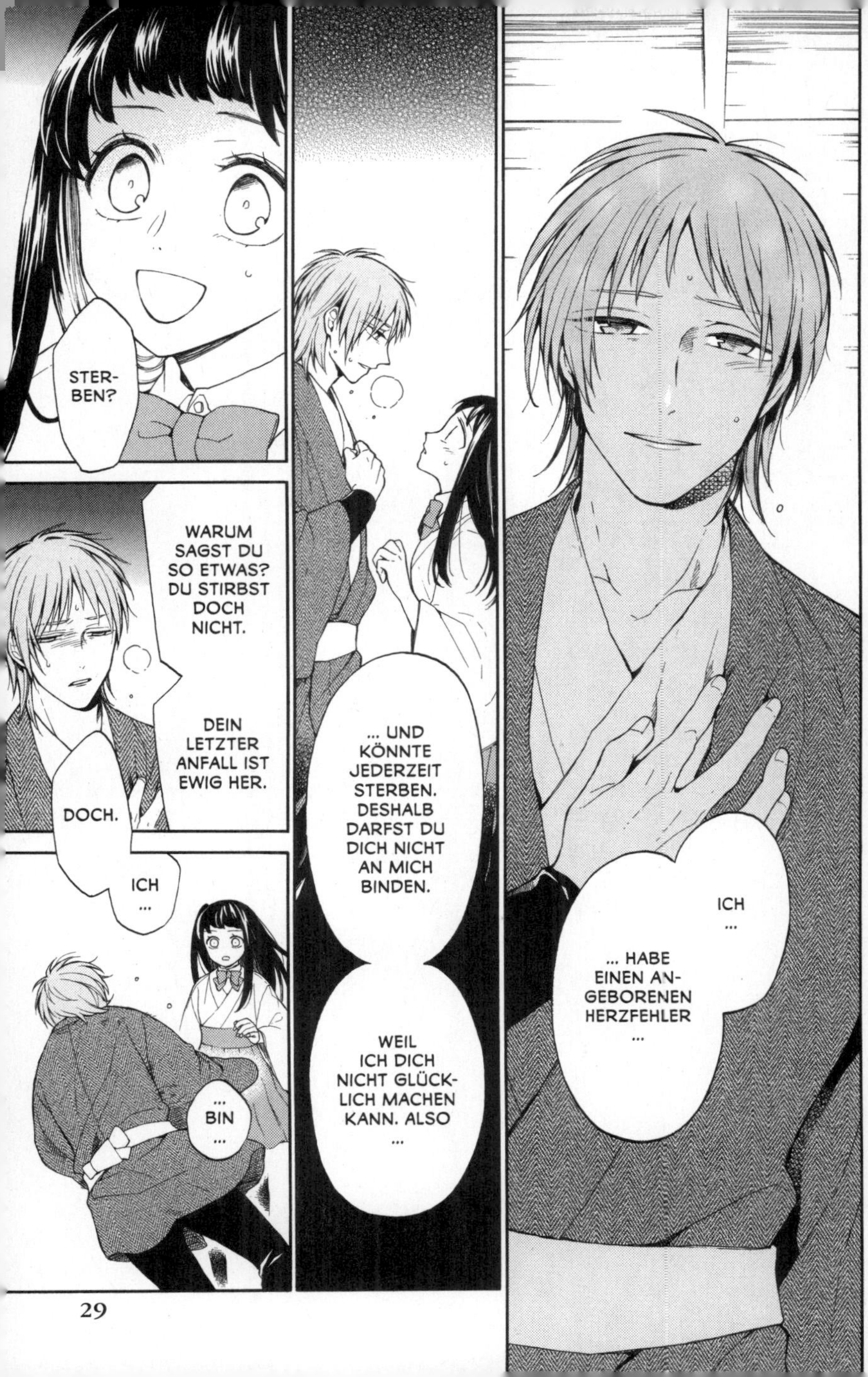
ICH ...
... HABE EINEN AN-GEBORENEN HERZFEHLER ...
... UND KÖNNTE JEDERZEIT STERBEN. DESHALB DARFST DU DICH NICHT AN MICH BINDEN.
WEIL ICH DICH NICHT GLÜCK-LICH MACHEN KANN. ALSO ...
STER-BEN?
WARUM SAGST DU SO ETWAS? DU STIRBST DOCH NICHT.
DEIN LETZTER ANFALL IST EWIG HER.
DOCH.
ICH ...
... BIN ...

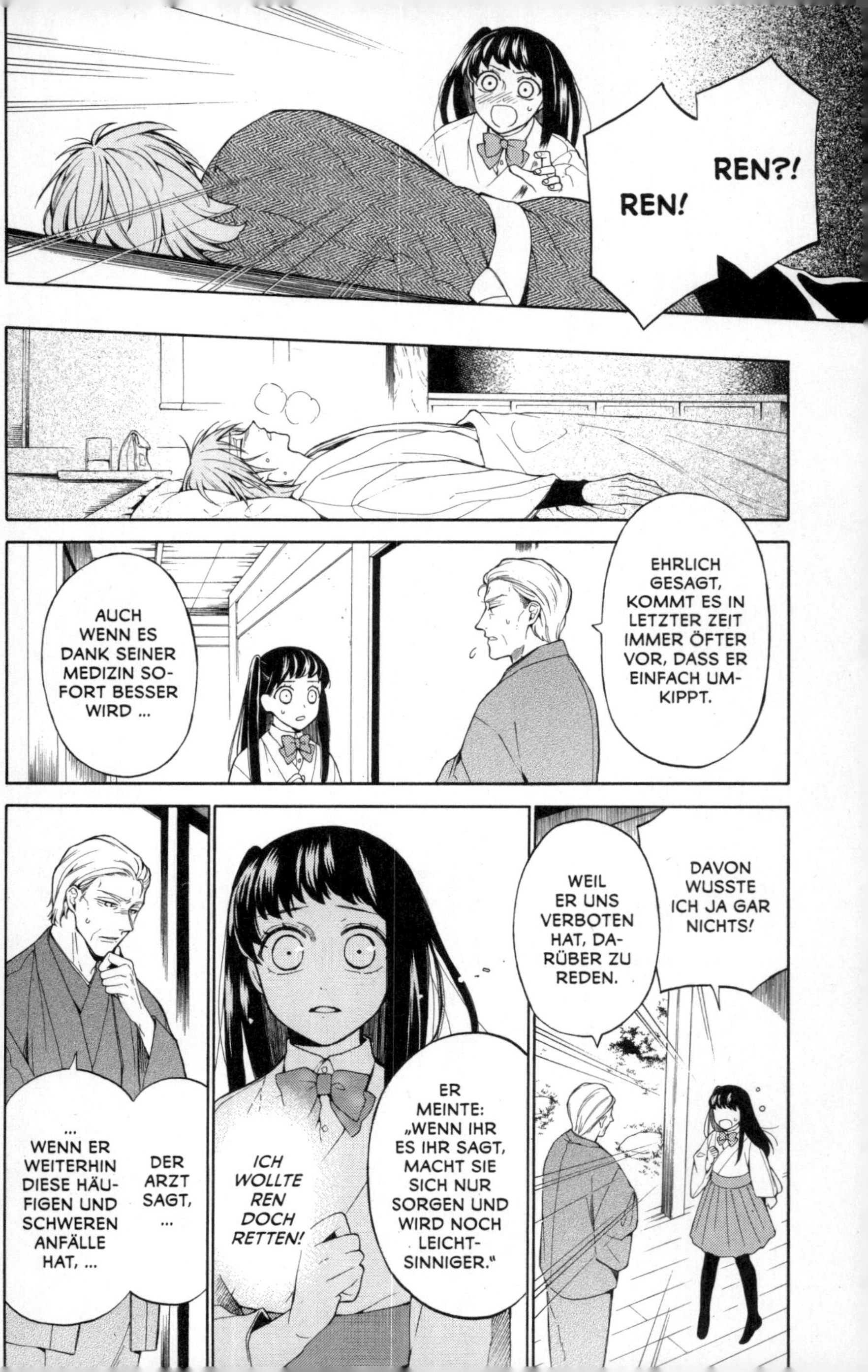
REN?!
REN!
EHRLICH GESAGT, KOMMT ES IN LETZTER ZEIT IMMER ÖFTER VOR, DASS ER EINFACH UMKIPPT.
AUCH WENN ES DANK SEINER MEDIZIN SOFORT BESSER WIRD ...
DAVON WUSSTE ICH JA GAR NICHTS!
WEIL ER UNS VERBOTEN HAT, DARÜBER ZU REDEN.
ER MEINTE: „WENN IHR ES IHR SAGT, MACHT SIE SICH NUR SORGEN UND WIRD NOCH LEICHTSINNIGER.“
ICH WOLLTE REN DOCH RETTEN!
DER ARZT SAGT, ...
... WENN ER WEITERHIN DIESE HÄUFIGEN UND SCHWEREN ANFÄLLE HAT, ...

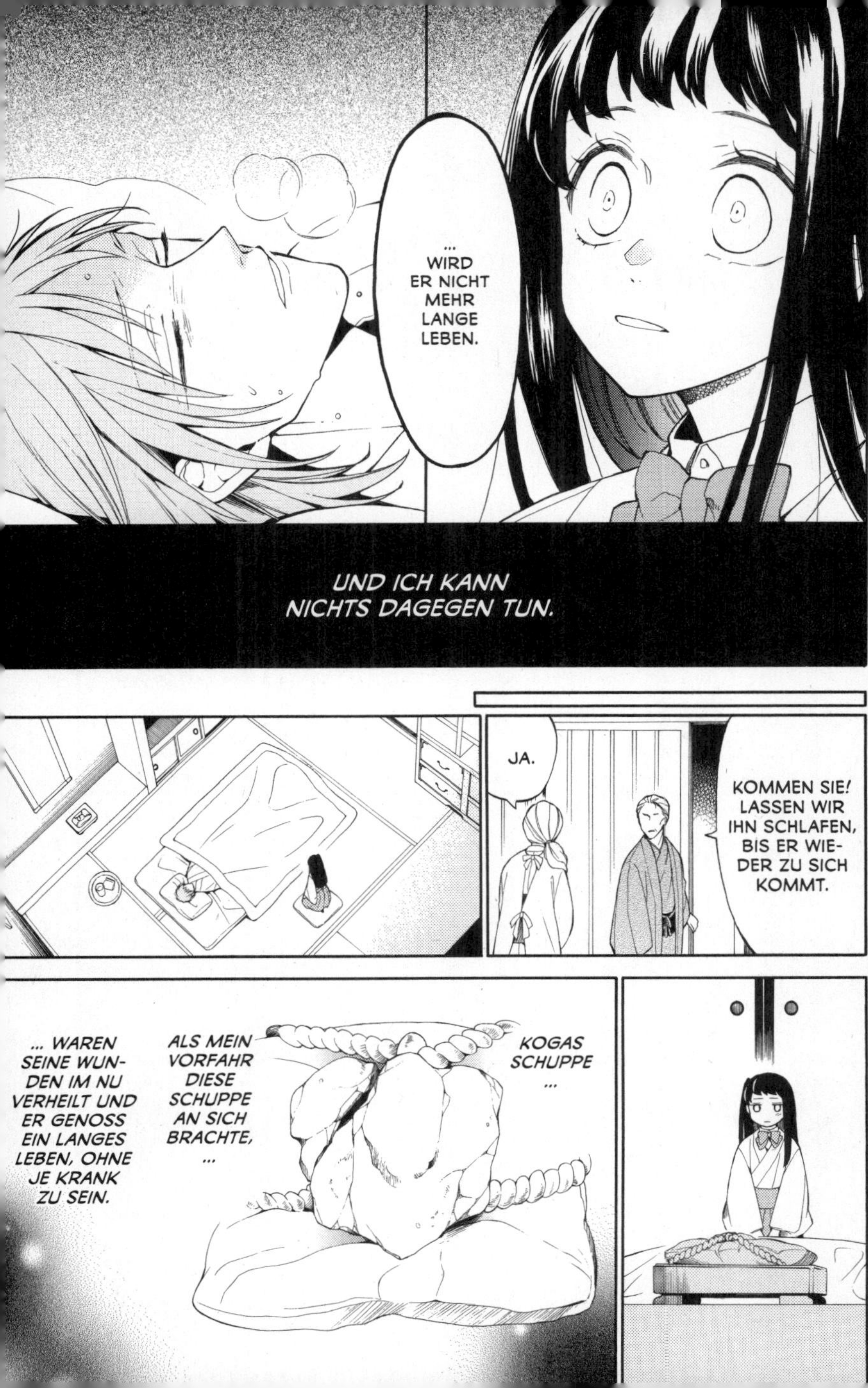
... WIRD ER NICHT MEHR LANGE LEBEN.
UND ICH KANN NICHTS DAGEGEN TUN.
KOMMEN SIE! LASSEN WIR IHN SCHLAFEN, BIS ER WIE-DER ZU SICH KOMMT.
JA.
KOGAS SCHUPPE ...
ALS MEIN VORFAHR DIESE SCHUPPE AN SICH BRACHTE, ...
... WAREN SEINE WUN-DEN IM NU VERHEILT UND ER GENOSS EIN LANGES LEBEN, OHNE JE KRANK ZU SEIN.

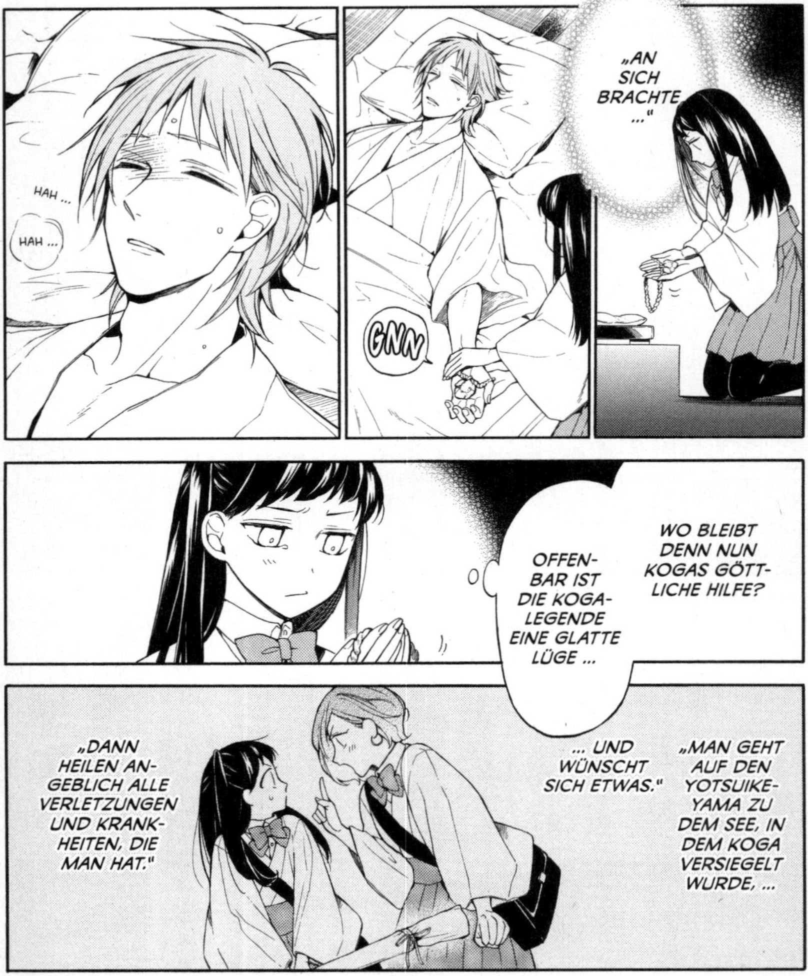
„AN SICH BRACHTE ...“
GNN
HAH ...
HAH ...
WO BLEIBT DENN NUN KOGAS GÖTTLICHE HILFE?
OFFENBAR IST DIE KOGA-LEGENDE EINE GLATTE LÜGE ...
„MAN GEHT AUF DEN YOTSUIKE-YAMA ZU DEM SEE, IN DEM KOGA VERSIEGELT WURDE, ...
... UND WÜNSCHT SICH ETWAS.“
„DANN HEILEN ANGEBLICH ALLE VERLETZUNGEN UND KRANKHEITEN, DIE MAN HAT.“

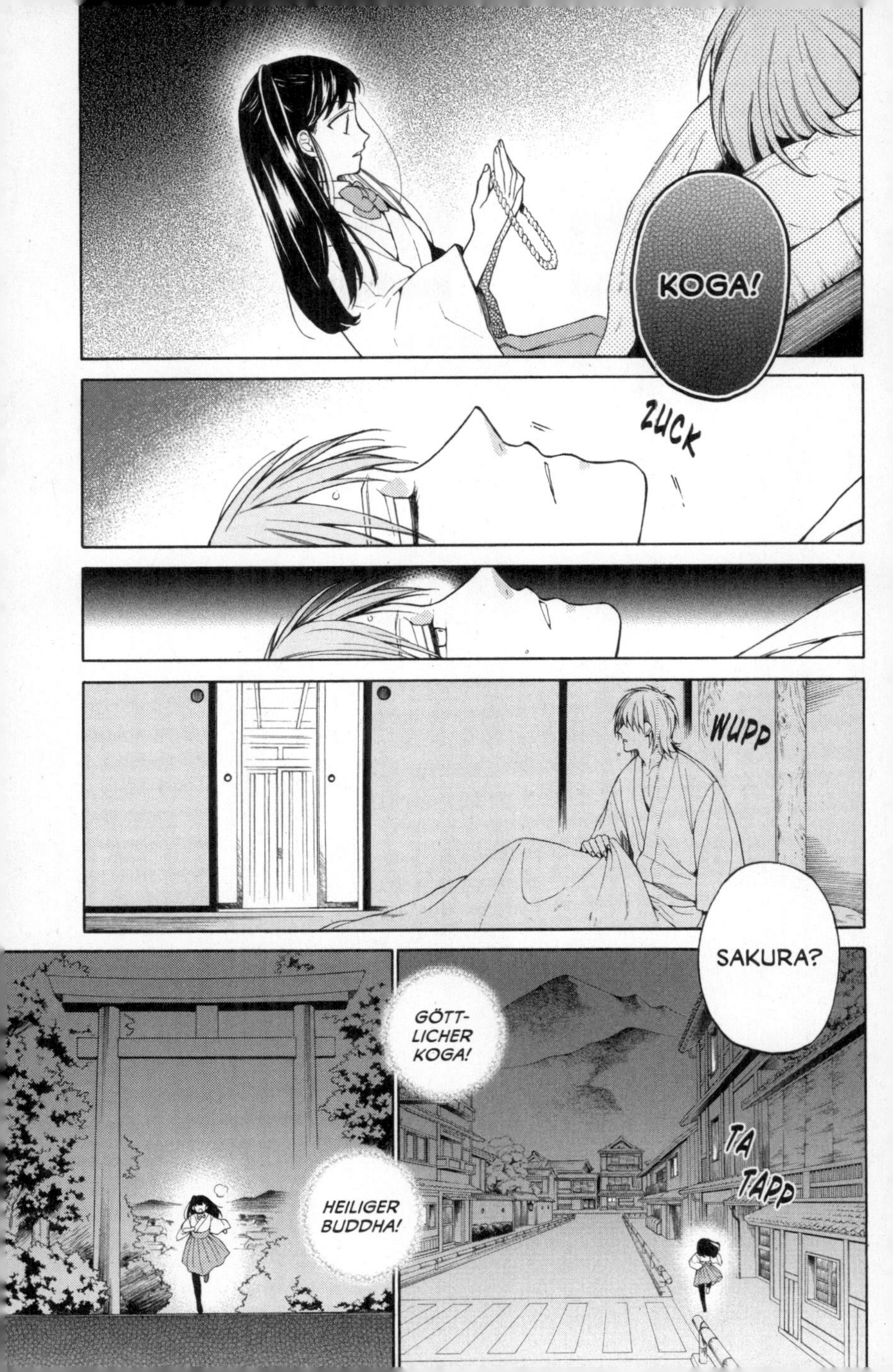
KOGA!
ZUCK
WUPP
SAKURA?
TA
TAPP
GÖTT-
LICHER
KOGA!
HEILIGER
BUDDHA!

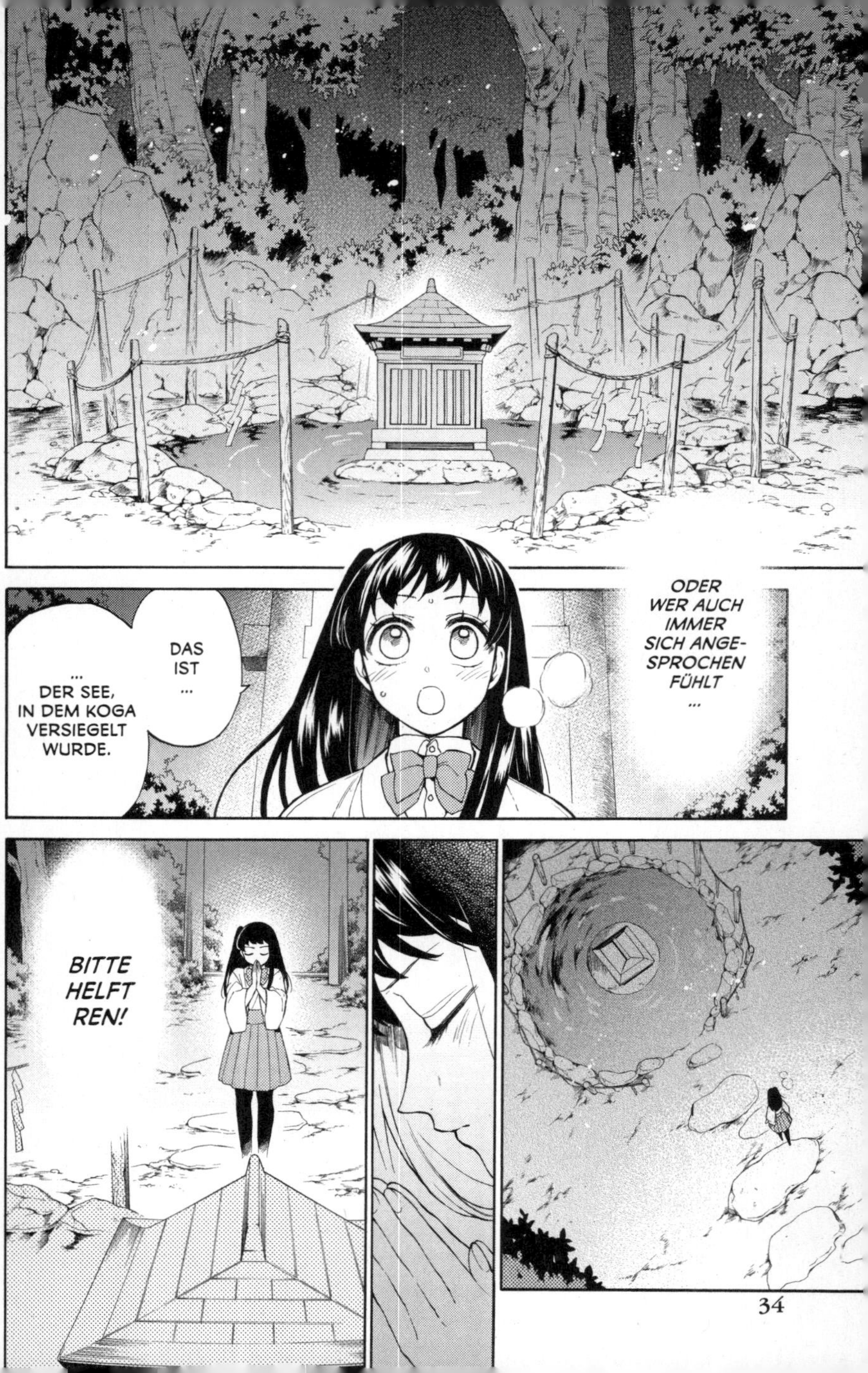
ODER WER AUCH IMMER SICH ANGE-SPROCHEN FÜHLT ...
DAS IST ...
... DER SEE, IN DEM KOGA VERSIEGELT WURDE.
BITTE HELFT REN!

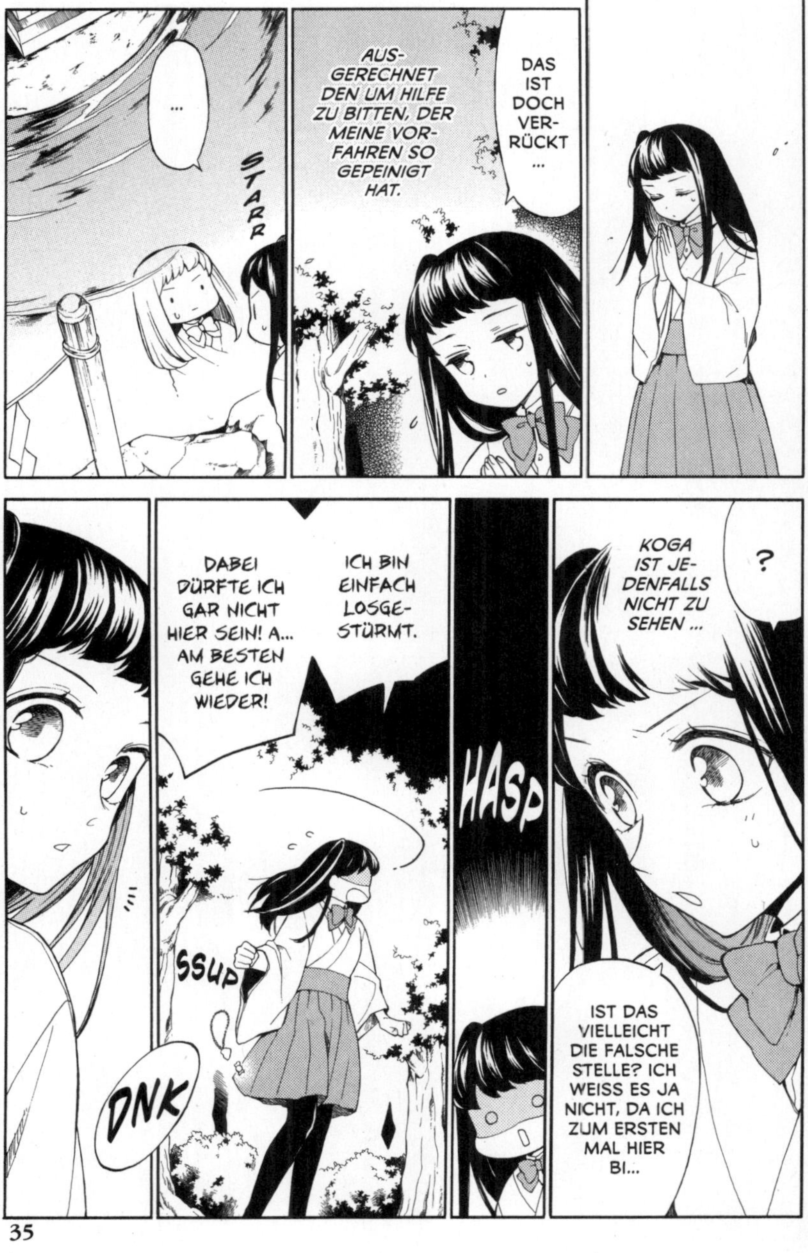
DAS IST DOCH VERRÜCKT ...
AUSGERECHNET DEN UM HILFE ZU BITTEN, DER MEINE VORFAHREN SO GEPEINIGT HAT.
...
STARR
?
KOGA IST JEDENFALLS NICHT ZU SEHEN ...
IST DAS VIELLEICHT DIE FALSCHE STELLE? ICH WEISS ES JA NICHT, DA ICH ZUM ERSTEN MAL HIER BI...
HASP
ICH BIN EINFACH LOSGESTÜRMT.
DABEI DÜRFTE ICH GAR NICHT HIER SEIN! A... AM BESTEN GEHE ICH WIEDER!
SSUP
DNK

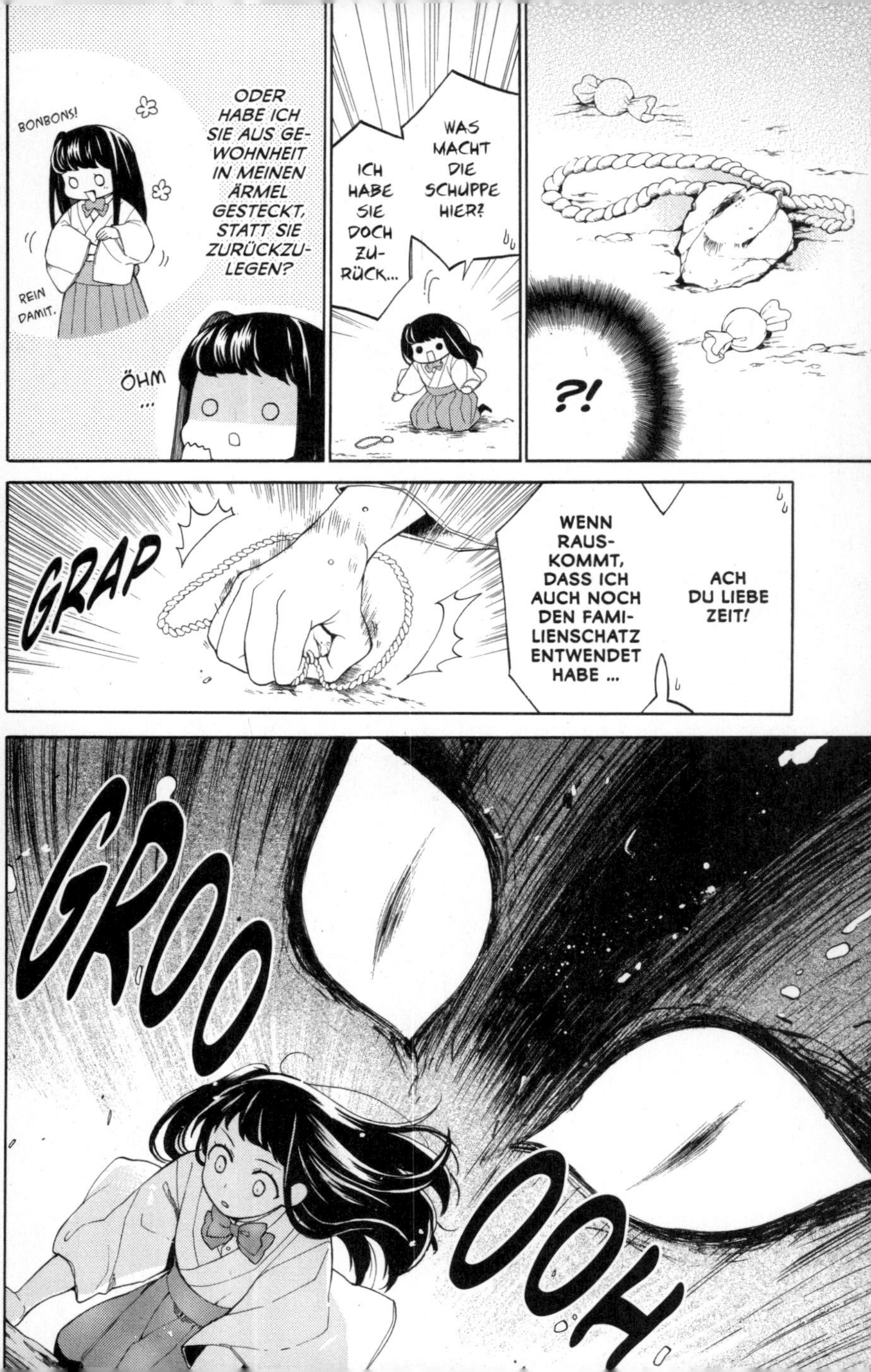
?!
WAS MACHT DIE SCHUPPE HIER?
ICH HABE SIE DOCH ZURÜCK...
ODER HABE ICH SIE AUS GEWOHNHEIT IN MEINEN ÄRMEL GESTECKT, STATT SIE ZURÜCKZULEGEN?
BONBONS!
REIN DAMIT.
ÖHM ...
ACH DU LIEBE ZEIT!
WENN RAUSKOMMT, DASS ICH AUCH NOCH DEN FAMILIENSCHATZ ENTWENDET HABE ...
GRAP
GROOOOOH

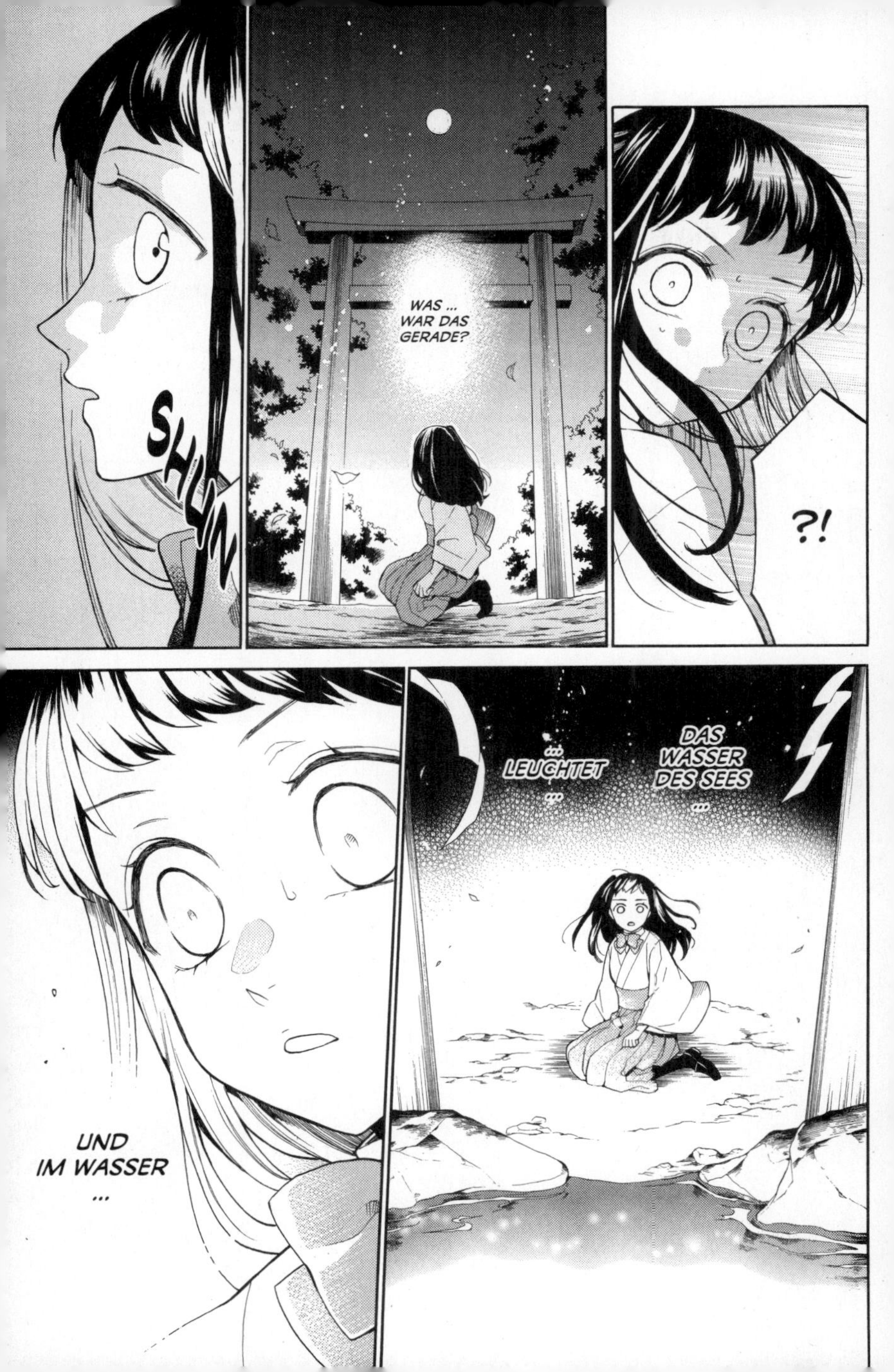
?!
WAS ... WAR DAS GERADE?
SHUN
DAS WASSER DES SEES ...
... LEUCHTET ...
UND IM WASSER ...

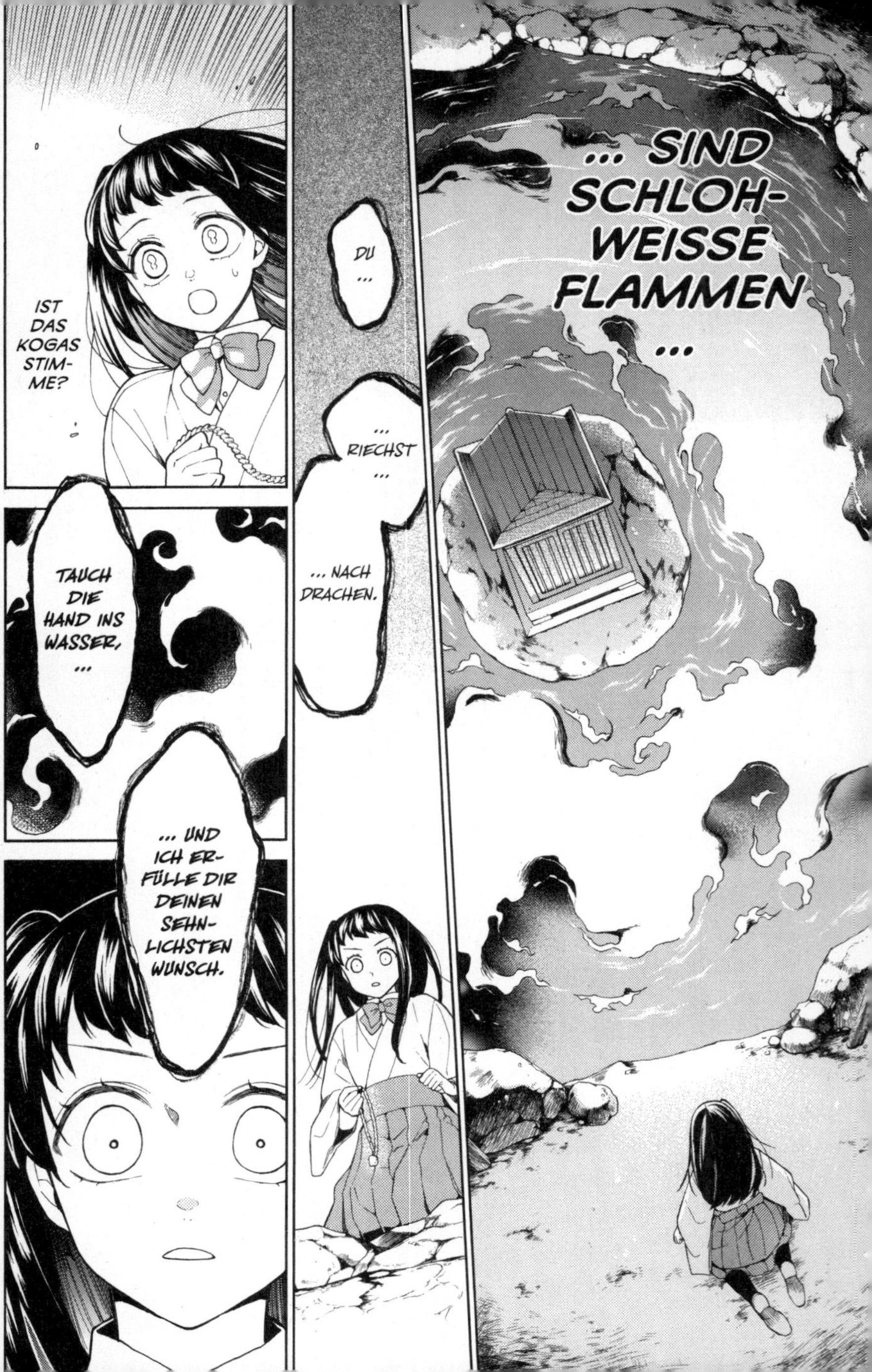
... SIND SCHLOH-WEISSE FLAMMEN ...
DU ...
... RIECHST ...
... NACH DRACHEN.
IST DAS KOGAS STIMME?
TAUCH DIE HAND INS WASSER, ...
... UND ICH ERFÜLLE DIR DEINEN SEHNLICHSTEN WUNSCH.

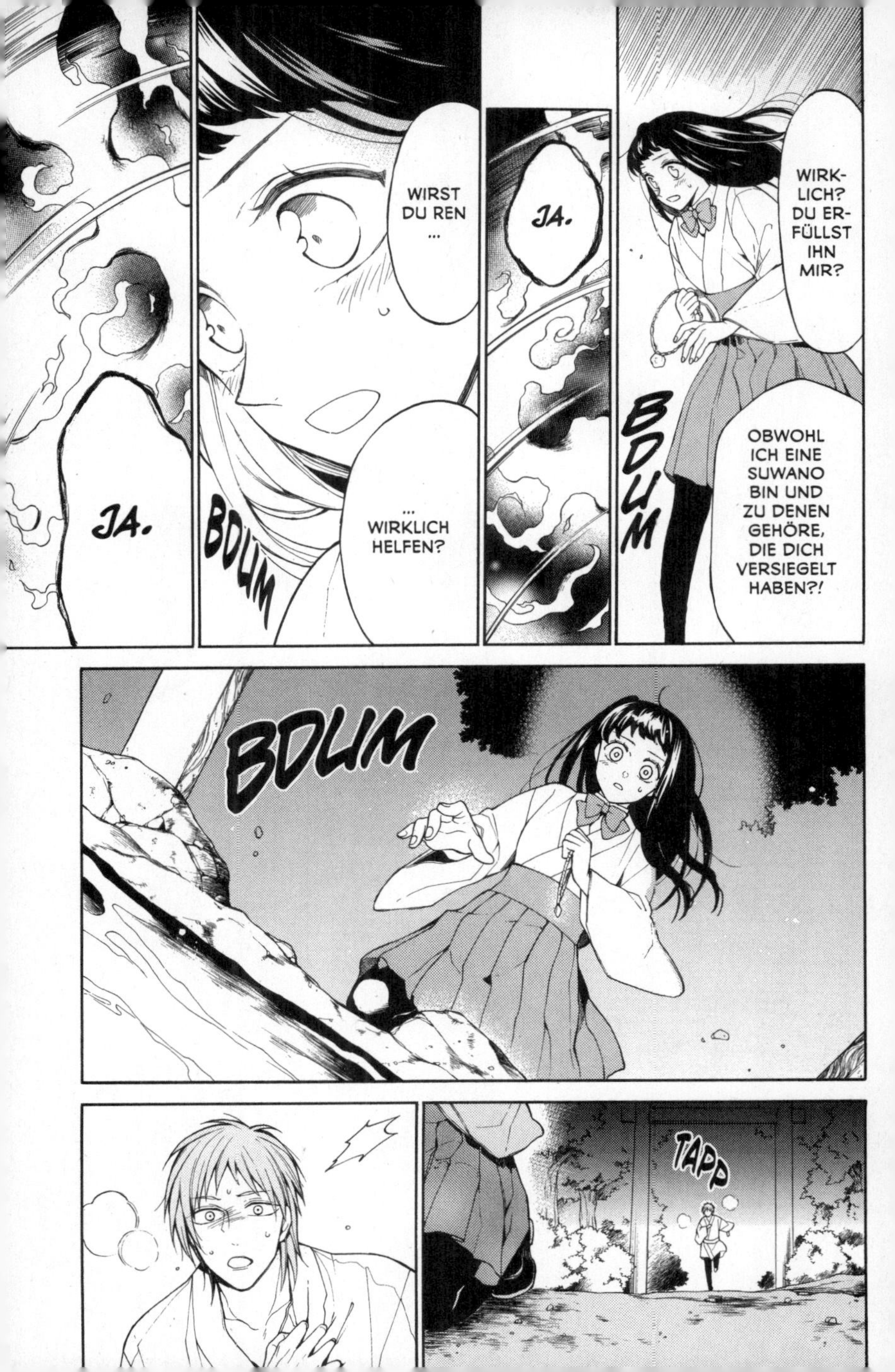
WIRK-
LICH?
DU ER-
FÜLLST
IHN
MIR?
OBWOHL ICH EINE SUWANO BIN UND ZU DENEN GEHÖRE, DIE DICH VERSIEGELT HABEN?!
BDUM
JA.
WIRST DU REN ...
... WIRKLICH HELFEN?
BDUM
JA.
BDUM
TAPP

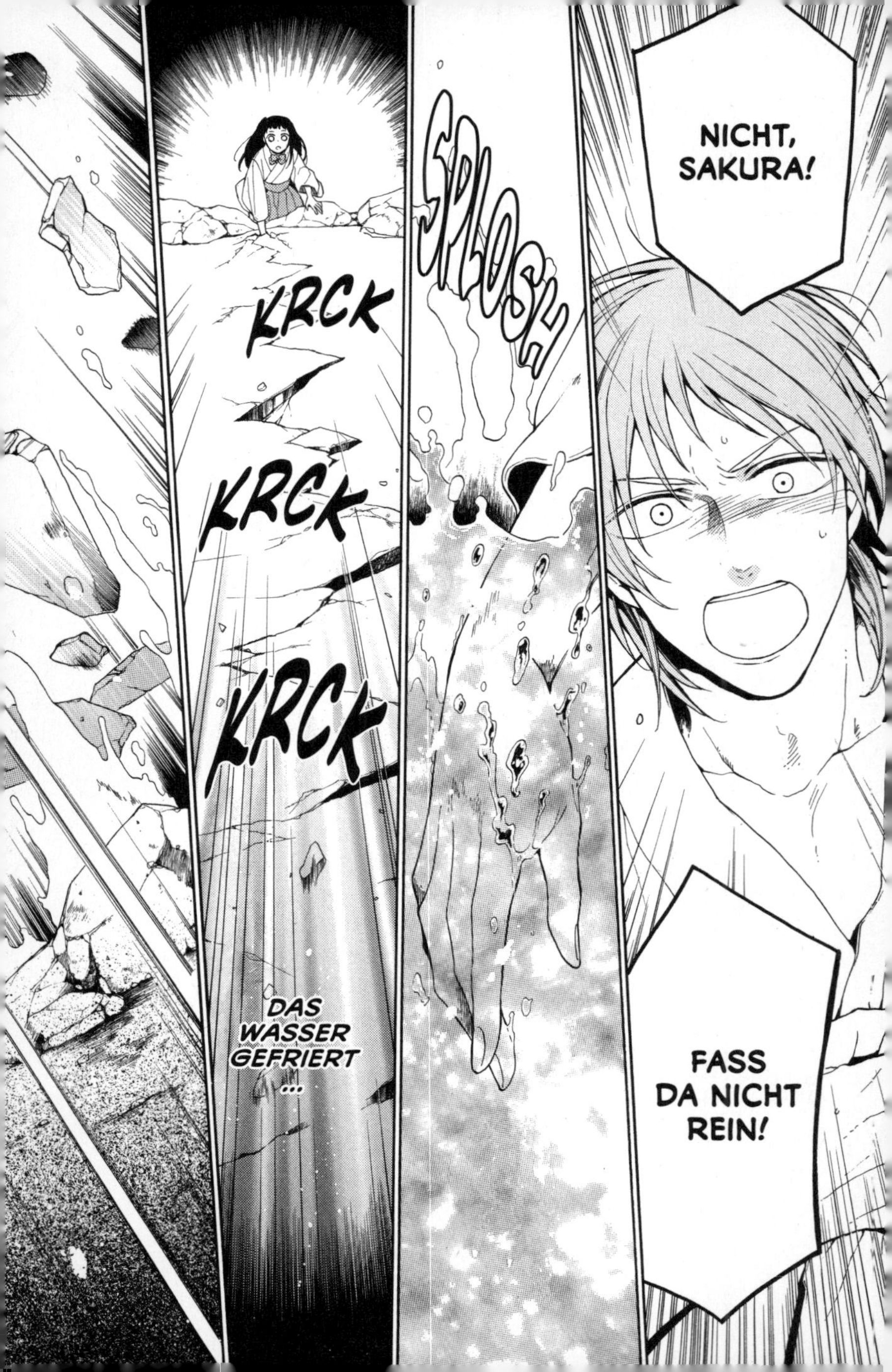

NICHT, SAKURA!
FASS DA NICHT REIN!
SPLOSH
KRCK
KRCK
KRCK
DAS WASSER GEFRIERT …

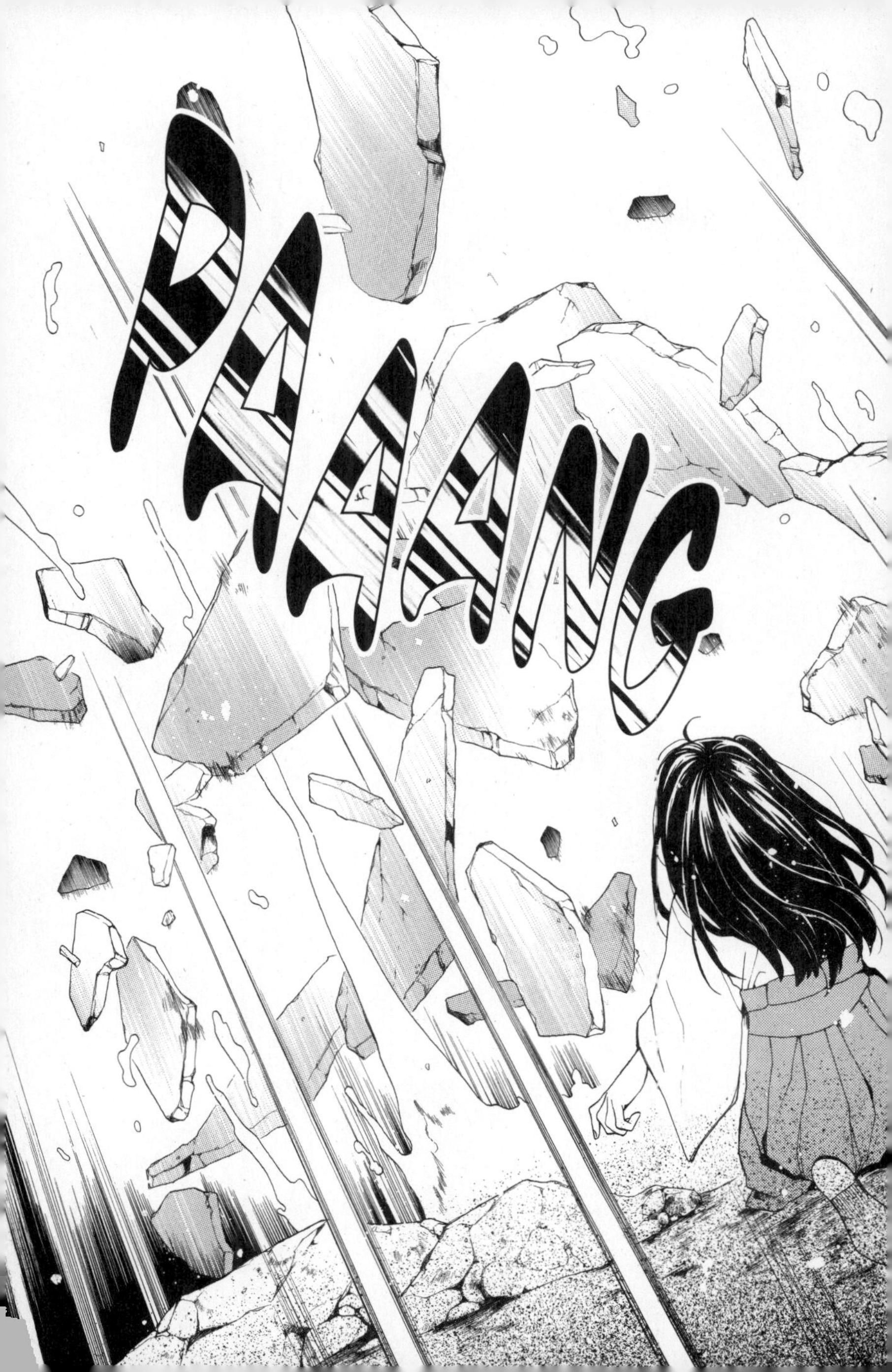
PALLANG

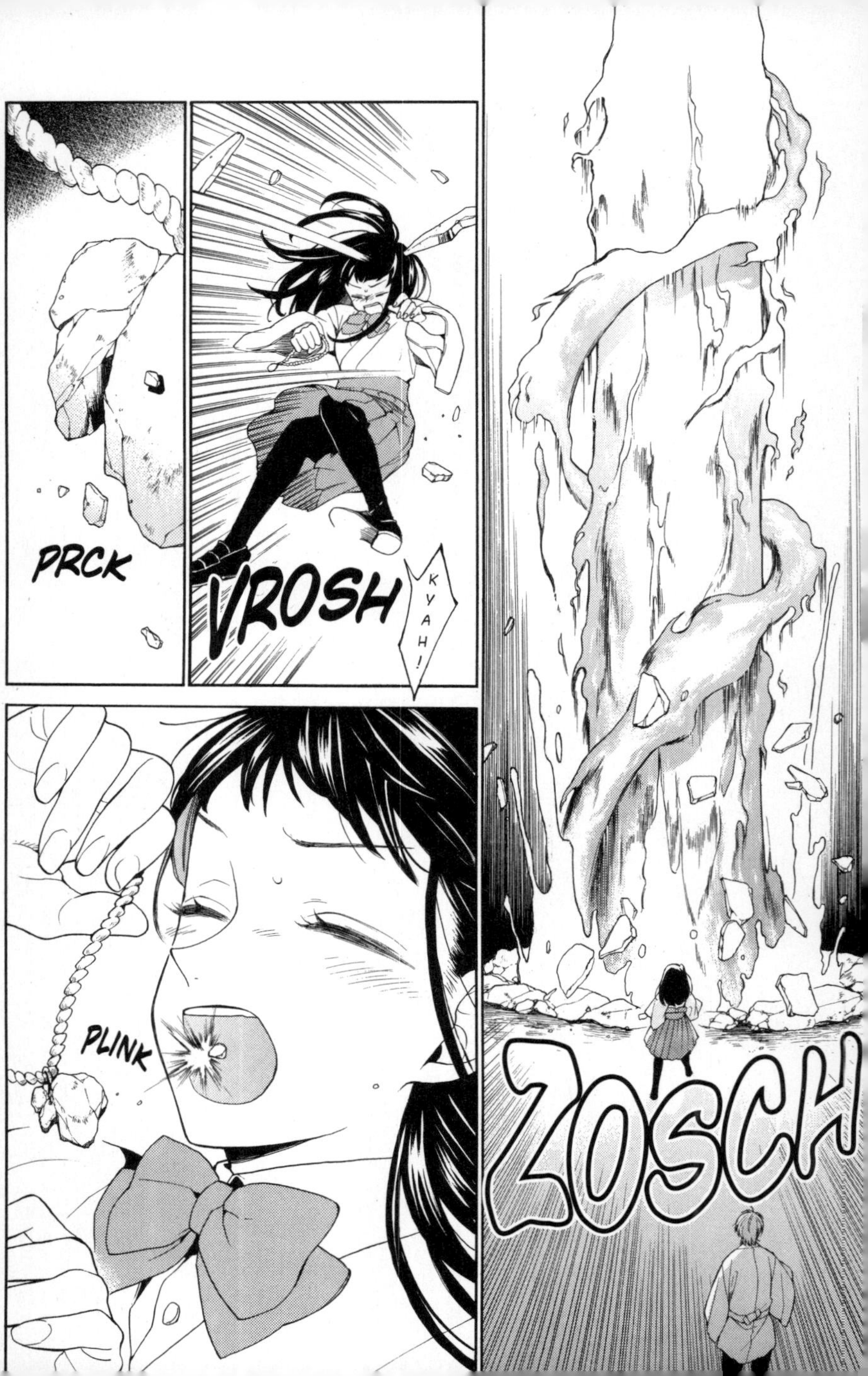

VROSH
KYAH!
PRCK
ZOSCH
PLINK

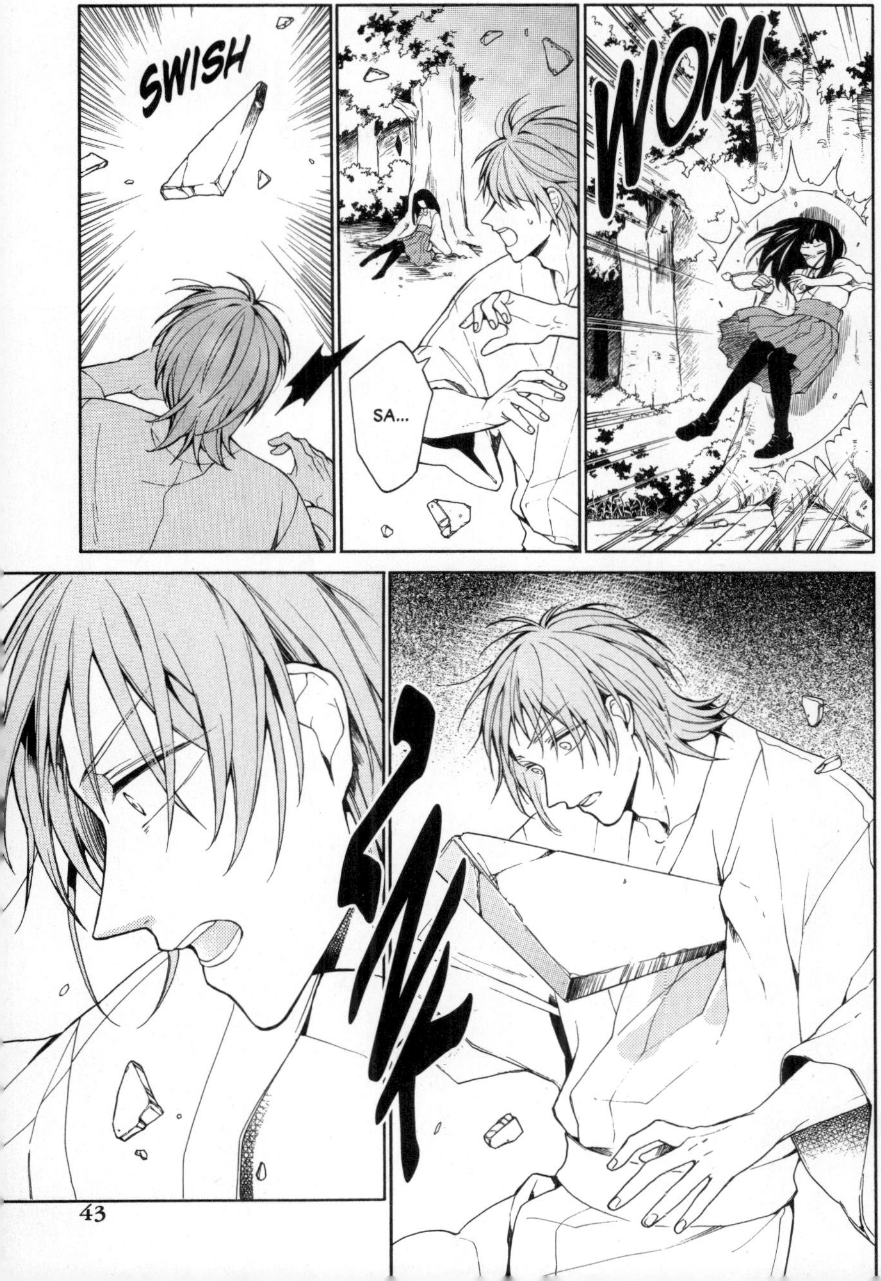
WOM
SA...
SWISH

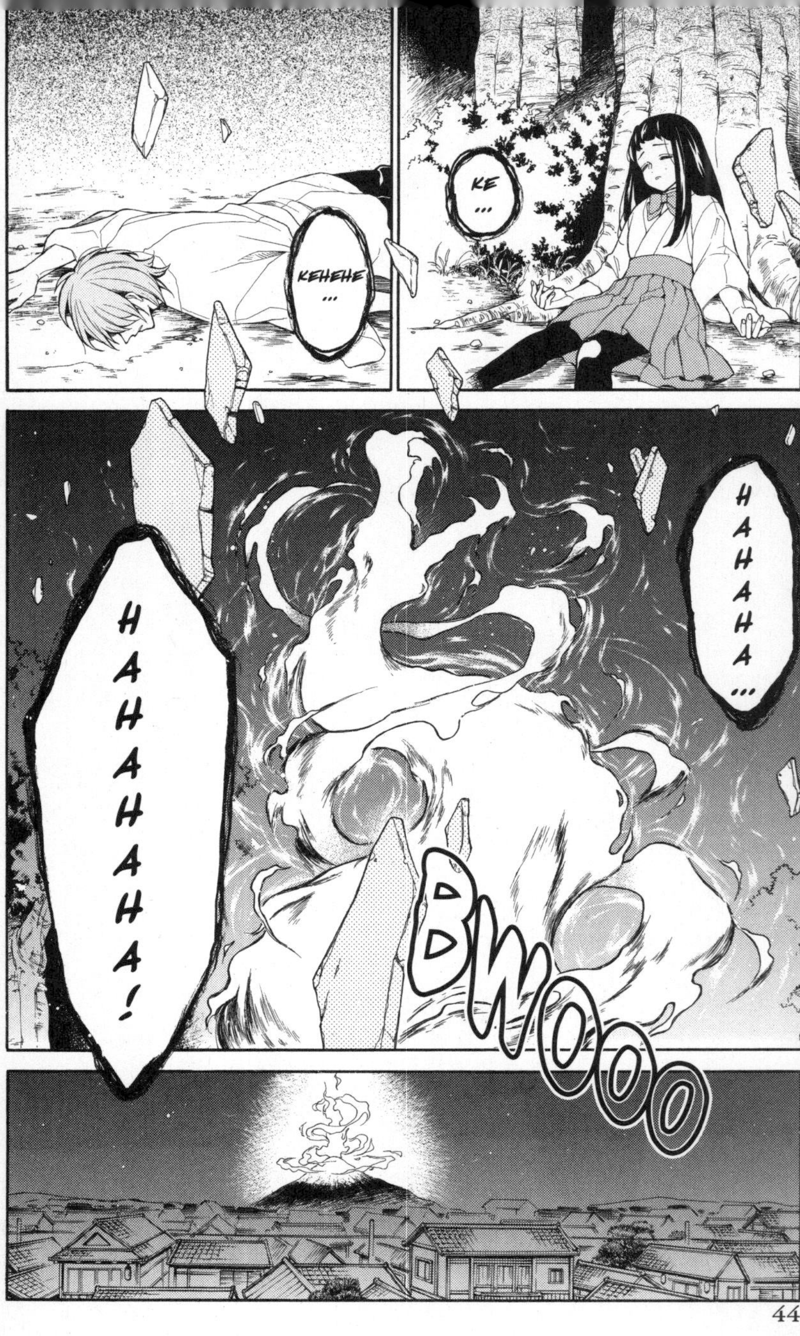
KE ...
KEHEHE ...
HAHAHAHA ...
HAHAHAHAHAHA!
BWOOOO

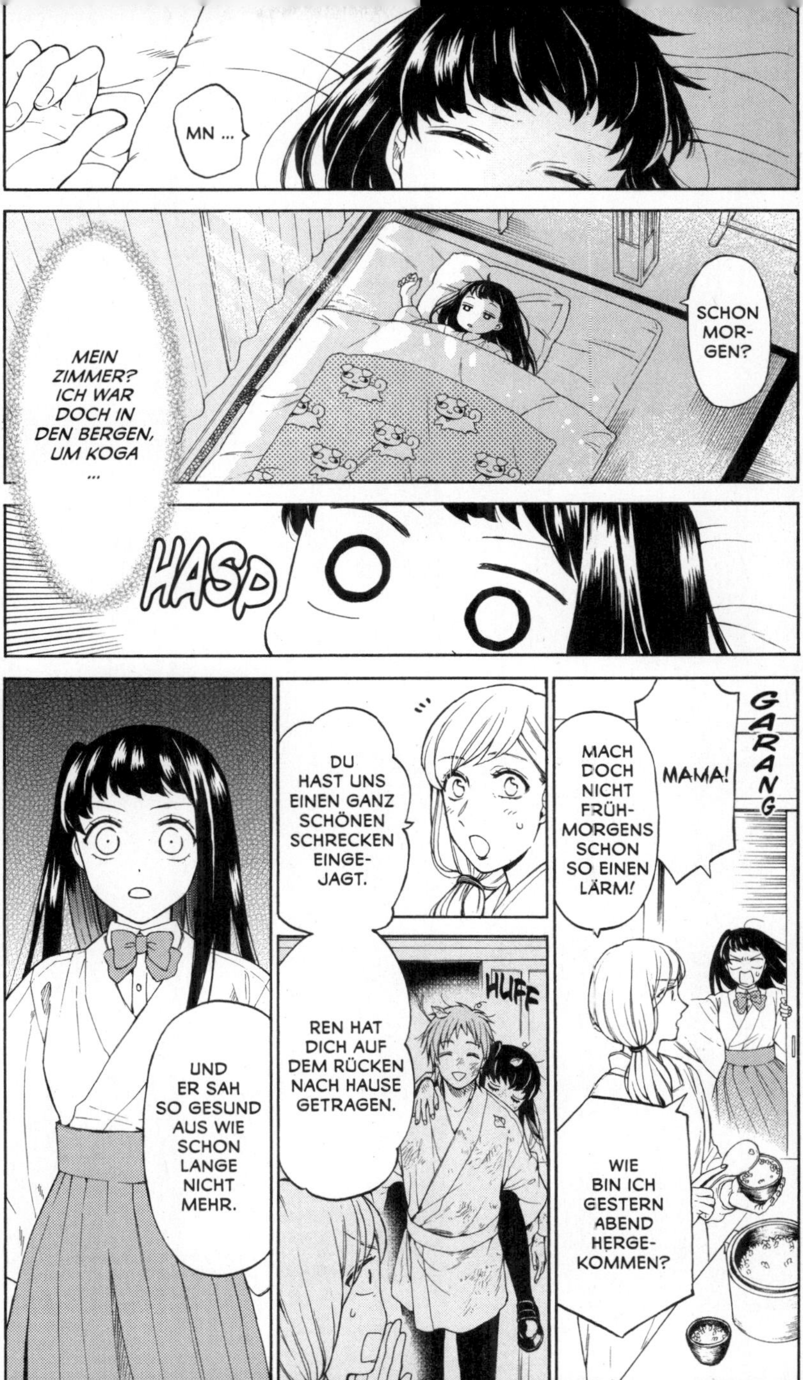
MN ...
SCHON MORGEN?
MEIN ZIMMER? ICH WAR DOCH IN DEN BERGEN, UM KOGA ...
HASP
GARANG
MAMA!
MACH DOCH NICHT FRÜHMORGENS SCHON SO EINEN LÄRM!
DU HAST UNS EINEN GANZ SCHÖNEN SCHRECKEN EINGEJAGT.
WIE BIN ICH GESTERN ABEND HERGEKOMMEN?
HUFF
REN HAT DICH AUF DEM RÜCKEN NACH HAUSE GETRAGEN.
UND ER SAH SO GESUND AUS WIE SCHON LANGE NICHT MEHR.

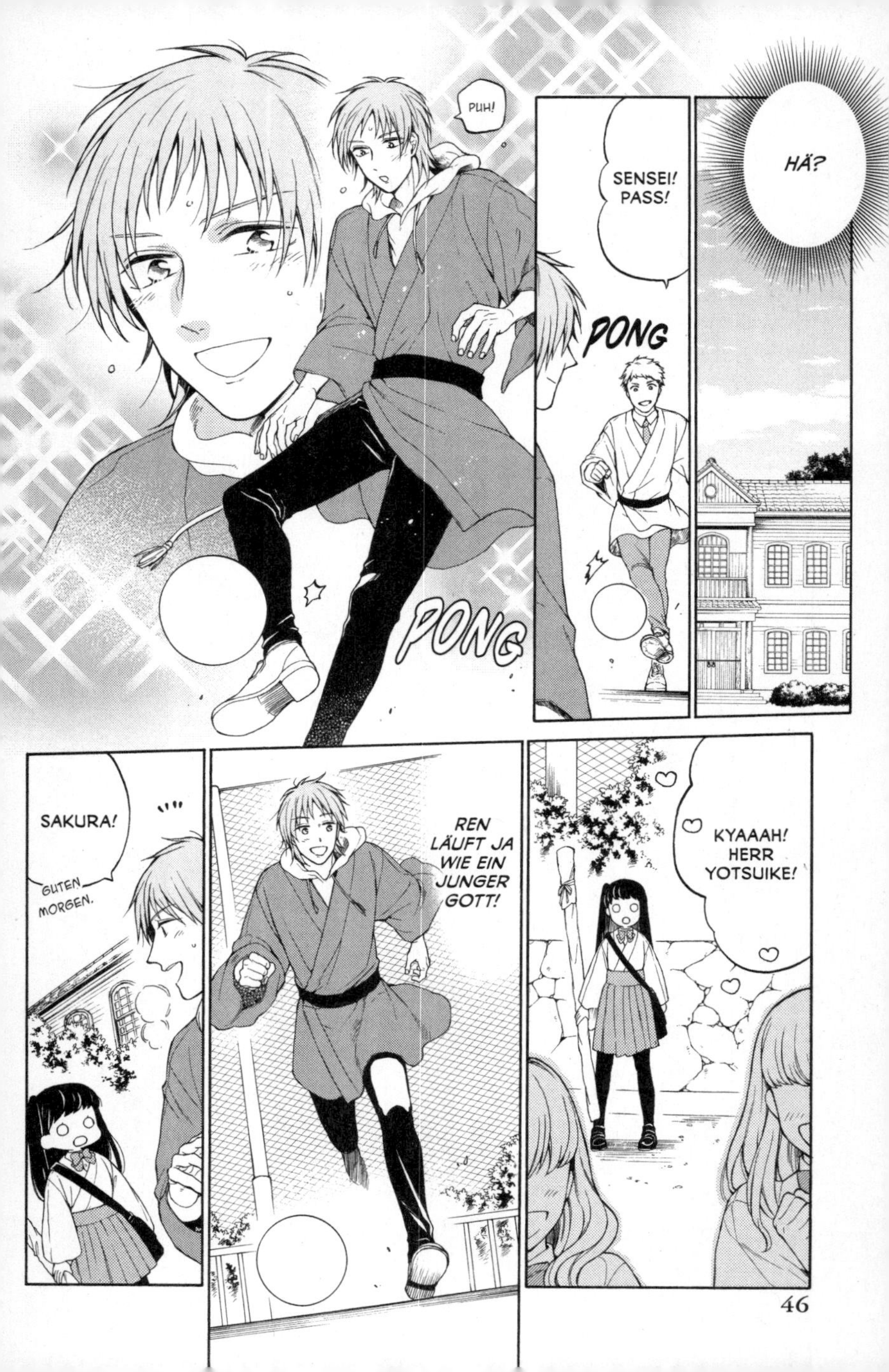
HÄ?
SENSEI! PASS!
PONG
PUH!
PONG
KYAAAH! HERR YOTSUIKE!
REN LÄUFT JA WIE EIN JUNGER GOTT!
SAKURA!
GUTEN MORGEN.

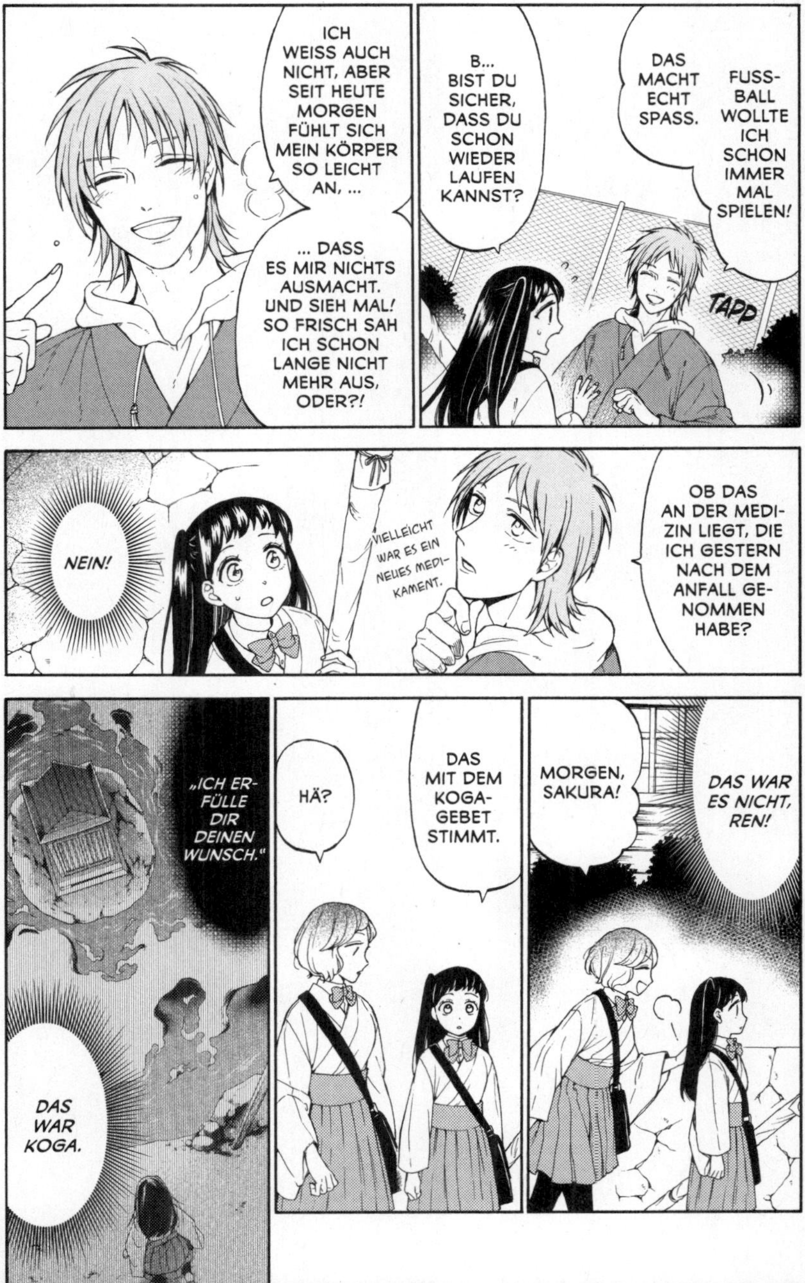
FUSS-BALL WOLLTE ICH SCHON IMMER MAL SPIELEN!
DAS MACHT ECHT SPASS.
TAPP
B... BIST DU SICHER, DASS DU SCHON WIEDER LAUFEN KANNST?
ICH WEISS AUCH NICHT, ABER SEIT HEUTE MORGEN FÜHLT SICH MEIN KÖRPER SO LEICHT AN, ...
... DASS ES MIR NICHTS AUSMACHT. UND SIEH MAL! SO FRISCH SAH ICH SCHON LANGE NICHT MEHR AUS, ODER?!
OB DAS AN DER MEDI-ZIN LIEGT, DIE ICH GESTERN NACH DEM ANFALL GE-NOMMEN HABE?
VIELLEICHT WAR ES EIN NEUES MEDI-KAMENT.
NEIN!
DAS WAR ES NICHT, REN!
MORGEN, SAKURA!
DAS MIT DEM KOGA-GEBET STIMMT.
HÄ?
„ICH ER-FÜLLE DIR DEINEN WUNSCH.“
DAS WAR KOGA.

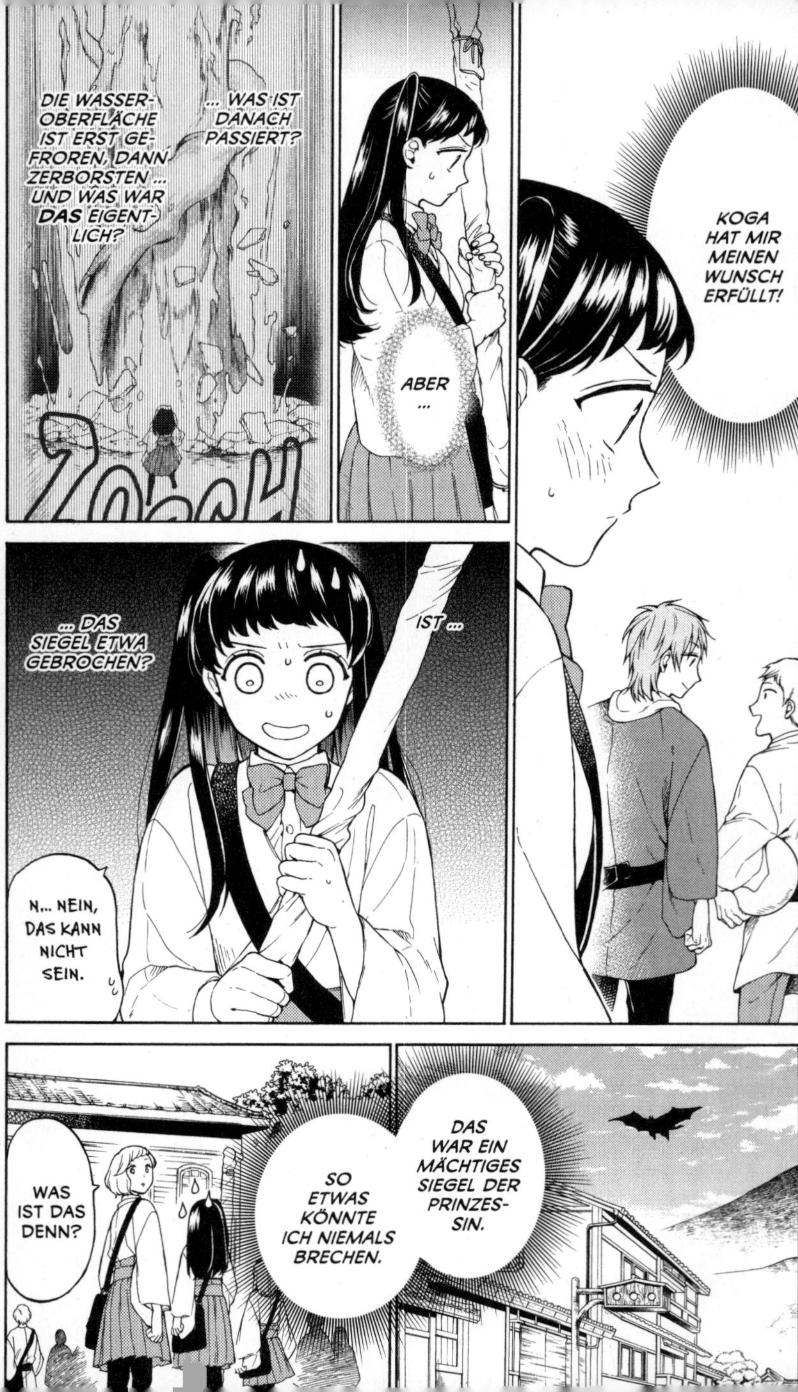
KOGA HAT MIR MEINEN WUNSCH ERFÜLLT!
ABER ...
... WAS IST DANACH PASSIERT?
DIE WASSER-OBERFLÄCHE IST ERST GE-FROREN, DANN ZERBORSTEN ... UND WAS WAR DAS EIGENT-LICH?
IST ...
... DAS SIEGEL ETWA GEBROCHEN?
N... NEIN, DAS KANN NICHT SEIN.
DAS WAR EIN MÄCHTIGES SIEGEL DER PRINZES-SIN.
SO ETWAS KÖNNTE ICH NIEMALS BRECHEN.
WAS IST DAS DENN?

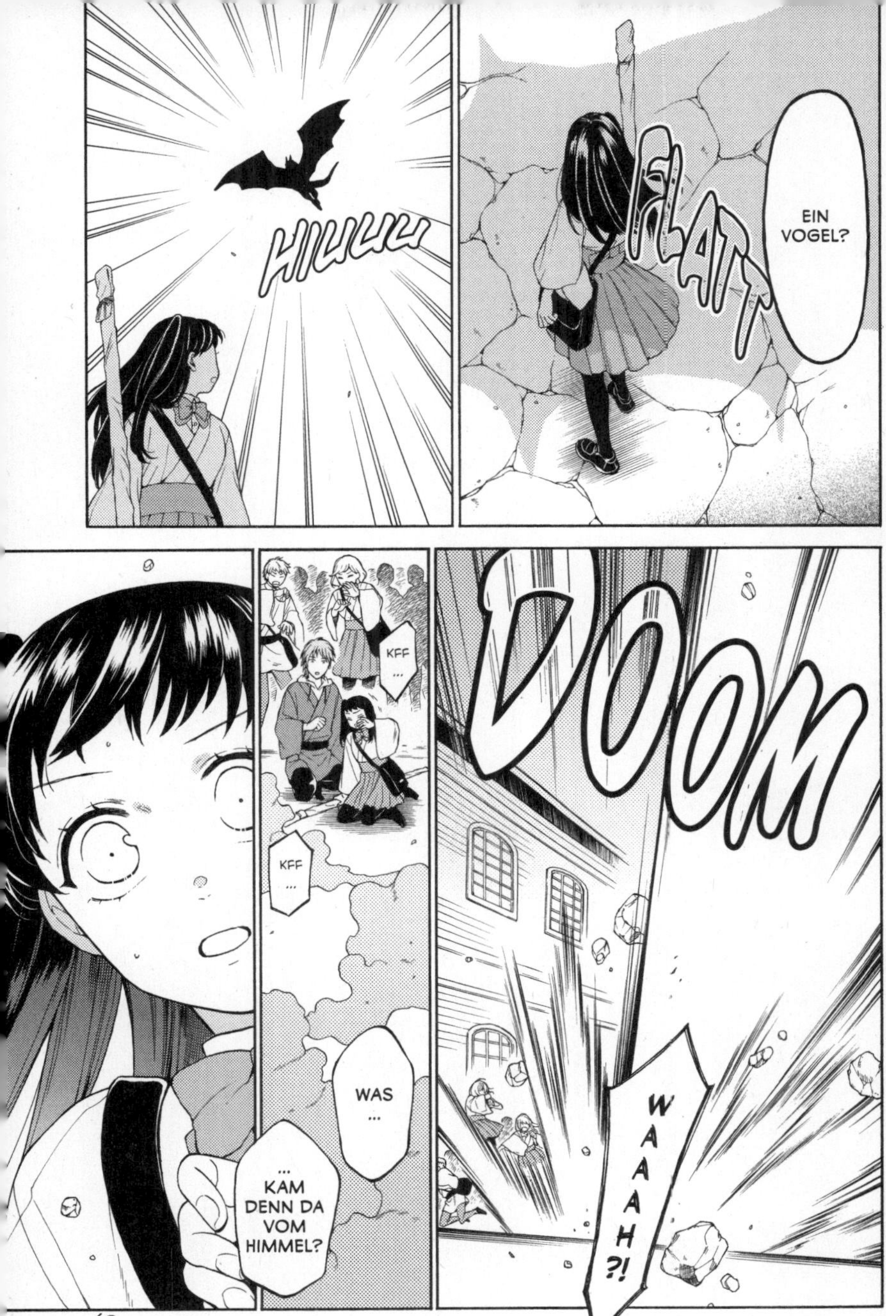
EIN VOGEL?
FLATT
HIUUU
DOOM
WAAAH?!
KFF …
KFF …
WAS …
… KAM DENN DA VOM HIMMEL?

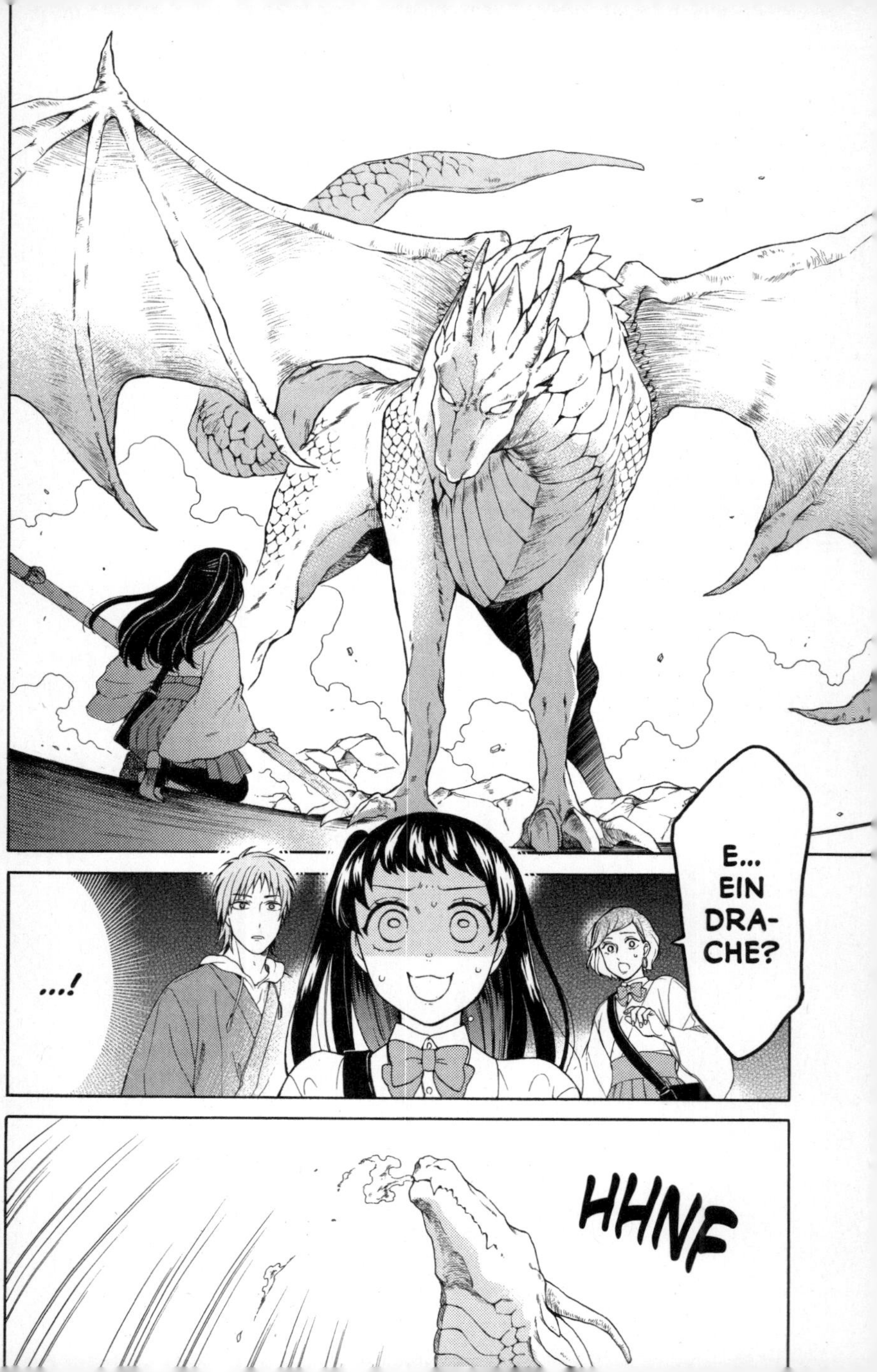
E... EIN DRACHE?
...!
HHNF

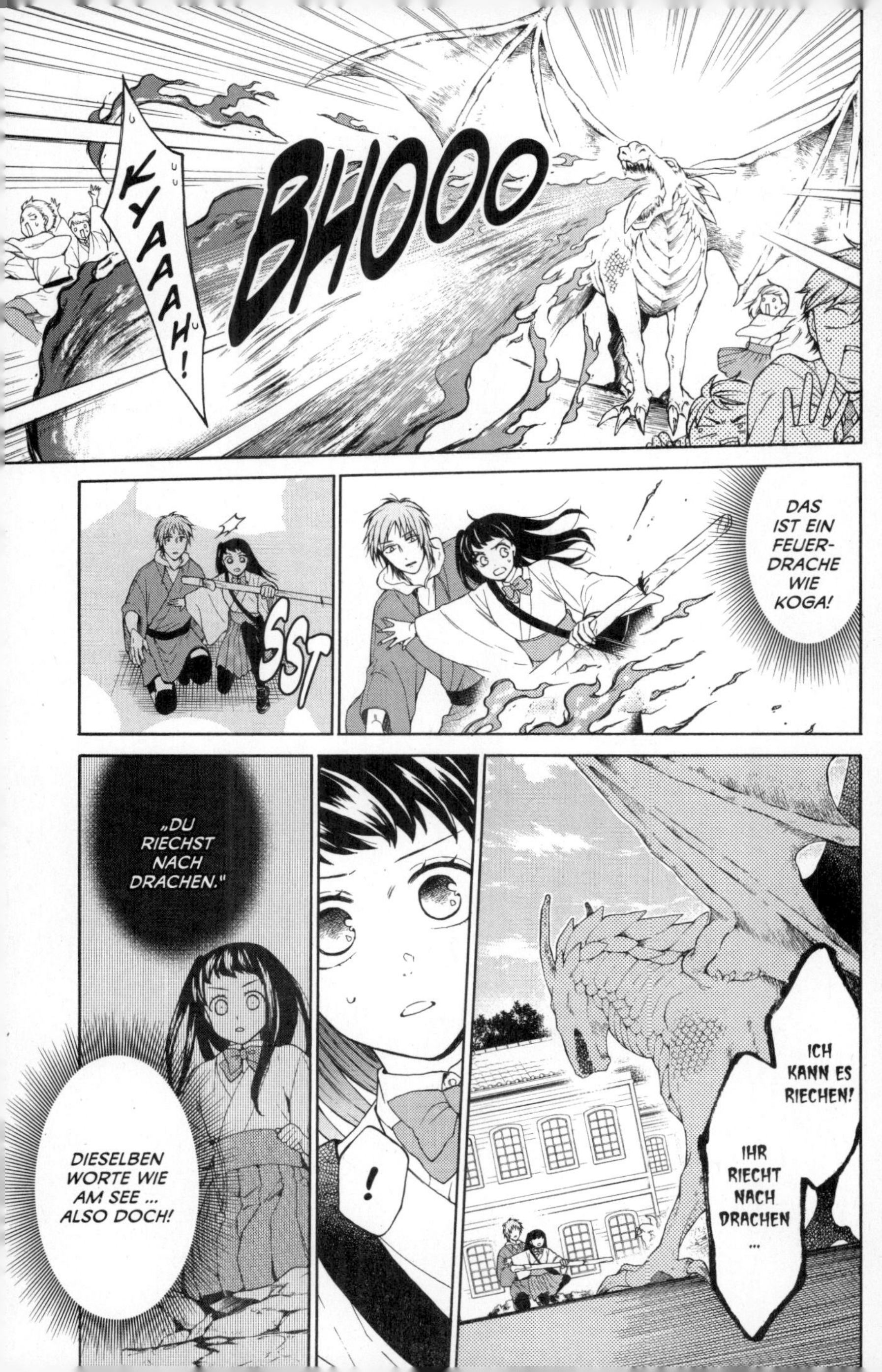
BHOOO
KYAAAAH!
DAS IST EIN FEUER-DRACHE WIE KOGA!
SST
ICH KANN ES RIECHEN!
IHR RIECHT NACH DRACHEN ...
!
„DU RIECHST NACH DRACHEN."
DIESELBEN WORTE WIE AM SEE ... ALSO DOCH!

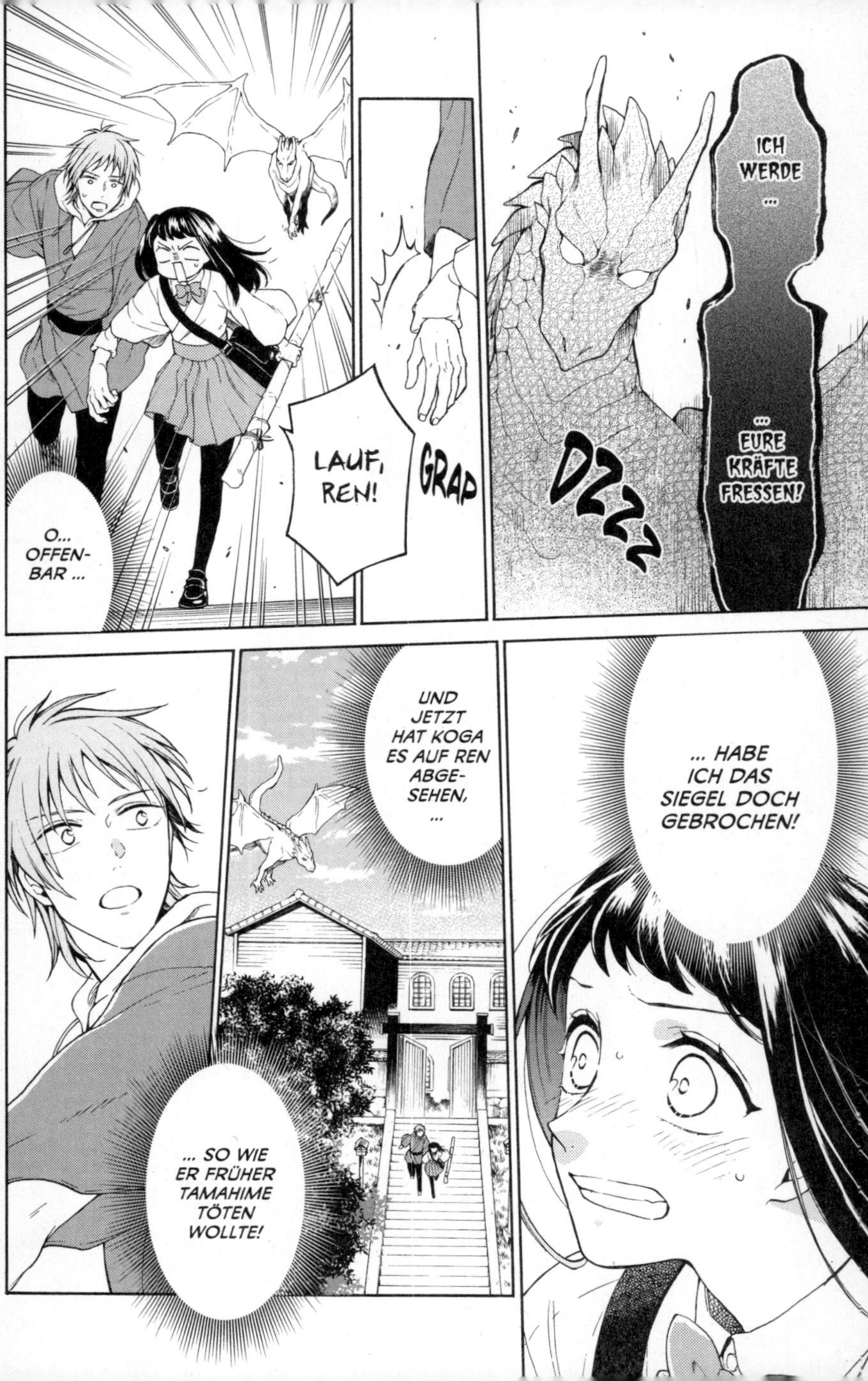
ICH WERDE ...
... EURE KRÄFTE FRESSEN!
DZZZ
GRAP
LAUF, REN!
O... OFFEN-BAR ...
... HABE ICH DAS SIEGEL DOCH GEBROCHEN!
UND JETZT HAT KOGA ES AUF REN ABGE-SEHEN, ...
... SO WIE ER FRÜHER TAMAHIME TÖTEN WOLLTE!

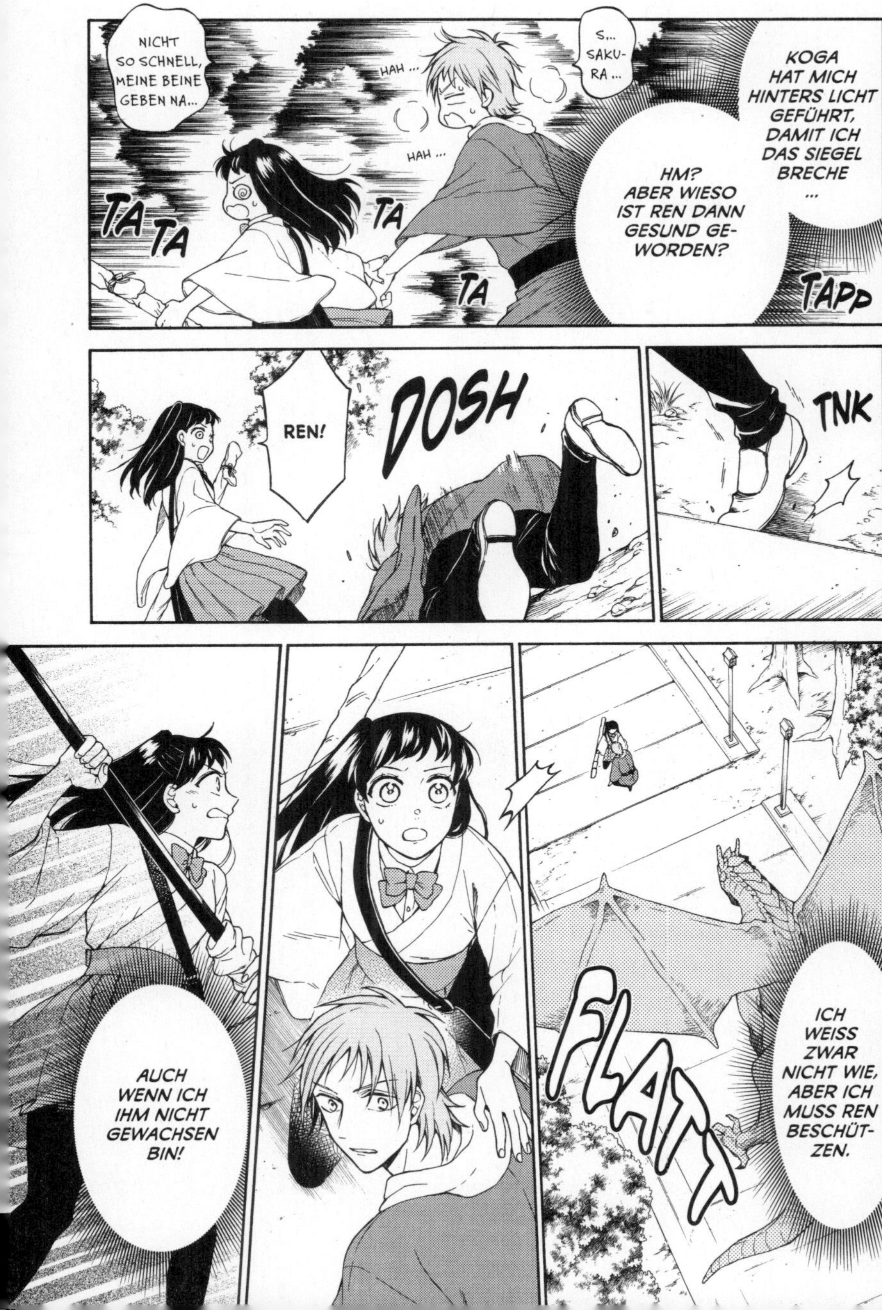
KOGA HAT MICH HINTERS LICHT GEFÜHRT, DAMIT ICH DAS SIEGEL BRECHE ...
HM? ABER WIESO IST REN DANN GESUND GEWORDEN?
TAPP
S... SAKURA ...
HAH ...
HAH ...
NICHT SO SCHNELL, MEINE BEINE GEBEN NA...
TA
TA
TA
TA
TNK
DOSH
REN!
ICH WEISS ZWAR NICHT WIE, ABER ICH MUSS REN BESCHÜTZEN.
FLATT
AUCH WENN ICH IHM NICHT GEWACHSEN BIN!

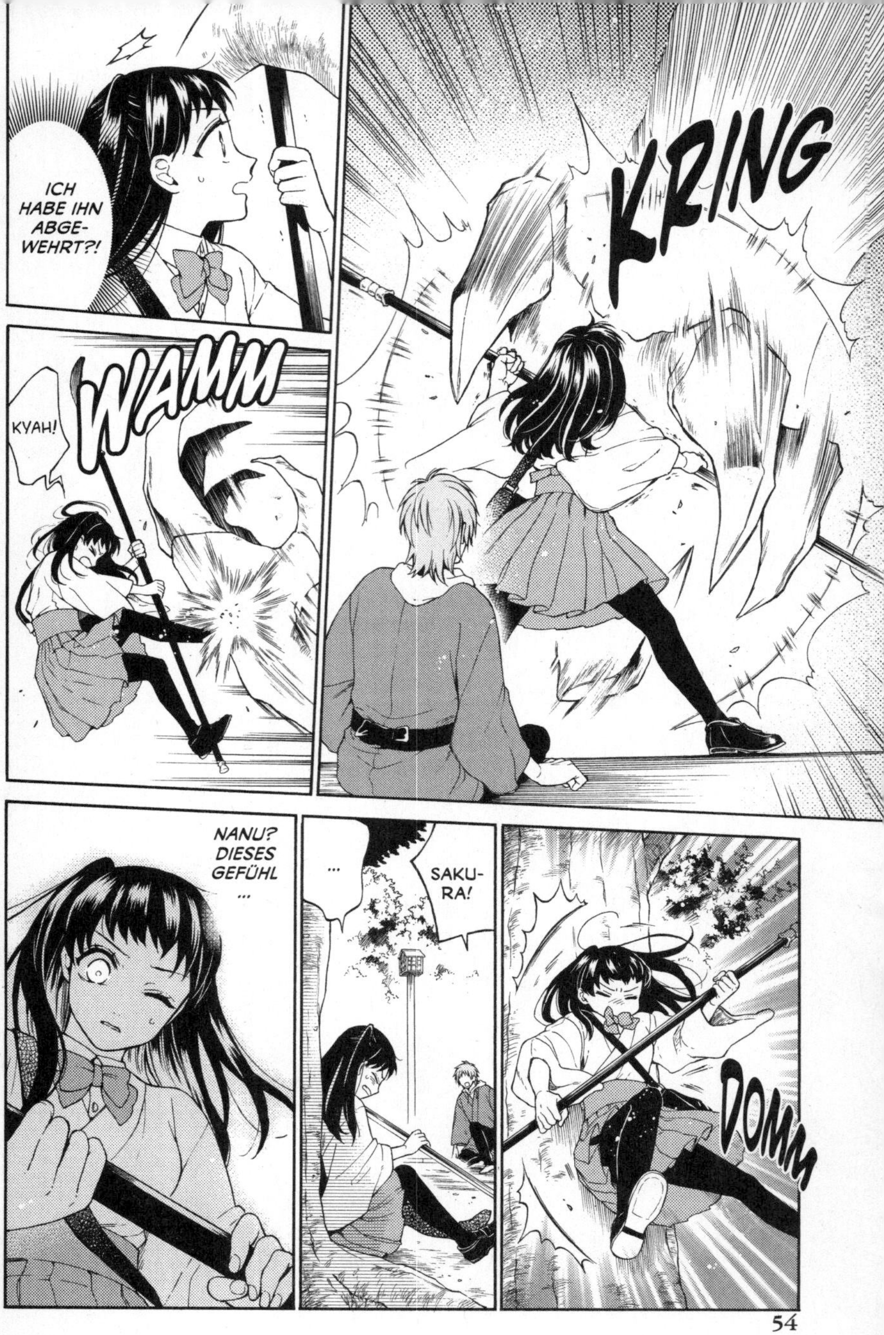
KRING
ICH HABE IHN ABGE-WEHRT?!
WAMM
KYAH!
SAKU-RA!
...
NANU? DIESES GEFÜHL ...
DOMM

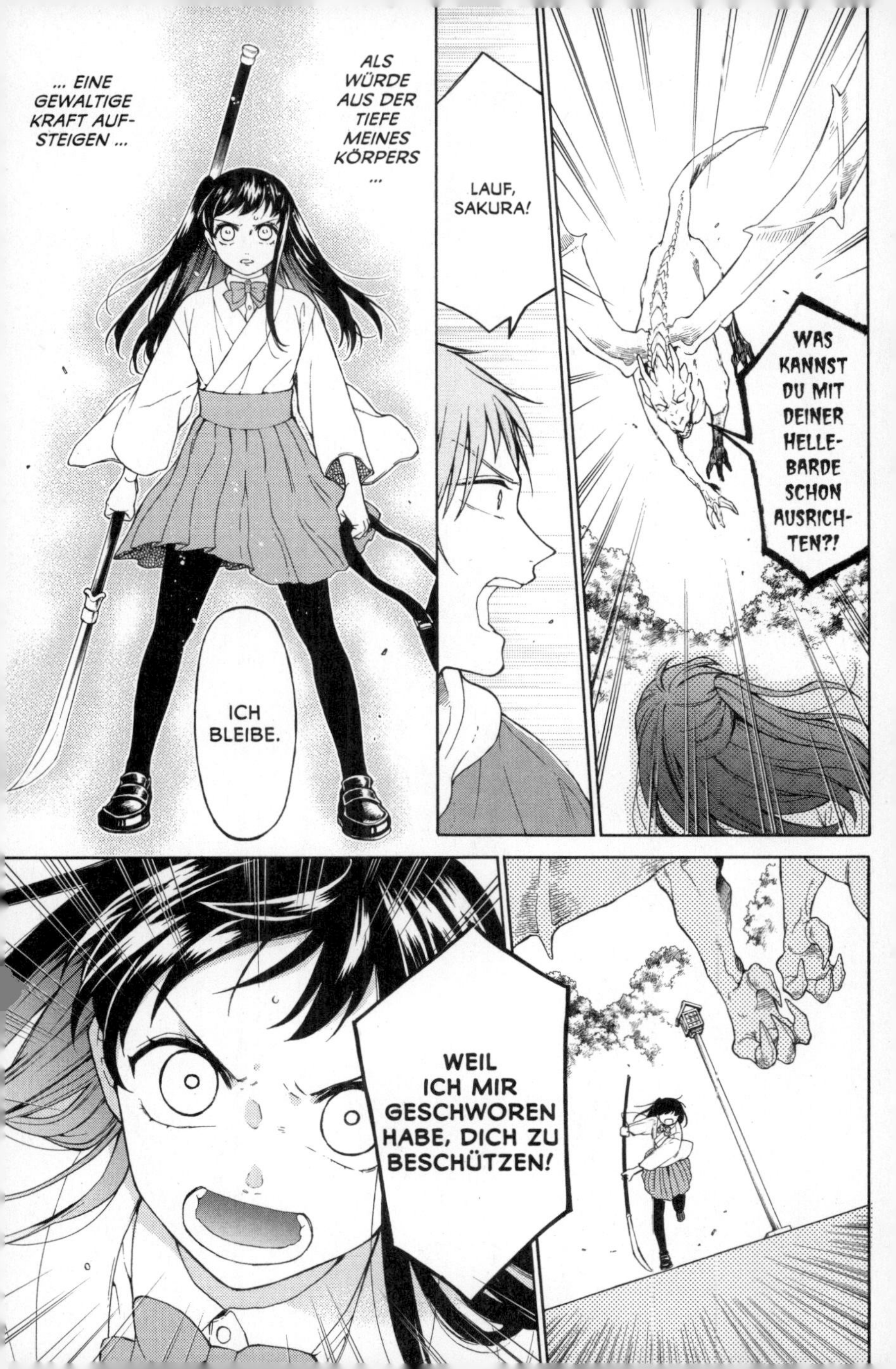
WAS KANNST DU MIT DEINER HELLEBARDE SCHON AUSRICHTEN?!
LAUF, SAKURA!
ALS WÜRDE AUS DER TIEFE MEINES KÖRPERS ...
... EINE GEWALTIGE KRAFT AUFSTEIGEN ...
ICH BLEIBE.
WEIL ICH MIR GESCHWOREN HABE, DICH ZU BESCHÜTZEN!

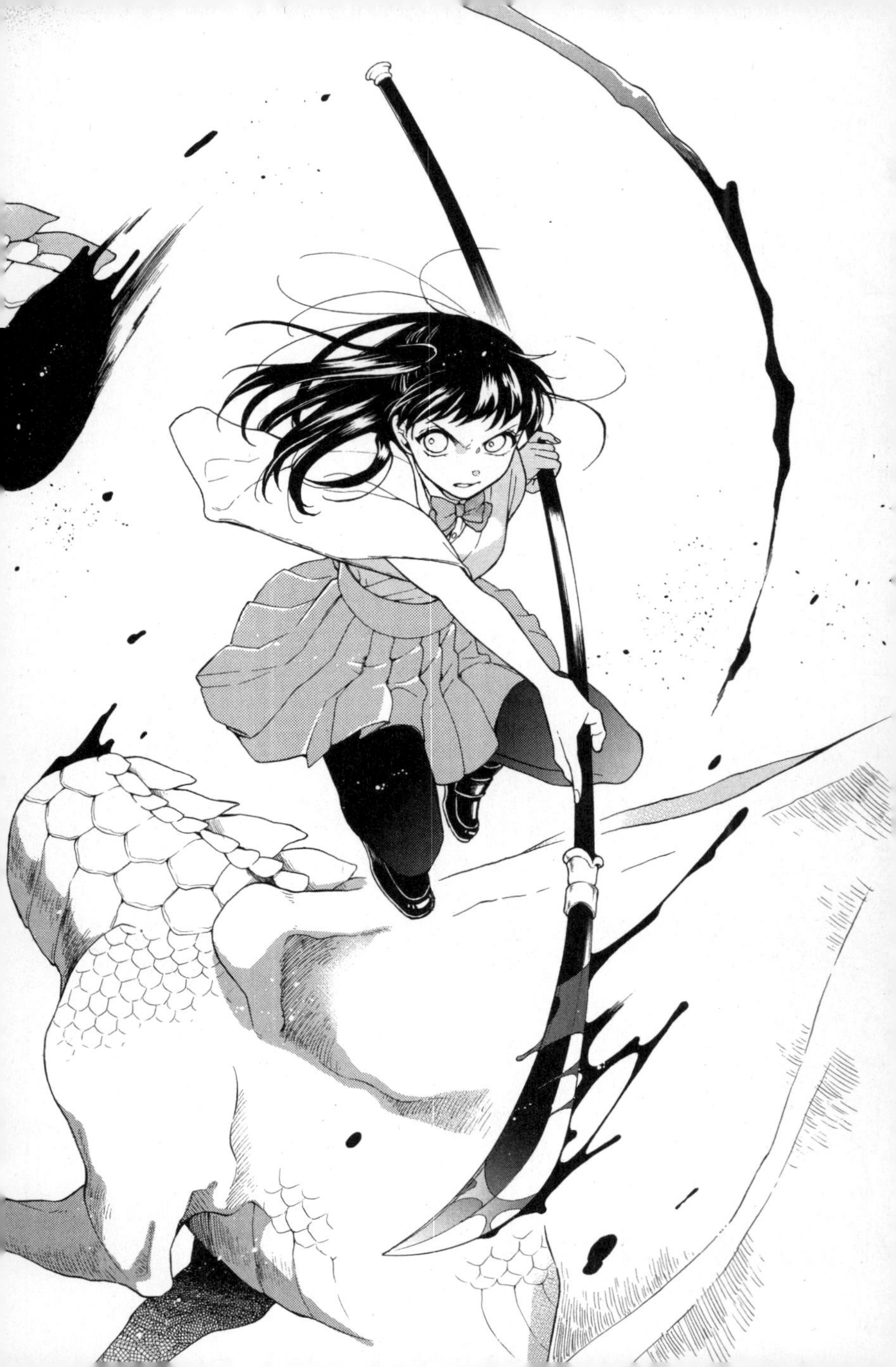

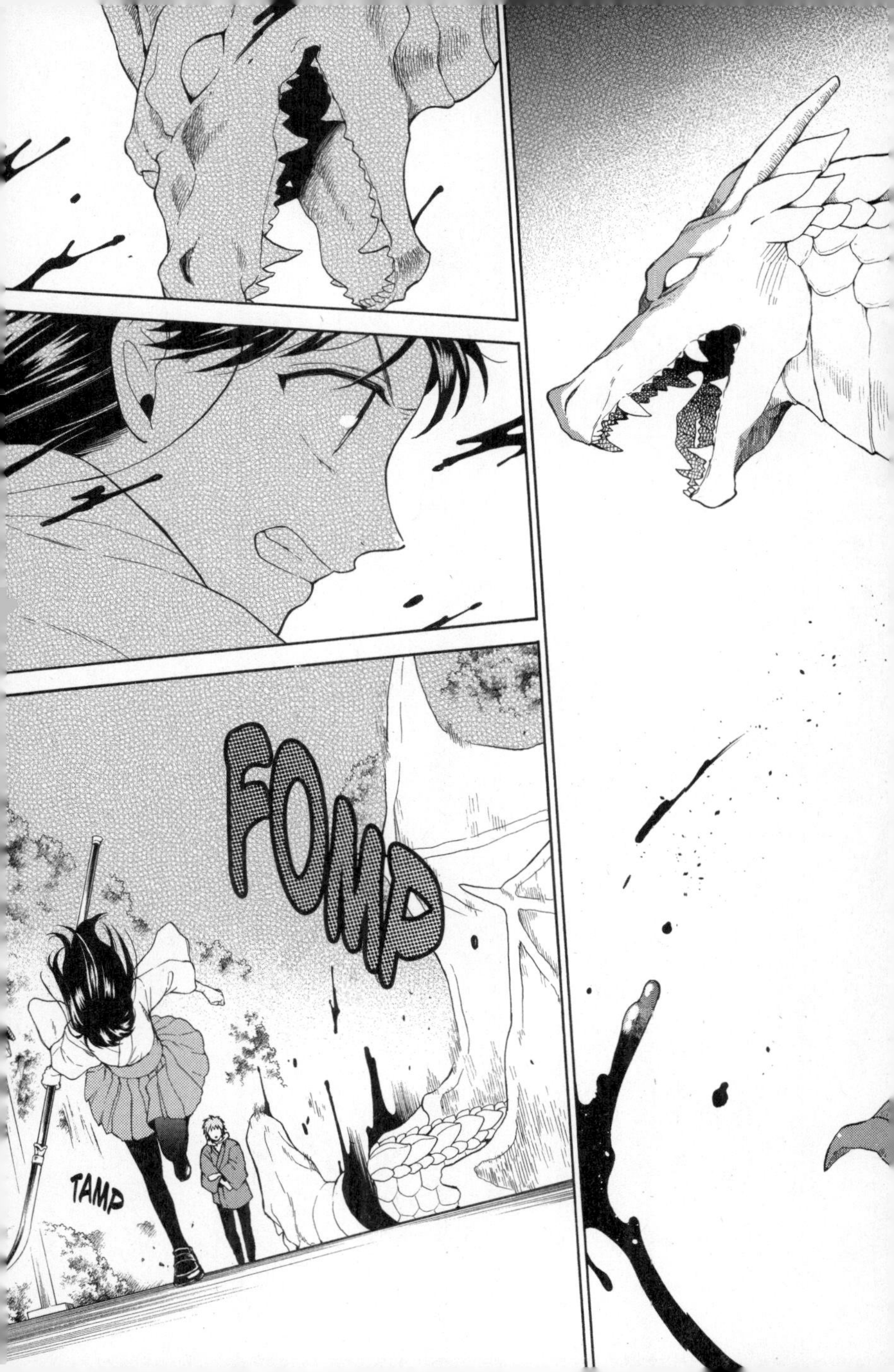
FOMP
TAMP

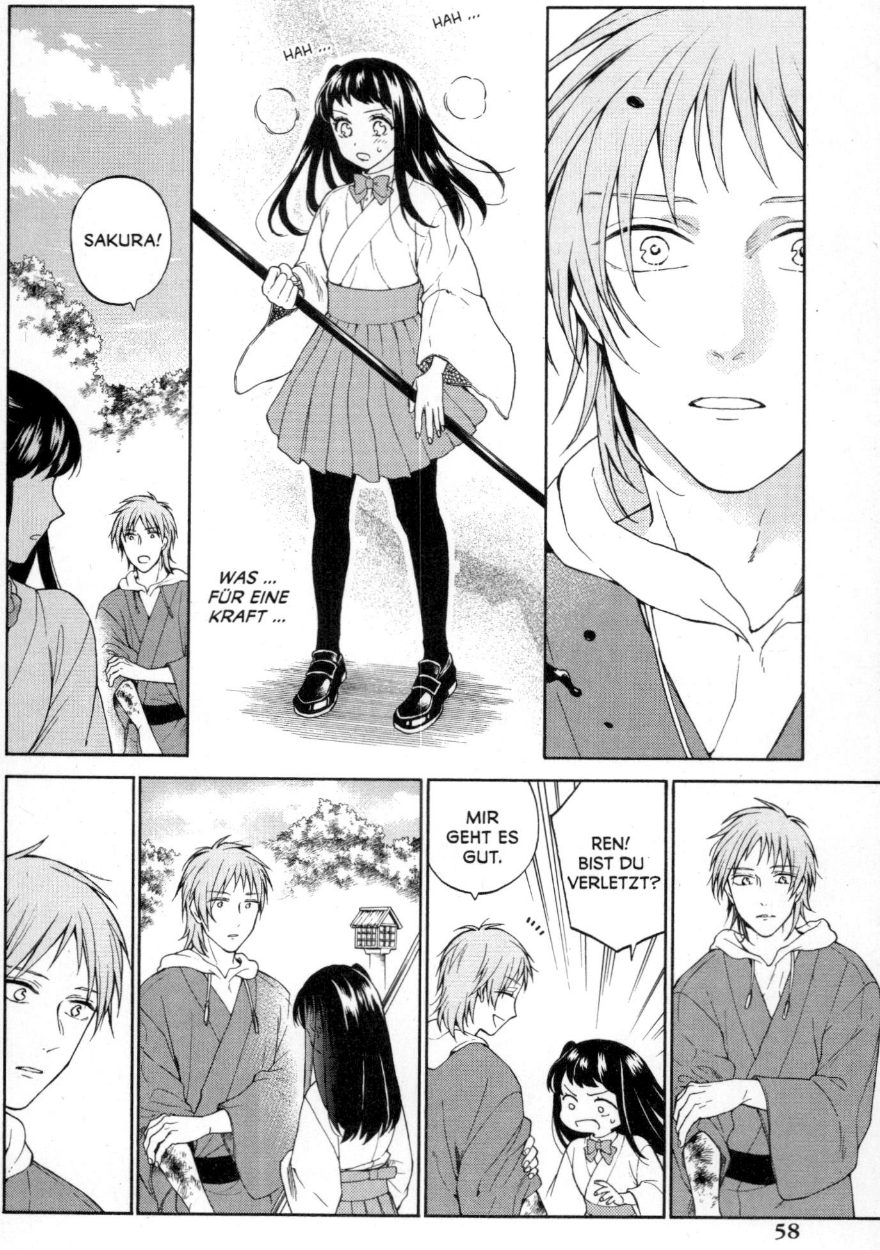
HAH ...
HAH ...
WAS ... FÜR EINE KRAFT ...
SAKURA!
REN! BIST DU VERLETZT?
!!!
MIR GEHT ES GUT.

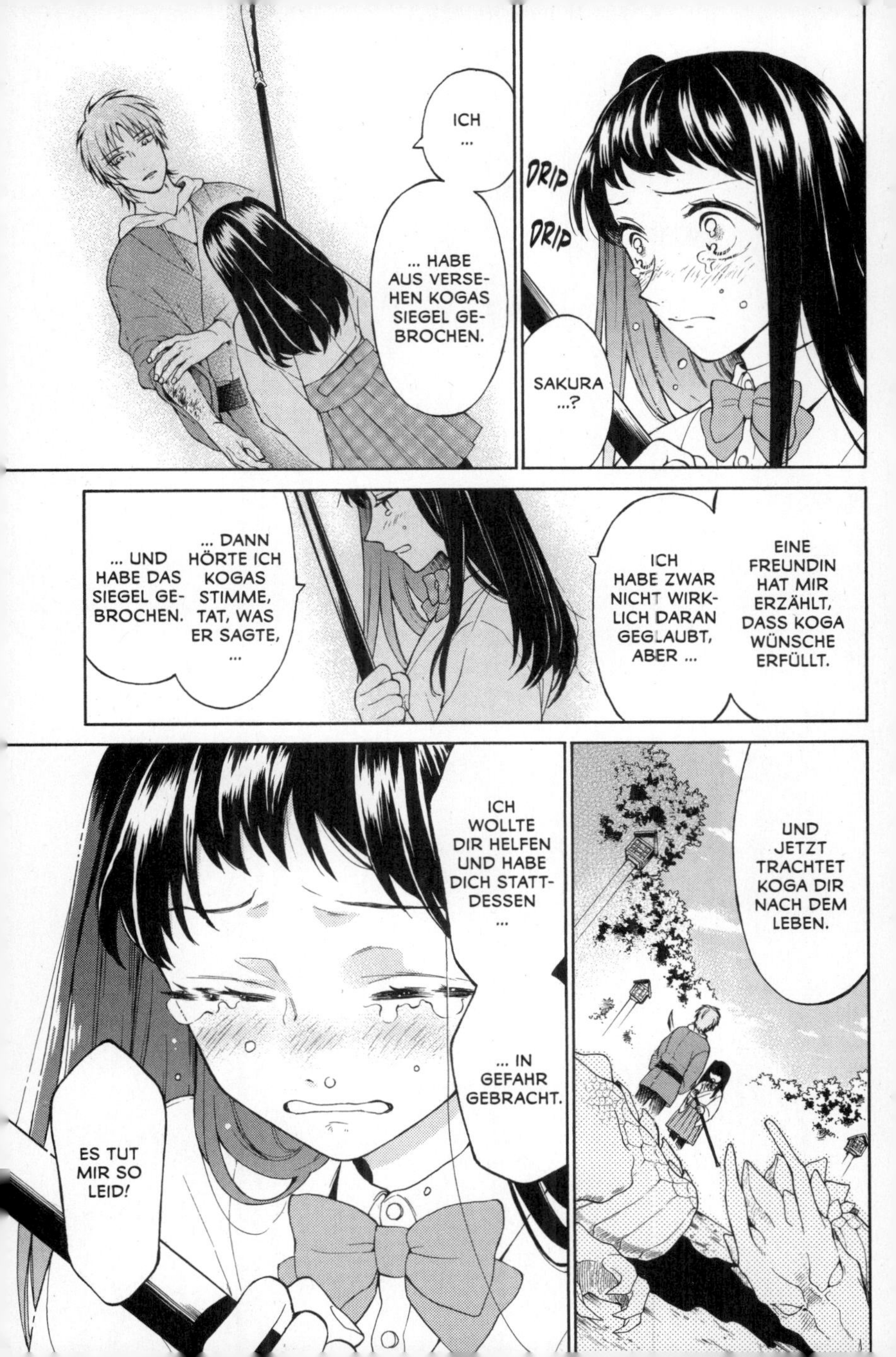
DRIP
DRIP
SAKURA ...?
ICH ...
... HABE AUS VERSEHEN KOGAS SIEGEL GEBROCHEN.
EINE FREUNDIN HAT MIR ERZÄHLT, DASS KOGA WÜNSCHE ERFÜLLT.
ICH HABE ZWAR NICHT WIRKLICH DARAN GEGLAUBT, ABER ...
... DANN HÖRTE ICH KOGAS STIMME, TAT, WAS ER SAGTE, ...
... UND HABE DAS SIEGEL GEBROCHEN.
UND JETZT TRACHTET KOGA DIR NACH DEM LEBEN.
ICH WOLLTE DIR HELFEN UND HABE DICH STATTDESSEN ...
... IN GEFAHR GEBRACHT.
ES TUT MIR SO LEID!

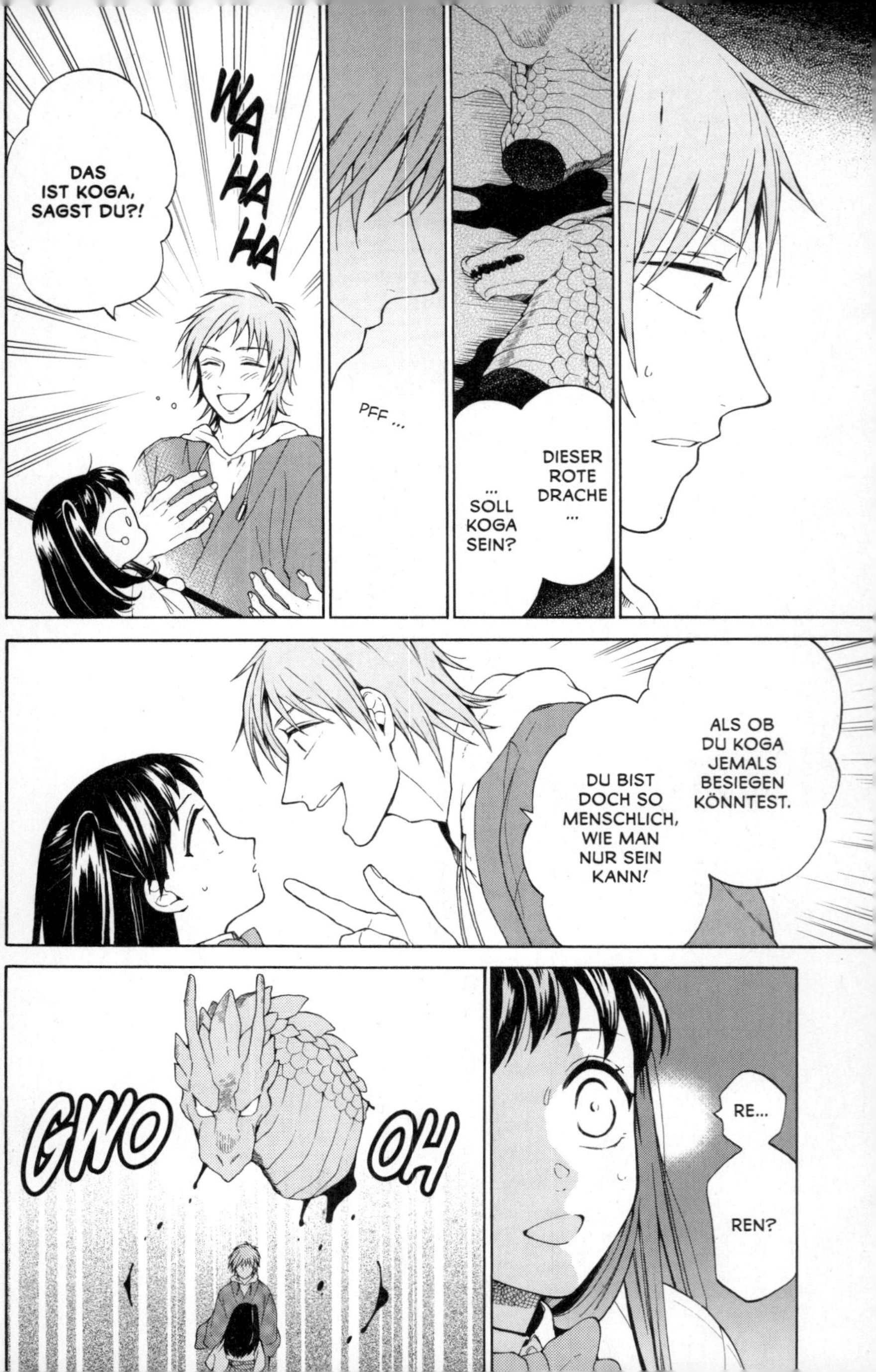
DIESER ROTE DRACHE ...
... SOLL KOGA SEIN?
PFF ...
DAS IST KOGA, SAGST DU?!
WA HA HA HA
ALS OB DU KOGA JEMALS BESIEGEN KÖNNTEST.
DU BIST DOCH SO MENSCHLICH, WIE MAN NUR SEIN KANN!
RE...
REN?
GWO OH

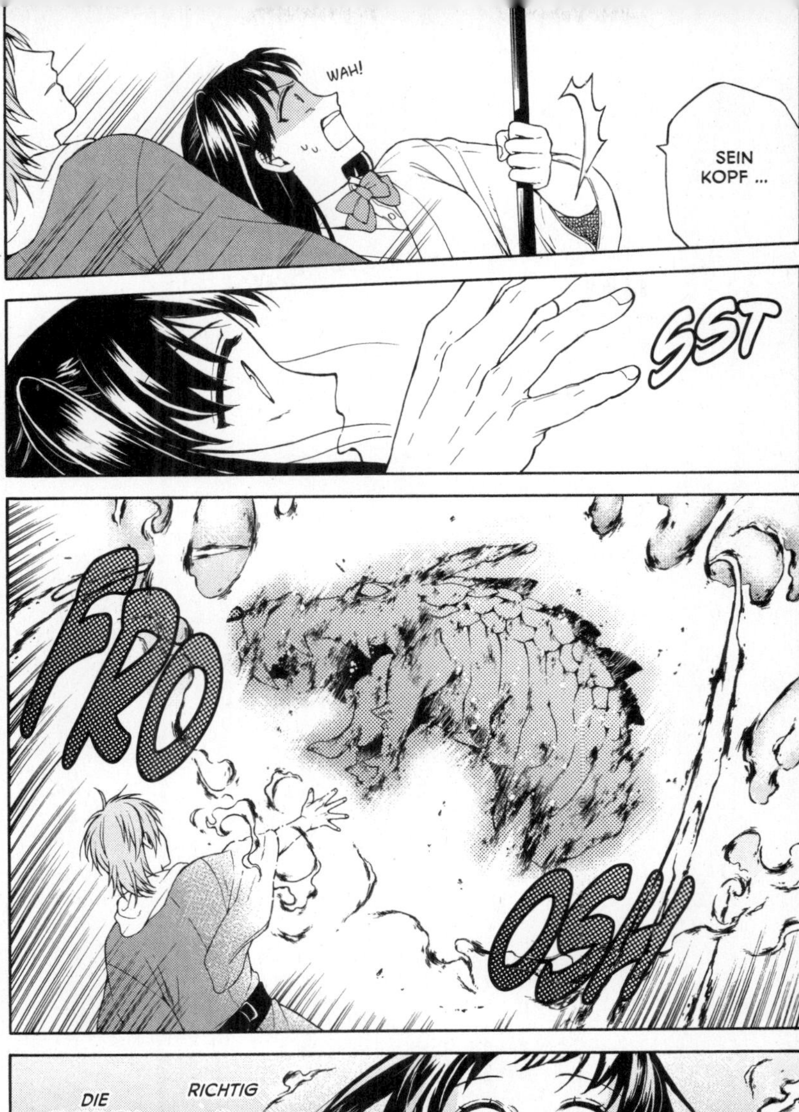
SEIN KOPF ...
WAH!
SST
FRO
OSH
RICHTIG ...
DIE FLAMMEN, DIE ICH IM SEE GESEHEN HABE, WAREN WEDER RÖTLICH NOCH BLÄULICH, SONDERN GANZ REIN.

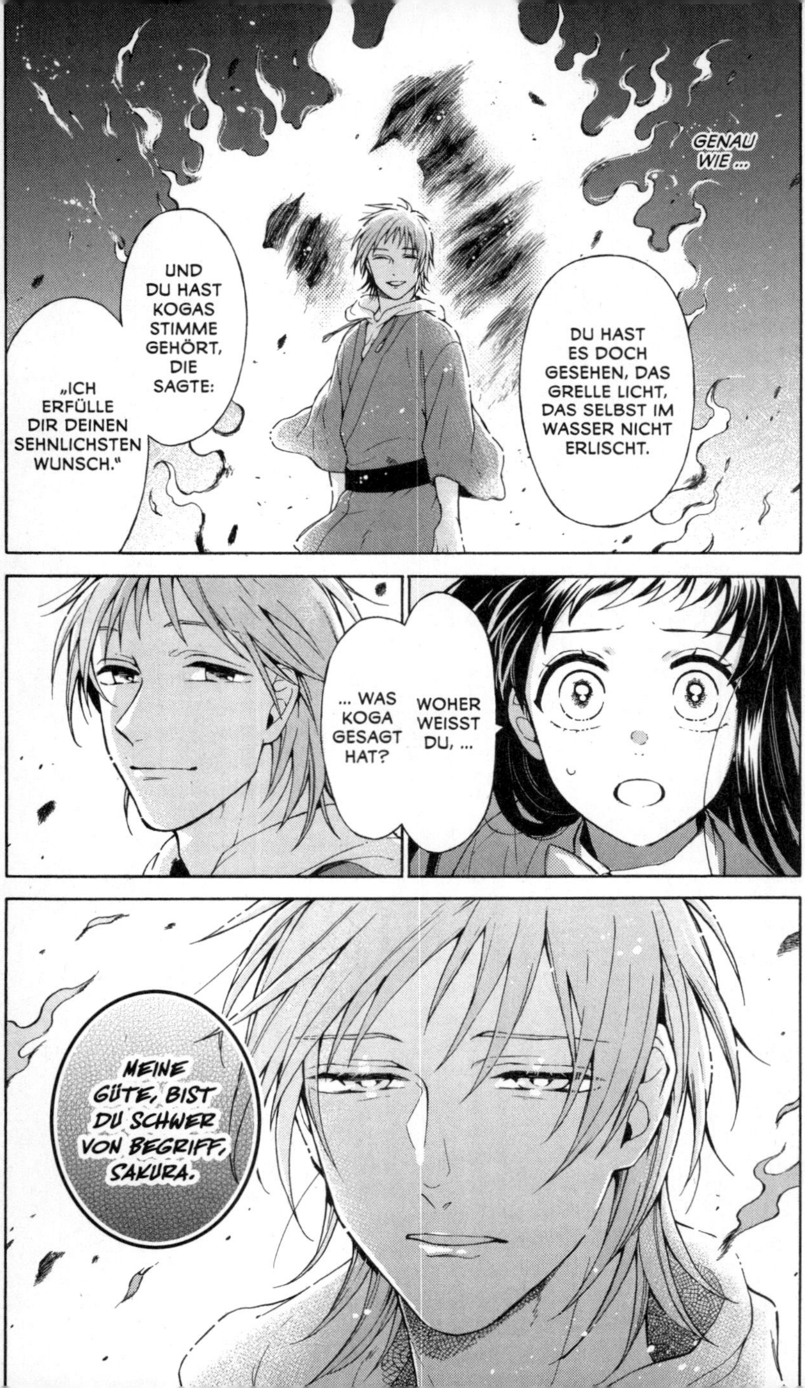
GENAU WIE ...
DU HAST ES DOCH GESEHEN, DAS GRELLE LICHT, DAS SELBST IM WASSER NICHT ERLISCHT.
UND DU HAST KOGAS STIMME GEHÖRT, DIE SAGTE:
„ICH ERFÜLLE DIR DEINEN SEHNLICHSTEN WUNSCH."
WOHER WEISST DU, ...
... WAS KOGA GESAGT HAT?
MEINE GÜTE, BIST DU SCHWER VON BEGRIFF, SAKURA.

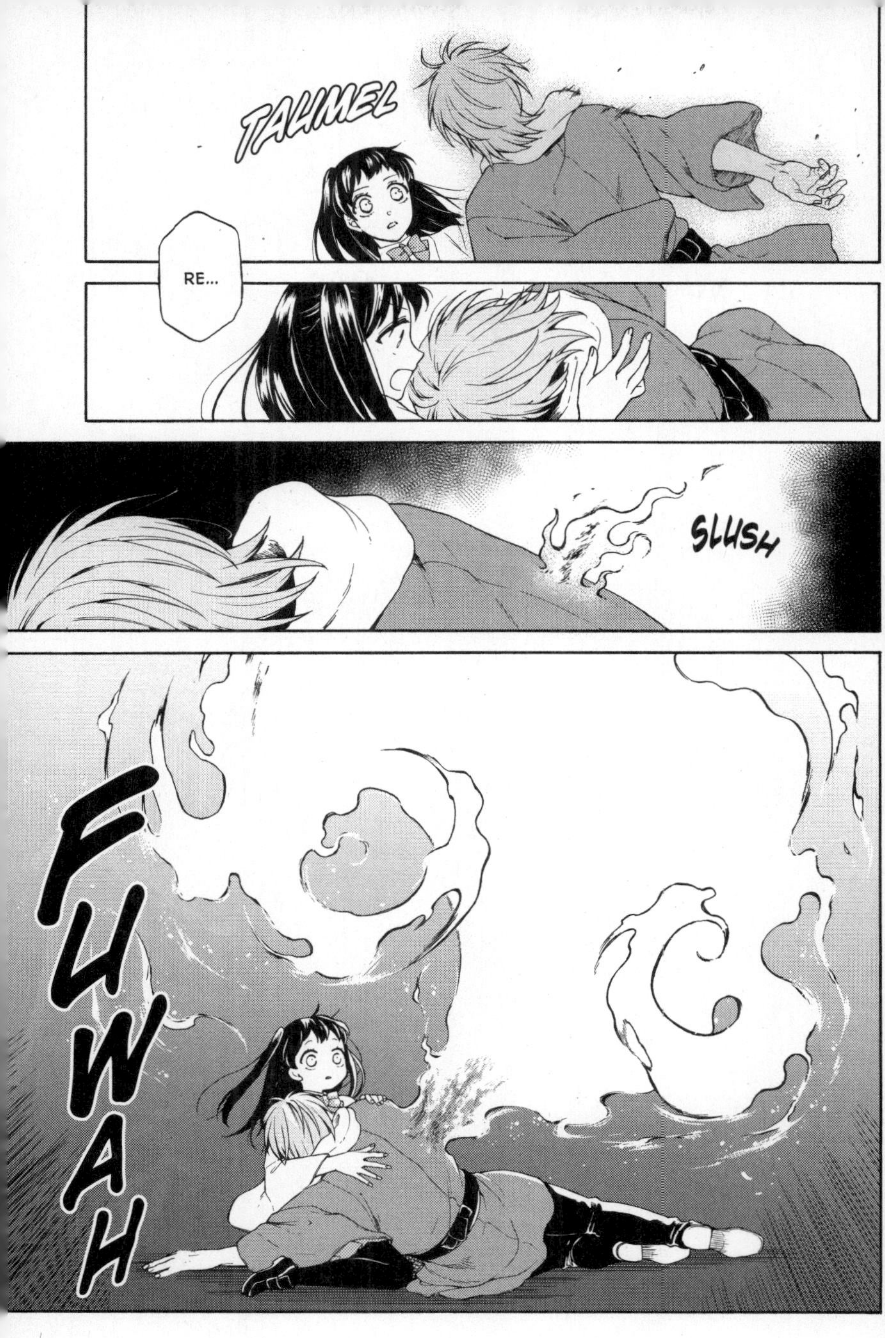
TALIMEL
RE...
SLUSH
FUWAH

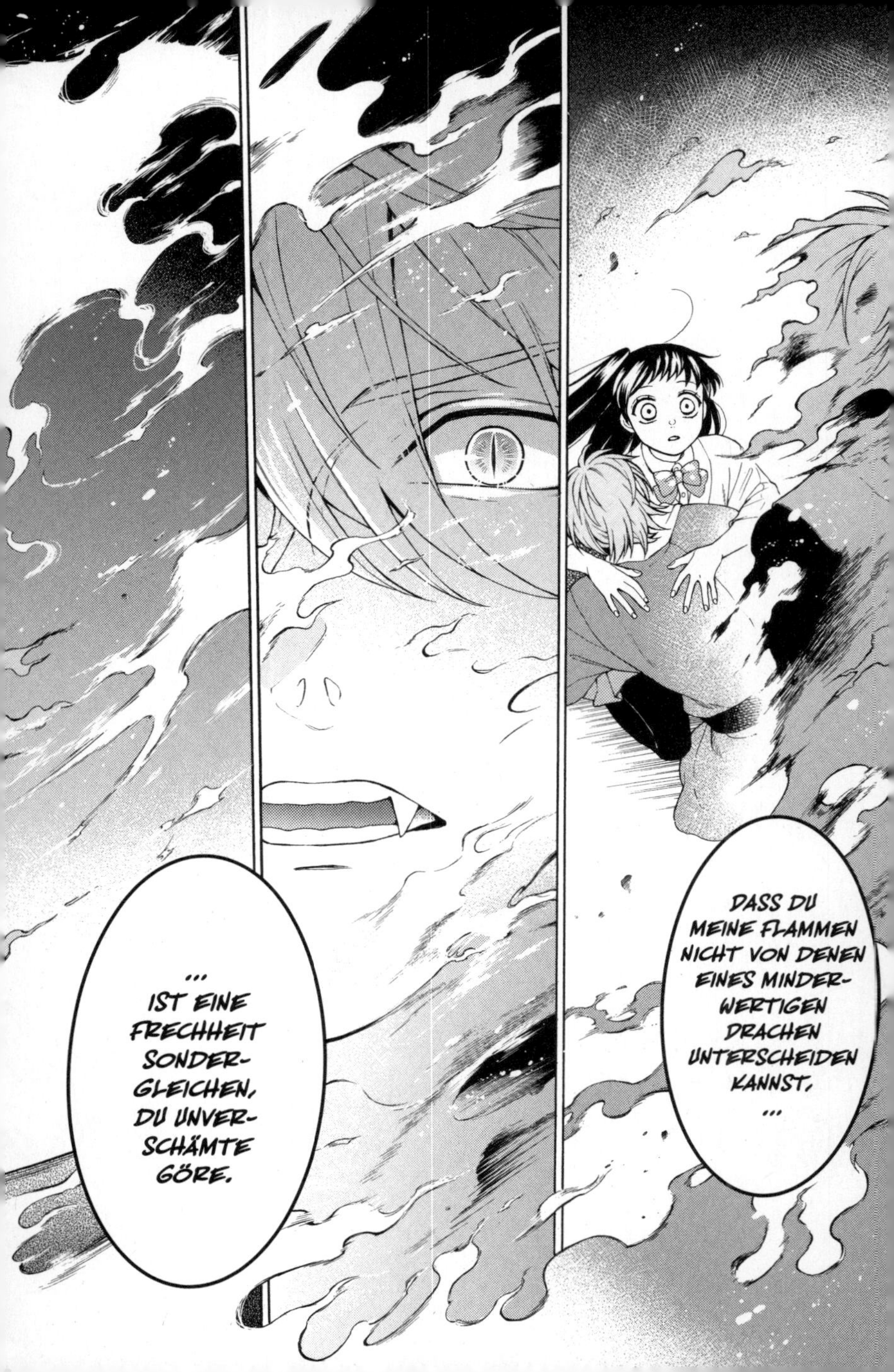
DASS DU MEINE FLAMMEN NICHT VON DENEN EINES MINDER-WERTIGEN DRACHEN UNTERSCHEIDEN KANNST, ...
... IST EINE FRECHHEIT SONDER-GLEICHEN, DU UNVER-SCHÄMTE GÖRE.

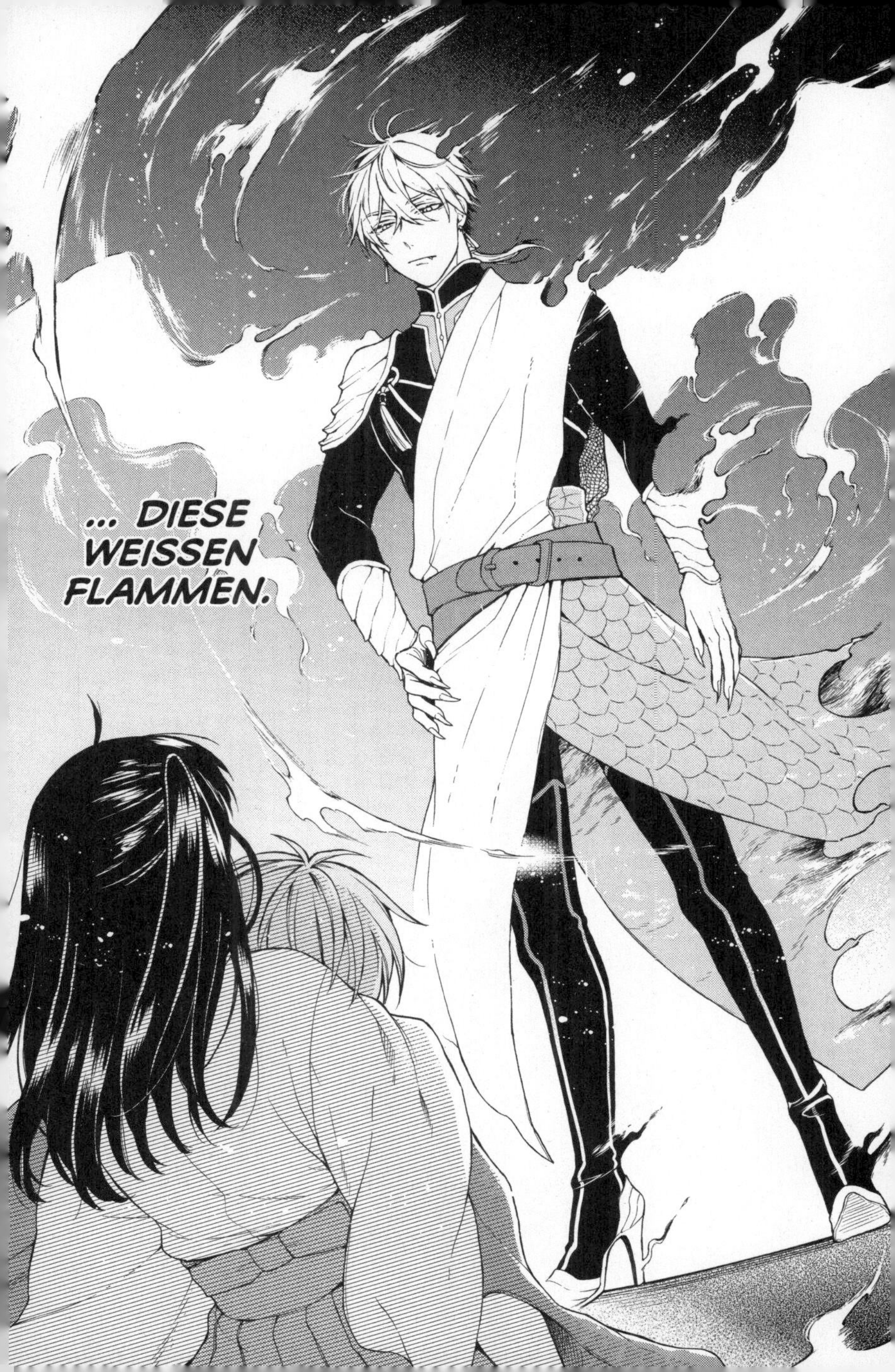
... DIESE WEISSEN FLAMMEN.

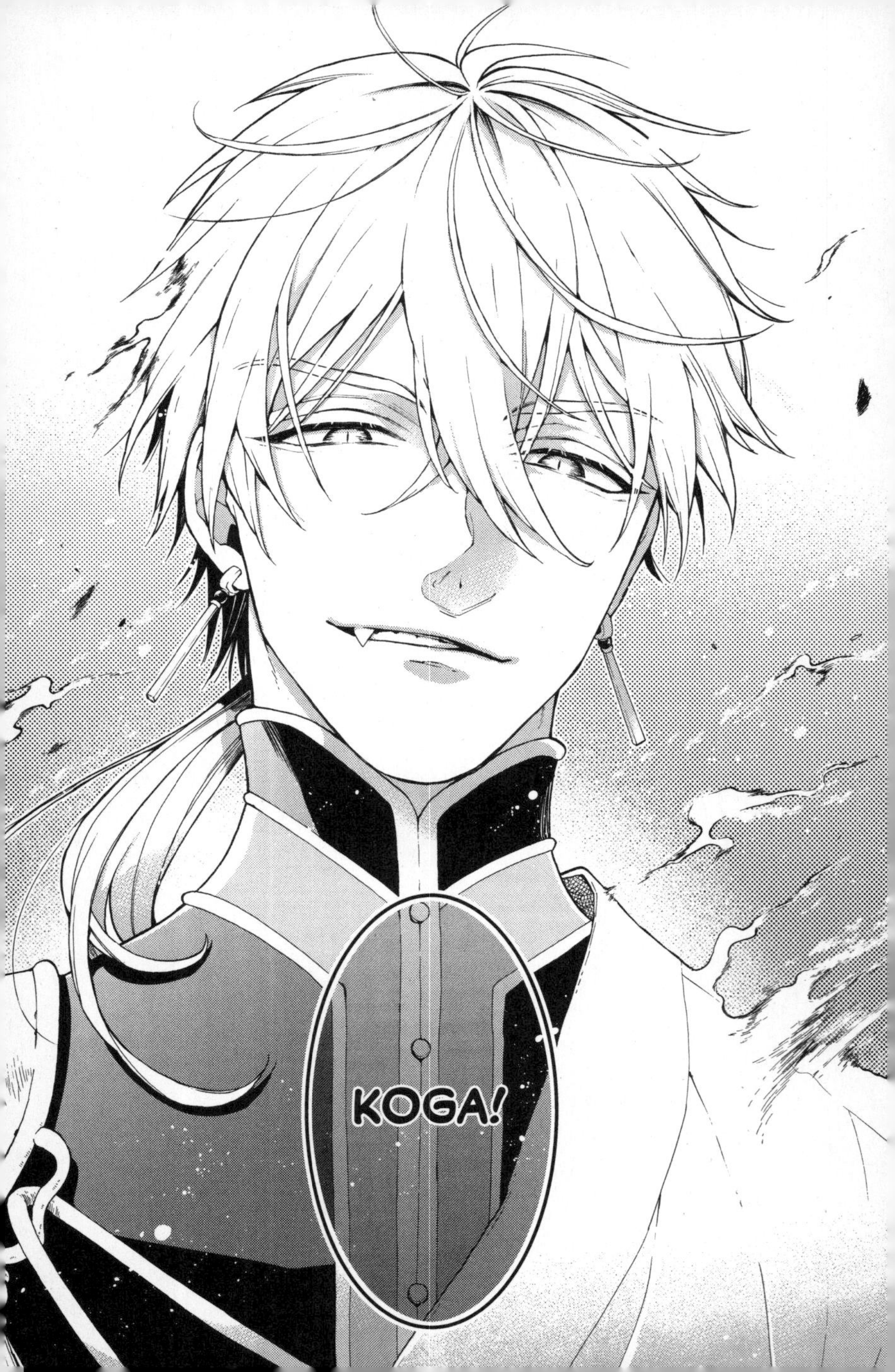
KOGA!

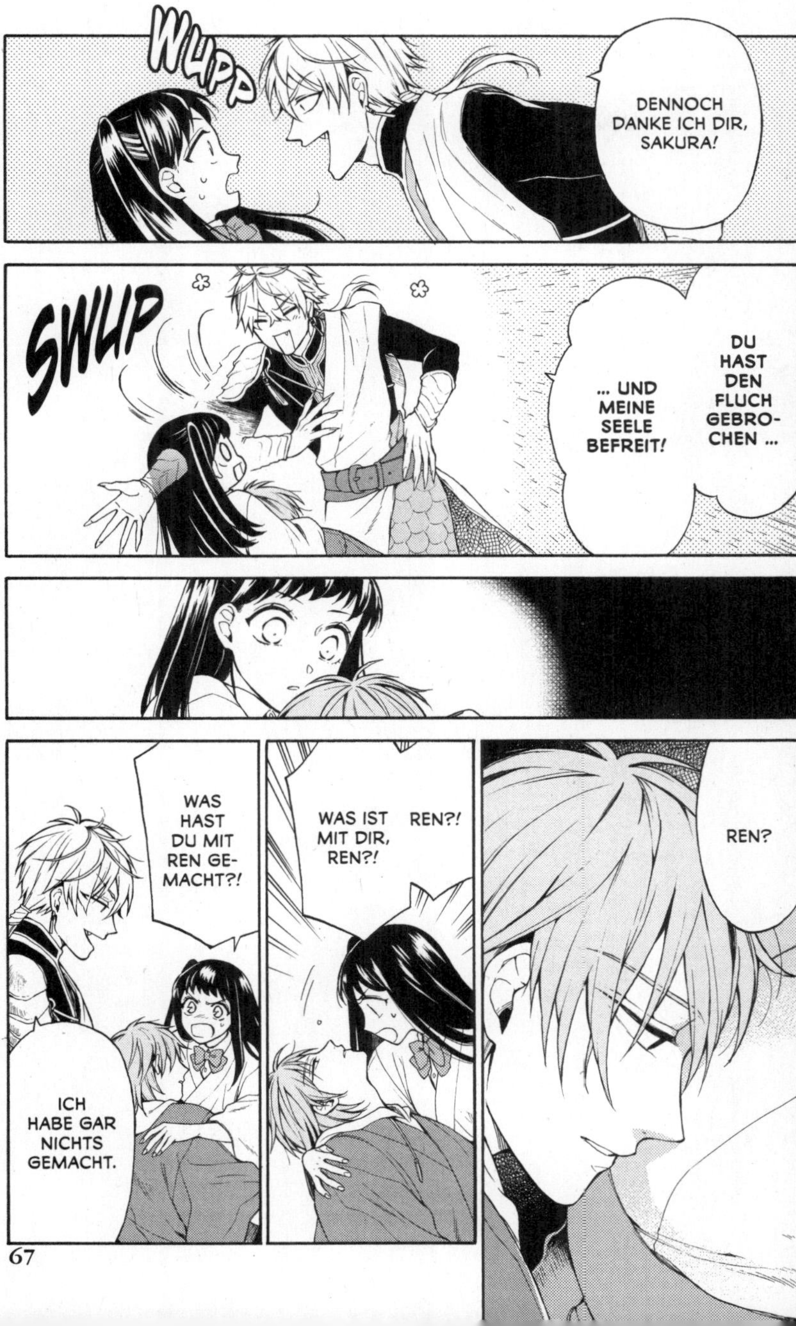
WUPP
DENNOCH DANKE ICH DIR, SAKURA!
DU HAST DEN FLUCH GEBRO-CHEN ...
... UND MEINE SEELE BEFREIT!
SWUP
REN?
REN?!
WAS IST MIT DIR, REN?!
WAS HAST DU MIT REN GE-MACHT?!
ICH HABE GAR NICHTS GEMACHT.

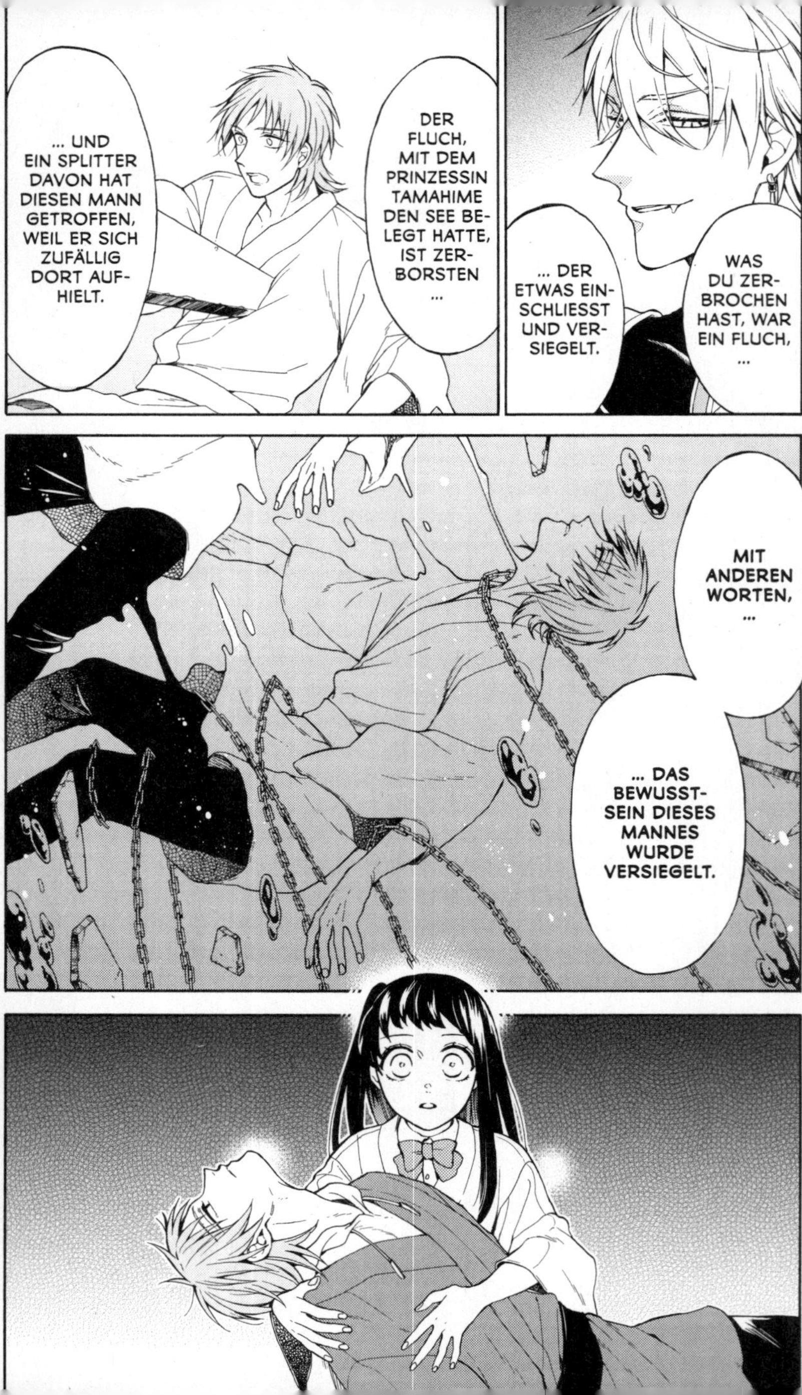
WAS DU ZERBROCHEN HAST, WAR EIN FLUCH, ...
... DER ETWAS EINSCHLIESST UND VERSIEGELT.
DER FLUCH, MIT DEM PRINZESSIN TAMAHIME DEN SEE BELEGT HATTE, IST ZERBORSTEN ...
... UND EIN SPLITTER DAVON HAT DIESEN MANN GETROFFEN, WEIL ER SICH ZUFÄLLIG DORT AUFHIELT.
MIT ANDEREN WORTEN, ...
... DAS BEWUSSTSEIN DIESES MANNES WURDE VERSIEGELT.

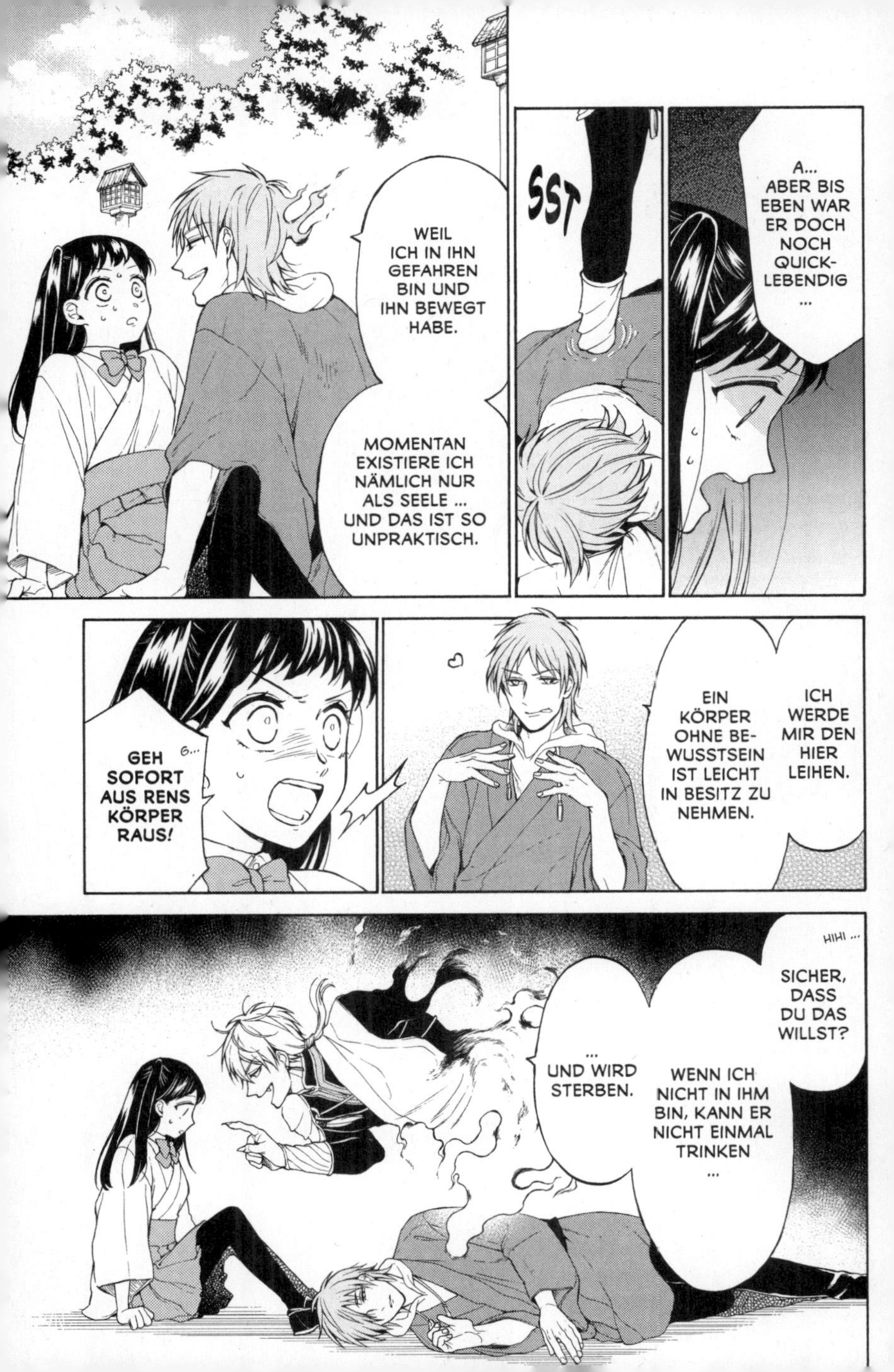
A... ABER BIS EBEN WAR ER DOCH NOCH QUICK-LEBENDIG ...
SST
WEIL ICH IN IHN GEFAHREN BIN UND IHN BEWEGT HABE.
MOMENTAN EXISTIERE ICH NÄMLICH NUR ALS SEELE ... UND DAS IST SO UNPRAKTISCH.
ICH WERDE MIR DEN HIER LEIHEN.
EIN KÖRPER OHNE BE-WUSSTSEIN IST LEICHT IN BESITZ ZU NEHMEN.
G...
GEH SOFORT AUS RENS KÖRPER RAUS!
HIHI ...
SICHER, DASS DU DAS WILLST?
WENN ICH NICHT IN IHM BIN, KANN ER NICHT EINMAL TRINKEN ...
... UND WIRD STERBEN.

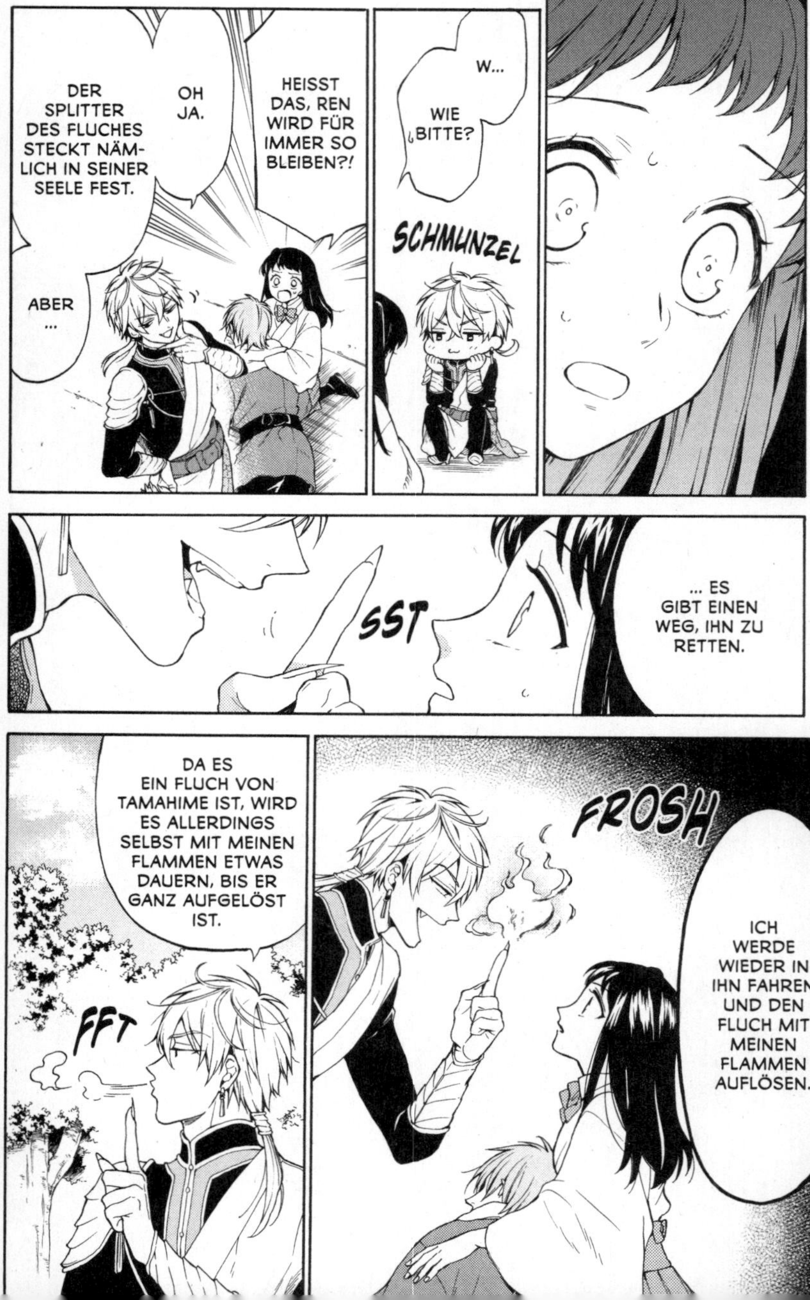
W...
WIE ¿BITTE?
SCHMUNZEL
HEISST DAS, REN WIRD FÜR IMMER SO BLEIBEN?!
OH JA.
DER SPLITTER DES FLUCHES STECKT NÄMLICH IN SEINER SEELE FEST.
ABER ...
... ES GIBT EINEN WEG, IHN ZU RETTEN.
SST
ICH WERDE WIEDER IN IHN FAHREN UND DEN FLUCH MIT MEINEN FLAMMEN AUFLÖSEN.
FROSH
DA ES EIN FLUCH VON TAMAHIME IST, WIRD ES ALLERDINGS SELBST MIT MEINEN FLAMMEN ETWAS DAUERN, BIS ER GANZ AUFGELÖST IST.
FFT

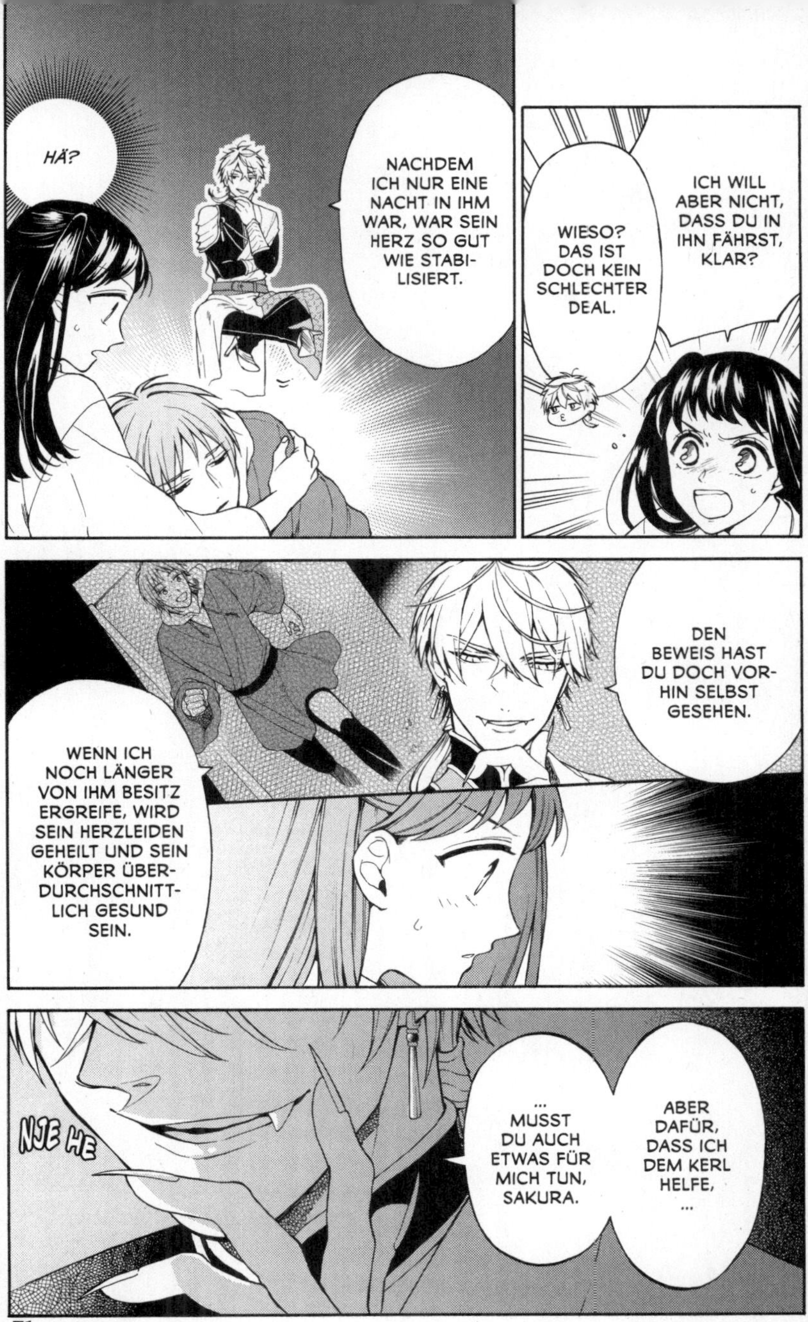
ICH WILL ABER NICHT, DASS DU IN IHN FÄHRST, KLAR?
WIESO? DAS IST DOCH KEIN SCHLECHTER DEAL.
NACHDEM ICH NUR EINE NACHT IN IHM WAR, WAR SEIN HERZ SO GUT WIE STABILISIERT.
HÄ?
DEN BEWEIS HAST DU DOCH VORHIN SELBST GESEHEN.
WENN ICH NOCH LÄNGER VON IHM BESITZ ERGREIFE, WIRD SEIN HERZLEIDEN GEHEILT UND SEIN KÖRPER ÜBERDURCHSCHNITTLICH GESUND SEIN.
ABER DAFÜR, DASS ICH DEM KERL HELFE, ...
... MUSST DU AUCH ETWAS FÜR MICH TUN, SAKURA.
NJE HE

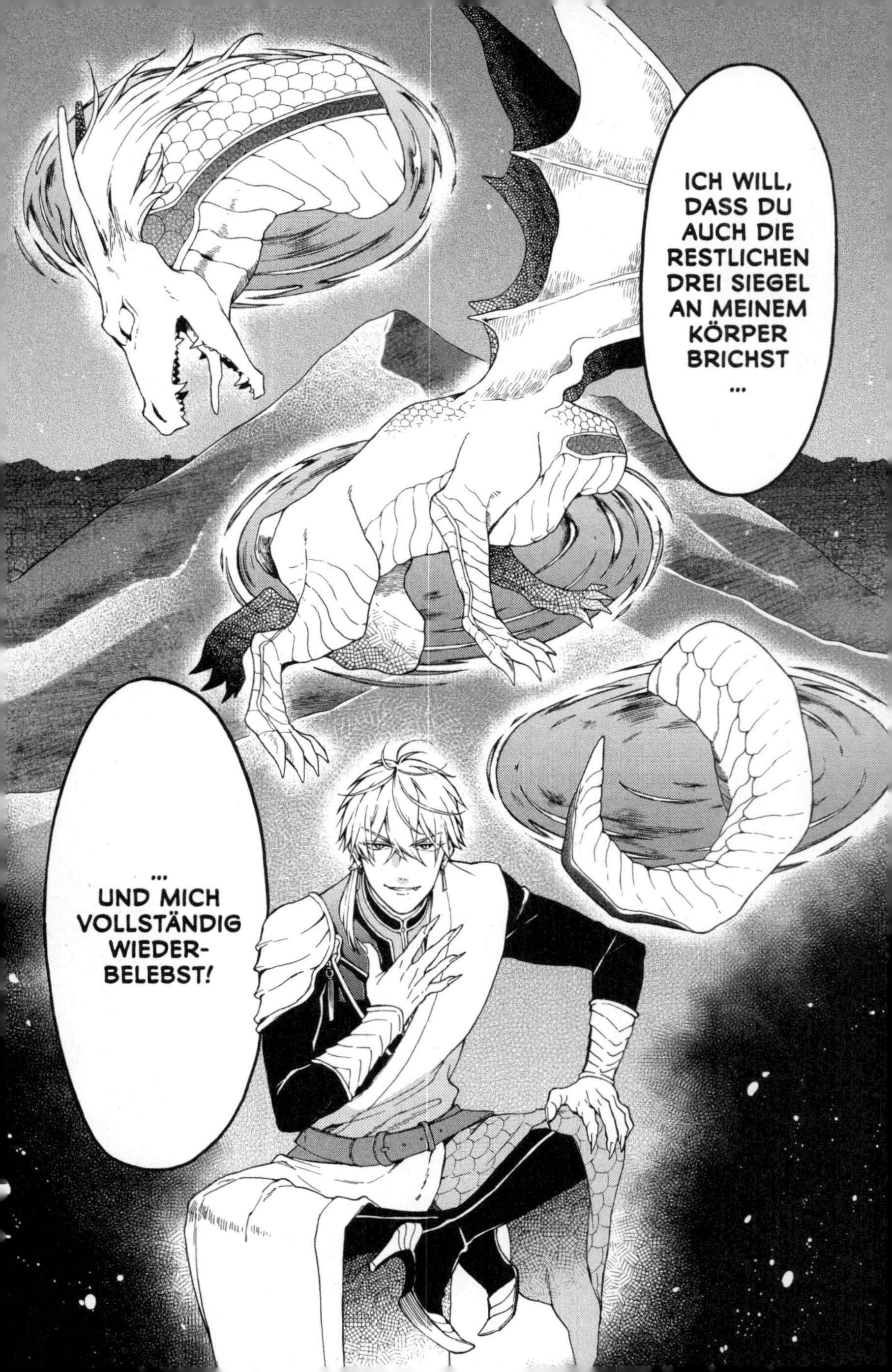
ICH WILL, DASS DU AUCH DIE RESTLICHEN DREI SIEGEL AN MEINEM KÖRPER BRICHST ...
... UND MICH VOLLSTÄNDIG WIEDER-BELEBST!

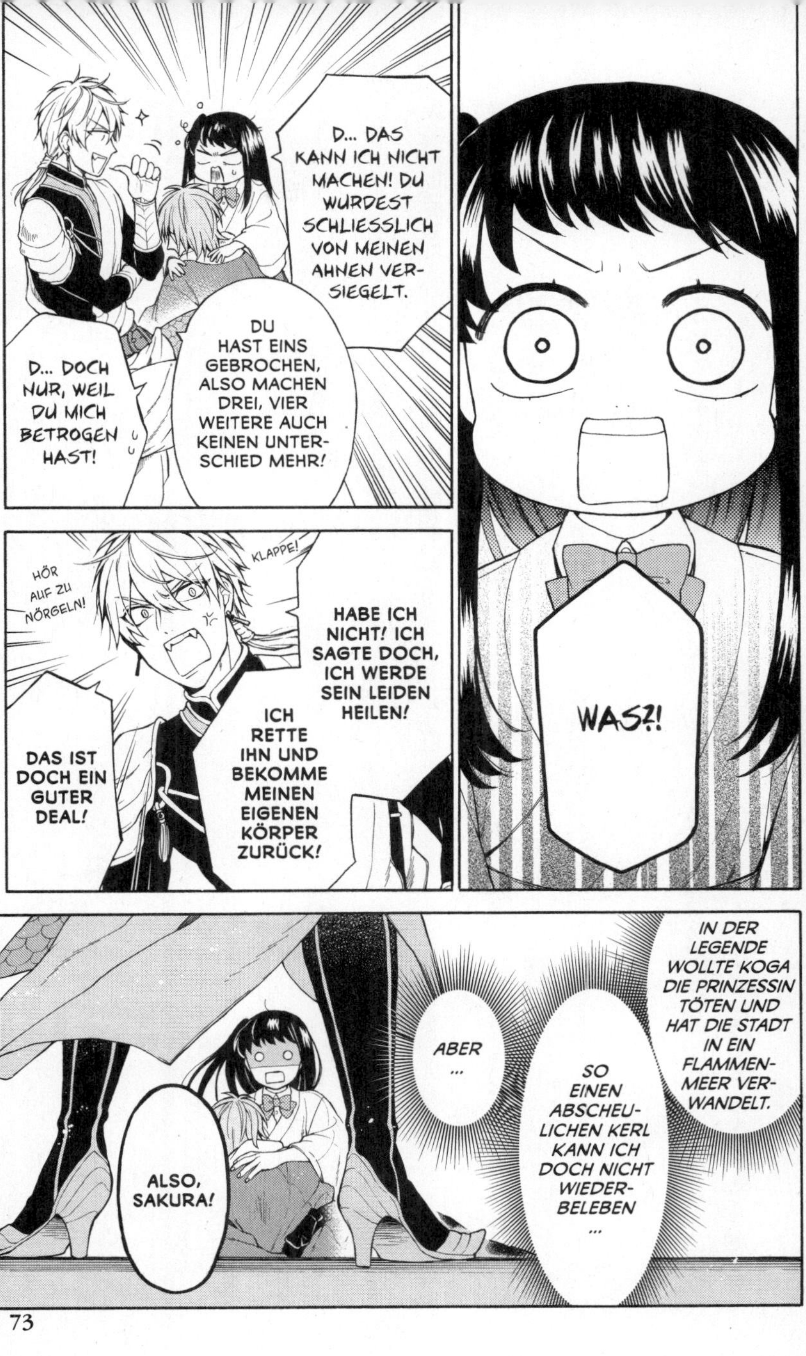
WAS?!
D... DAS KANN ICH NICHT MACHEN! DU WURDEST SCHLIESSLICH VON MEINEN AHNEN VER-SIEGELT.
DU HAST EINS GEBROCHEN, ALSO MACHEN DREI, VIER WEITERE AUCH KEINEN UNTER-SCHIED MEHR!
D... DOCH NUR, WEIL DU MICH BETROGEN HAST!
HABE ICH NICHT! ICH SAGTE DOCH, ICH WERDE SEIN LEIDEN HEILEN!
ICH RETTE IHN UND BEKOMME MEINEN EIGENEN KÖRPER ZURÜCK!
KLAPPE!
HÖR AUF ZU NÖRGELN!
DAS IST DOCH EIN GUTER DEAL!
IN DER LEGENDE WOLLTE KOGA DIE PRINZESSIN TÖTEN UND HAT DIE STADT IN EIN FLAMMEN-MEER VER-WANDELT.
SO EINEN ABSCHEU-LICHEN KERL KANN ICH DOCH NICHT WIEDER-BELEBEN ...
ABER ...
ALSO, SAKURA!

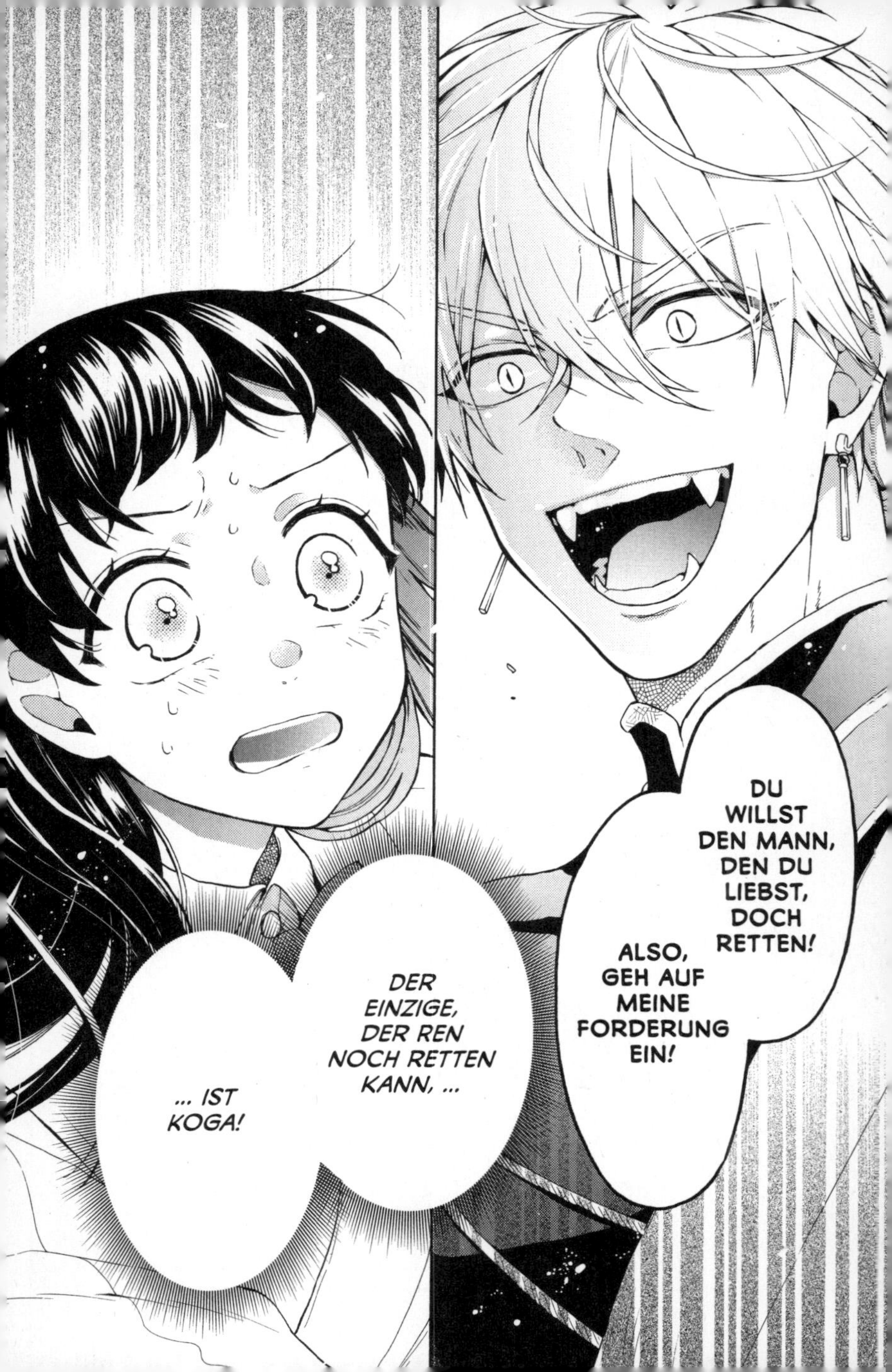
DU WILLST DEN MANN, DEN DU LIEBST, DOCH RETTEN!
ALSO, GEH AUF MEINE FORDERUNG EIN!
DER EINZIGE, DER REN NOCH RETTEN KANN, ...
... IST KOGA!

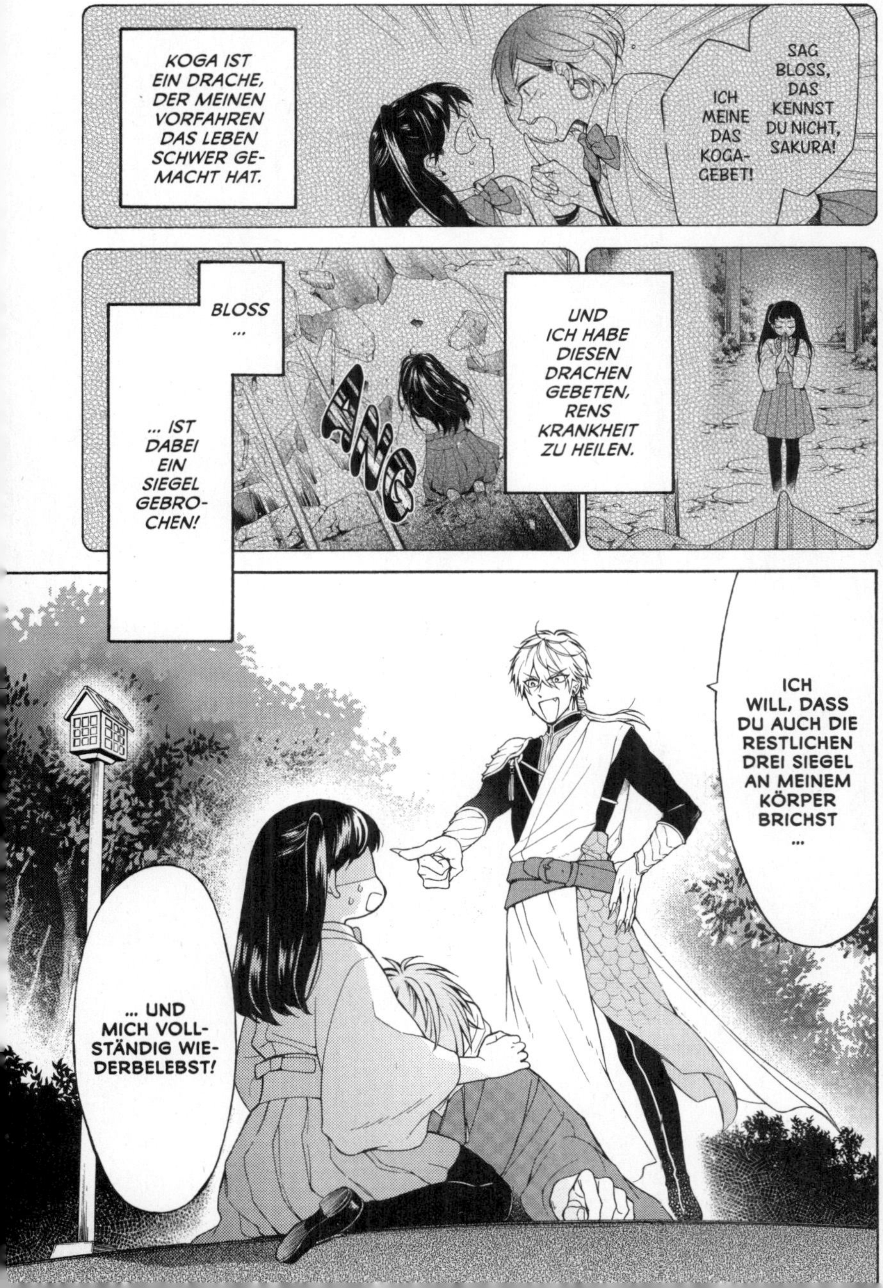
SAG BLOSS, DAS KENNST DU NICHT, SAKURA!
ICH MEINE DAS KOGA-GEBET!
KOGA IST EIN DRACHE, DER MEINEN VORFAHREN DAS LEBEN SCHWER GEMACHT HAT.
UND ICH HABE DIESEN DRACHEN GEBETEN, RENS KRANKHEIT ZU HEILEN.
BLOSS ...
... IST DABEI EIN SIEGEL GEBROCHEN!
ICH WILL, DASS DU AUCH DIE RESTLICHEN DREI SIEGEL AN MEINEM KÖRPER BRICHST ...
... UND MICH VOLLSTÄNDIG WIEDERBELEBST!

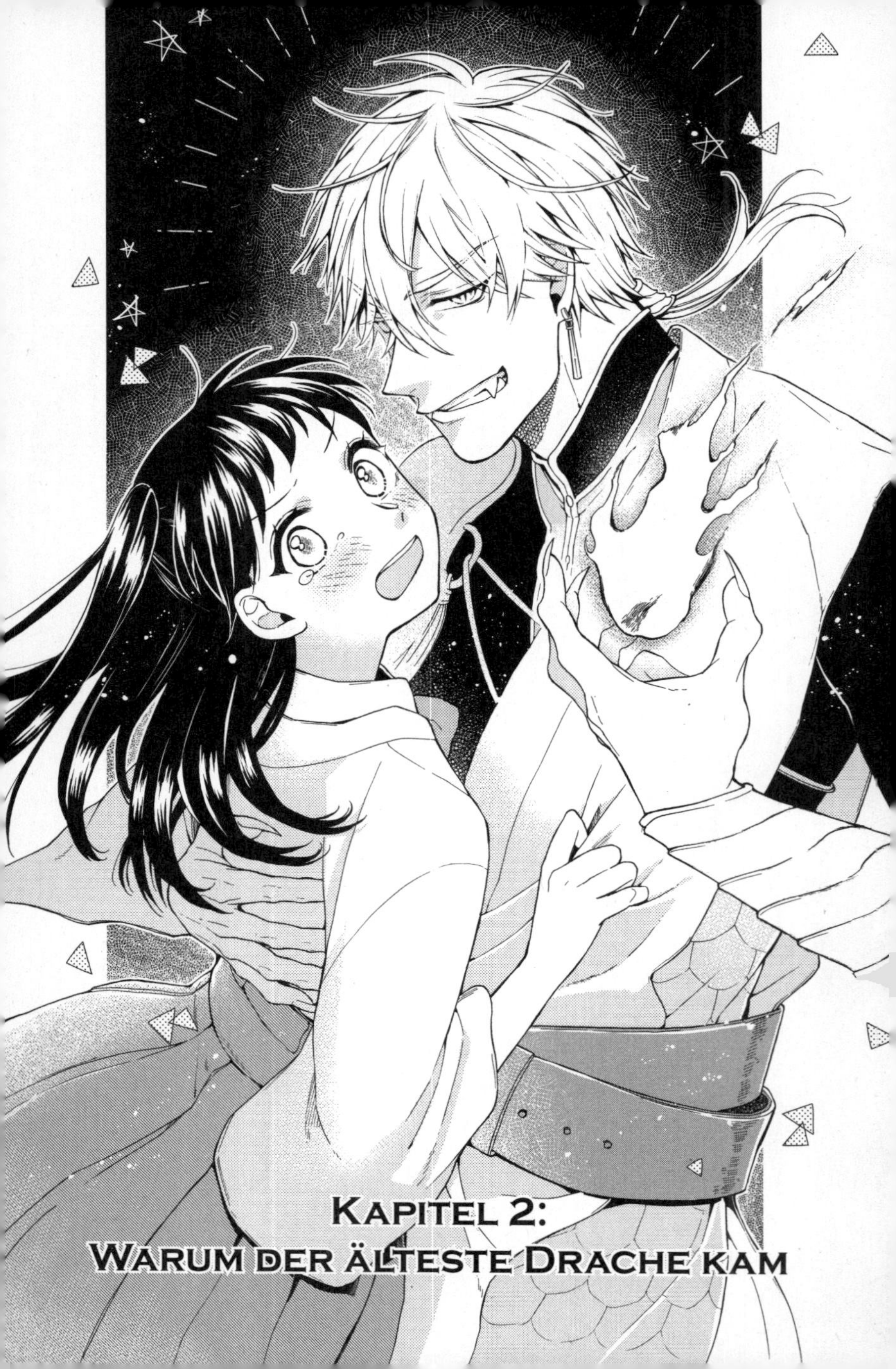

Kapitel 2: Warum der älteste Drache kam

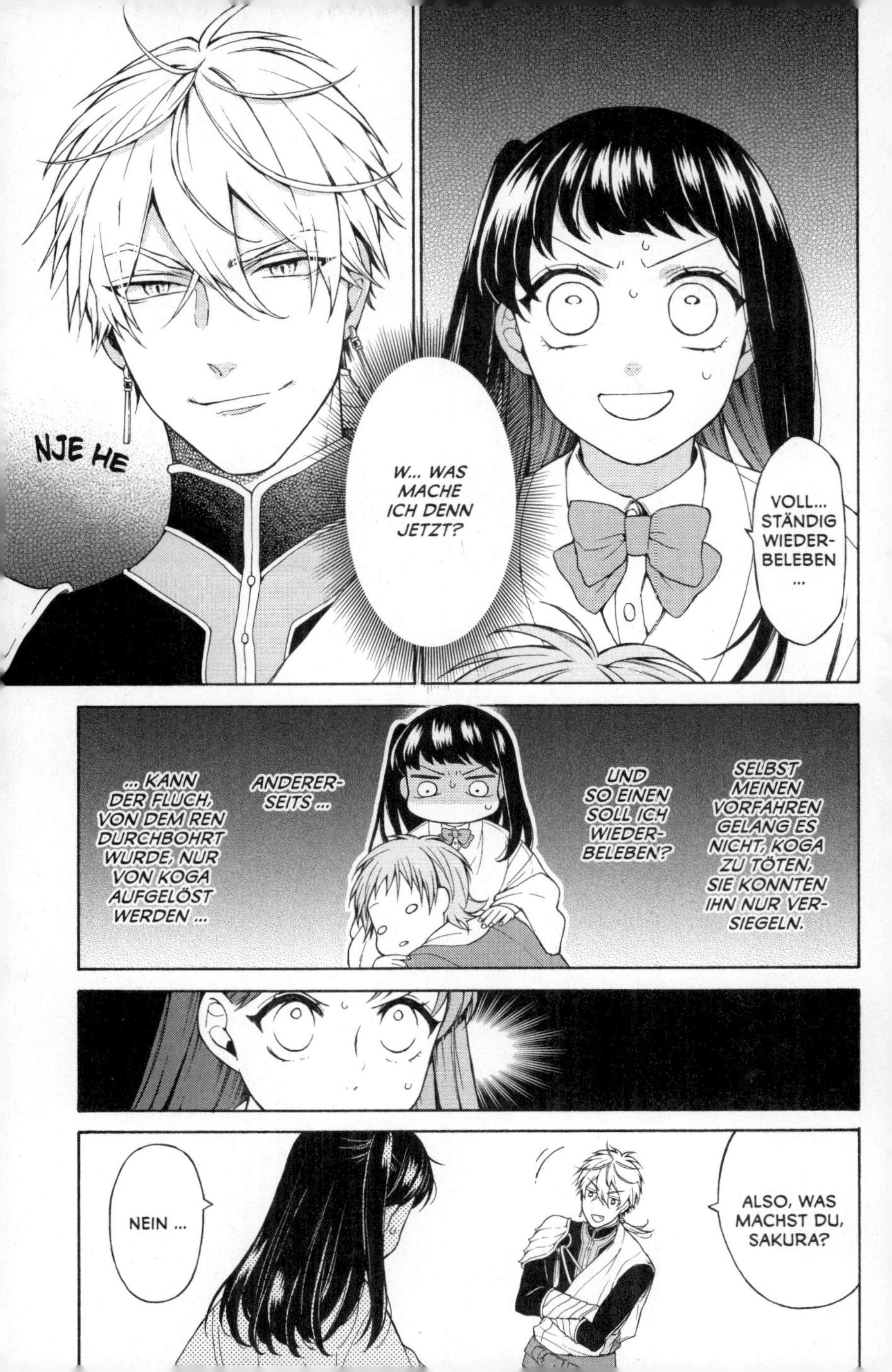
VOLL... STÄNDIG WIEDER-BELEBEN ...
W... WAS MACHE ICH DENN JETZT?
NJE HE
SELBST MEINEN VORFAHREN GELANG ES NICHT, KOGA ZU TÖTEN, SIE KONNTEN IHN NUR VER-SIEGELN.
UND SO EINEN SOLL ICH WIEDER-BELEBEN?
ANDERER-SEITS ...
... KANN DER FLUCH, VON DEM REN DURCHBOHRT WURDE, NUR VON KOGA AUFGELÖST WERDEN ...
ALSO, WAS MACHST DU, SAKURA?
NEIN ...

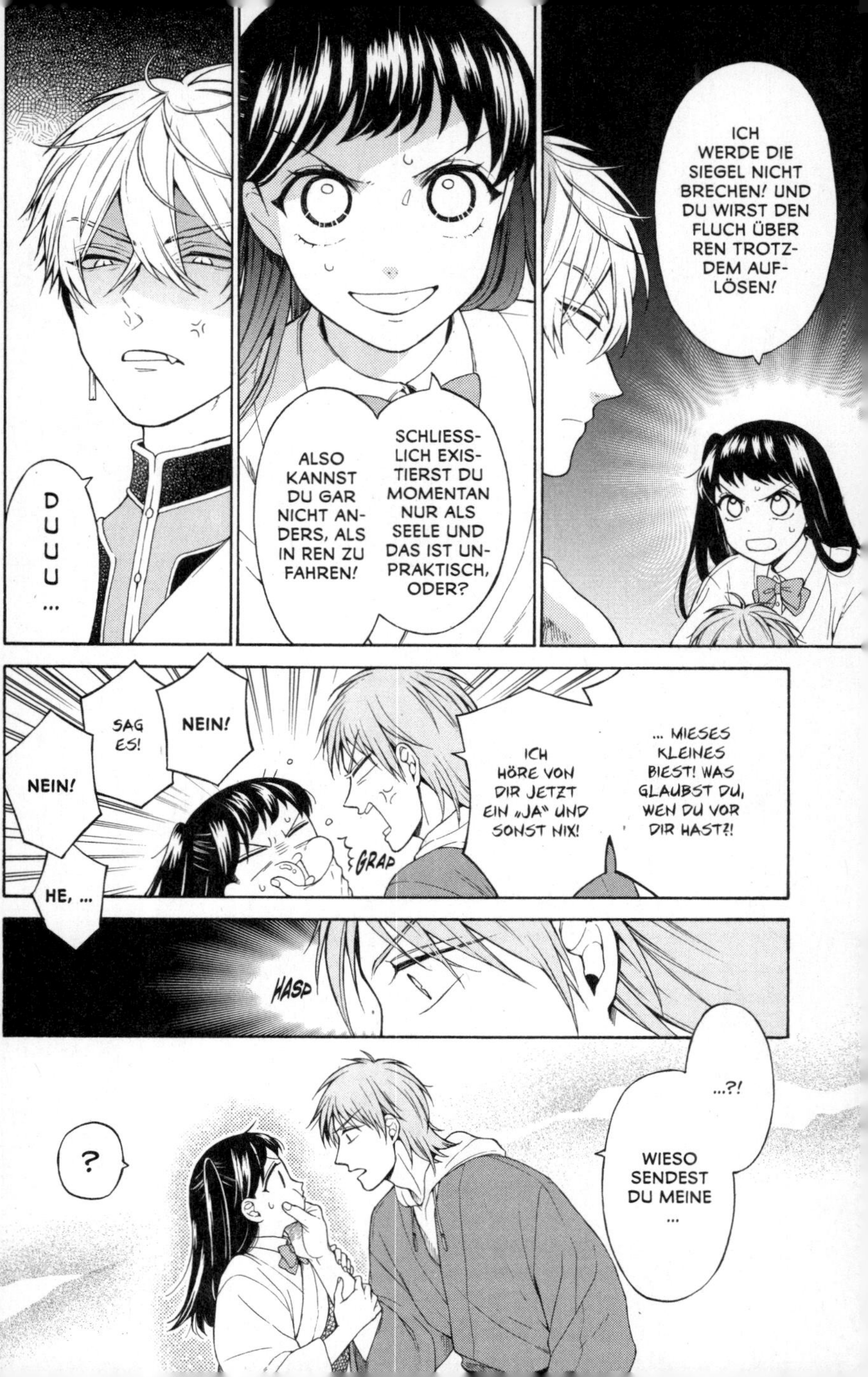
ICH WERDE DIE SIEGEL NICHT BRECHEN! UND DU WIRST DEN FLUCH ÜBER REN TROTZDEM AUFLÖSEN!
SCHLIESSLICH EXISTIERST DU MOMENTAN NUR ALS SEELE UND DAS IST UNPRAKTISCH, ODER?
ALSO KANNST DU GAR NICHT ANDERS, ALS IN REN ZU FAHREN!
DUUU ...
... MIESES KLEINES BIEST! WAS GLAUBST DU, WEN DU VOR DIR HAST?!
ICH HÖRE VON DIR JETZT EIN „JA" UND SONST NIX!
GRAP
NEIN!
SAG ES!
NEIN!
HE, ...
HASP
...?!
WIESO SENDEST DU MEINE ...
?

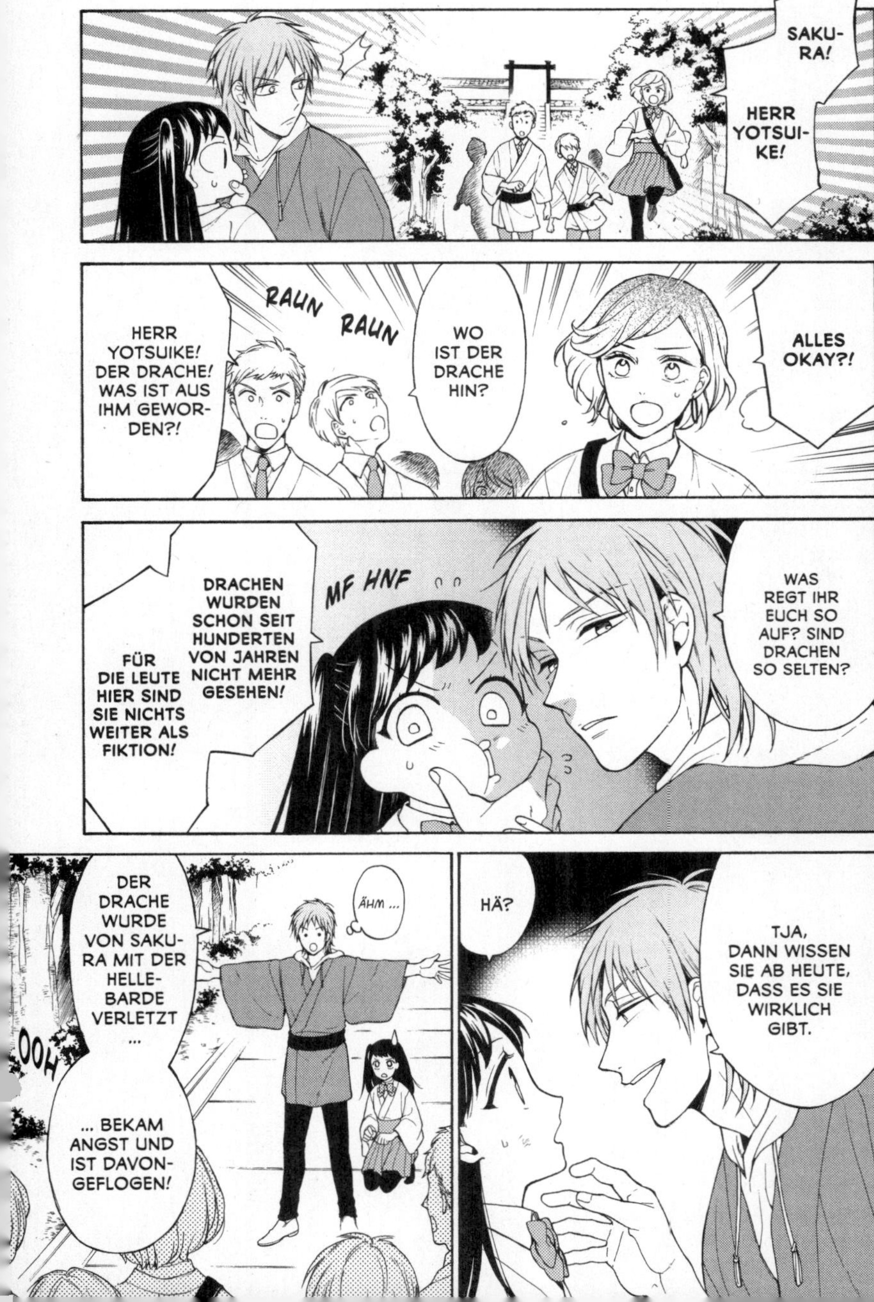
SAKU-RA!
HERR YOTSUIKE!
ALLES OKAY?!
WO IST DER DRACHE HIN?
RAUN RAUN
HERR YOTSUIKE! DER DRACHE! WAS IST AUS IHM GEWORDEN?!
WAS REGT IHR EUCH SO AUF? SIND DRACHEN SO SELTEN?
MF HNF
DRACHEN WURDEN SCHON SEIT HUNDERTEN VON JAHREN NICHT MEHR GESEHEN!
FÜR DIE LEUTE HIER SIND SIE NICHTS WEITER ALS FIKTION!
TJA, DANN WISSEN SIE AB HEUTE, DASS ES SIE WIRKLICH GIBT.
HÄ?
ÄHM …
DER DRACHE WURDE VON SAKURA MIT DER HELLEBARDE VERLETZT …
… BEKAM ANGST UND IST DAVONGEFLOGEN!
OOH

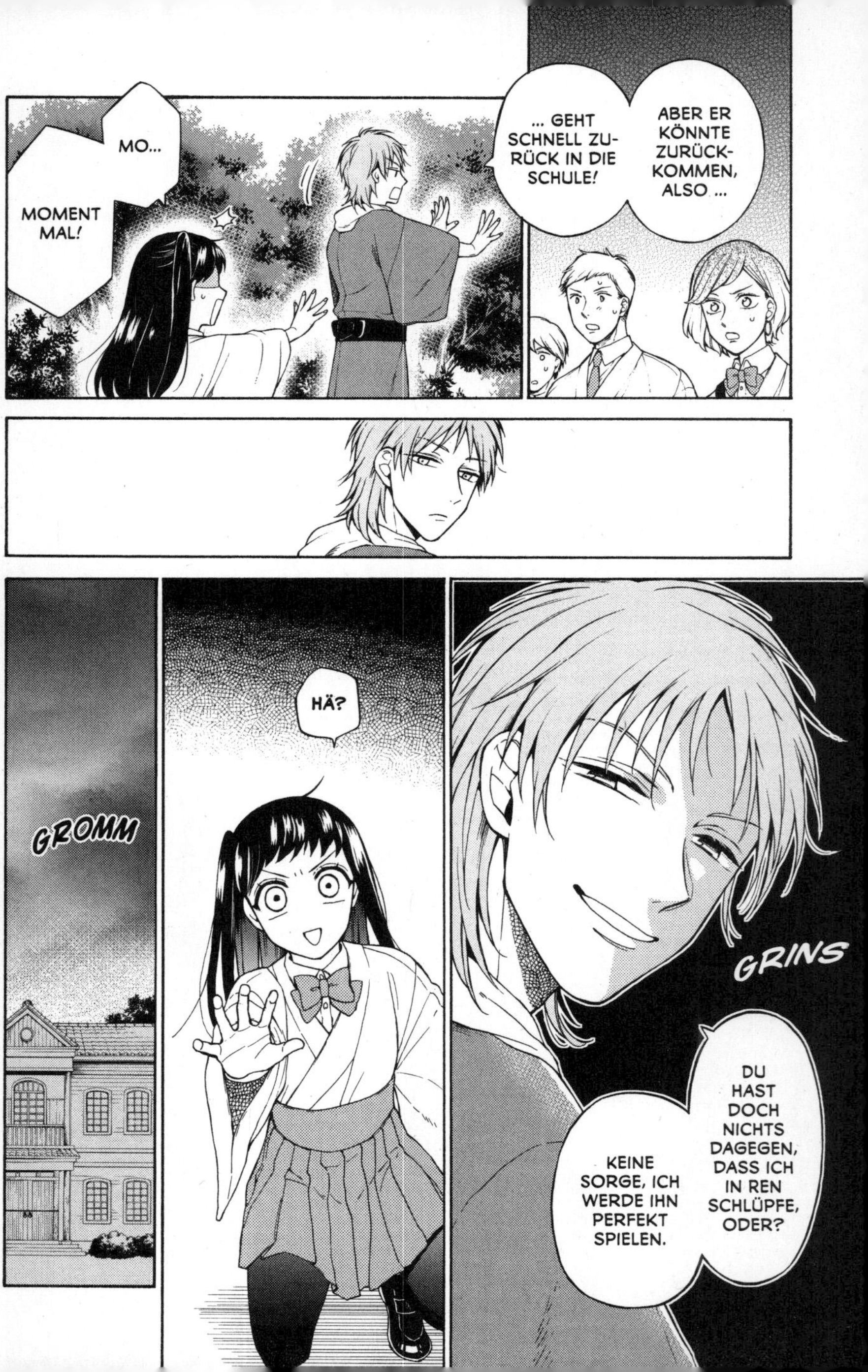
ABER ER KÖNNTE ZURÜCK-KOMMEN, ALSO ...
... GEHT SCHNELL ZURÜCK IN DIE SCHULE!
MO...
MOMENT MAL!
DU HAST DOCH NICHTS DAGEGEN, DASS ICH IN REN SCHLÜPFE, ODER?
KEINE SORGE, ICH WERDE IHN PERFEKT SPIELEN.
GRINS
HÄ?
GROMM

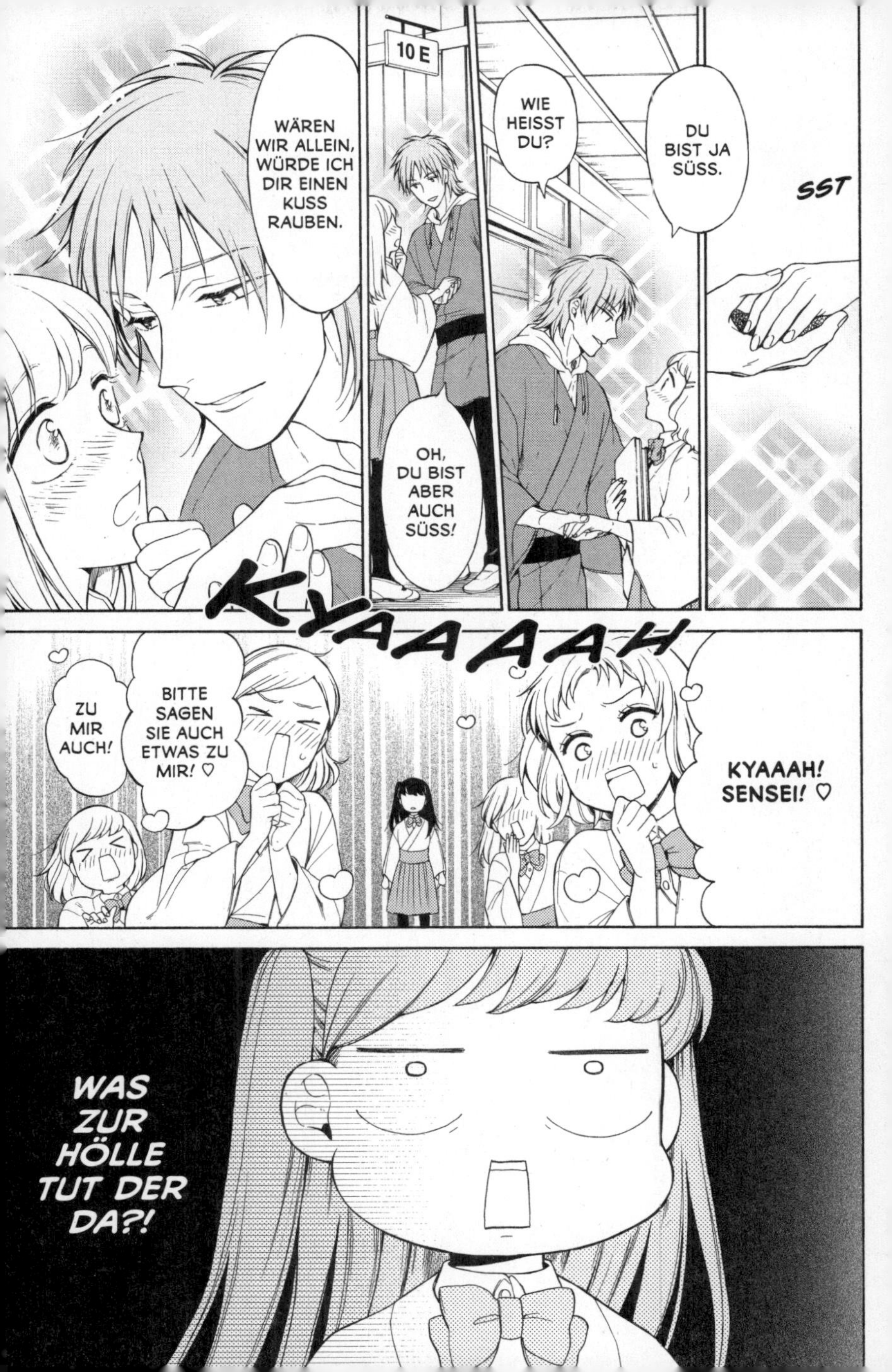
SST
DU BIST JA SÜSS.
WIE HEISST DU?
OH, DU BIST ABER AUCH SÜSS!
WÄREN WIR ALLEIN, WÜRDE ICH DIR EINEN KUSS RAUBEN.
10 E
KYAAAAAH
KYAAAH! SENSEI! ♡
BITTE SAGEN SIE AUCH ETWAS ZU MIR! ♡
ZU MIR AUCH!
WAS ZUR HÖLLE TUT DER DA?!

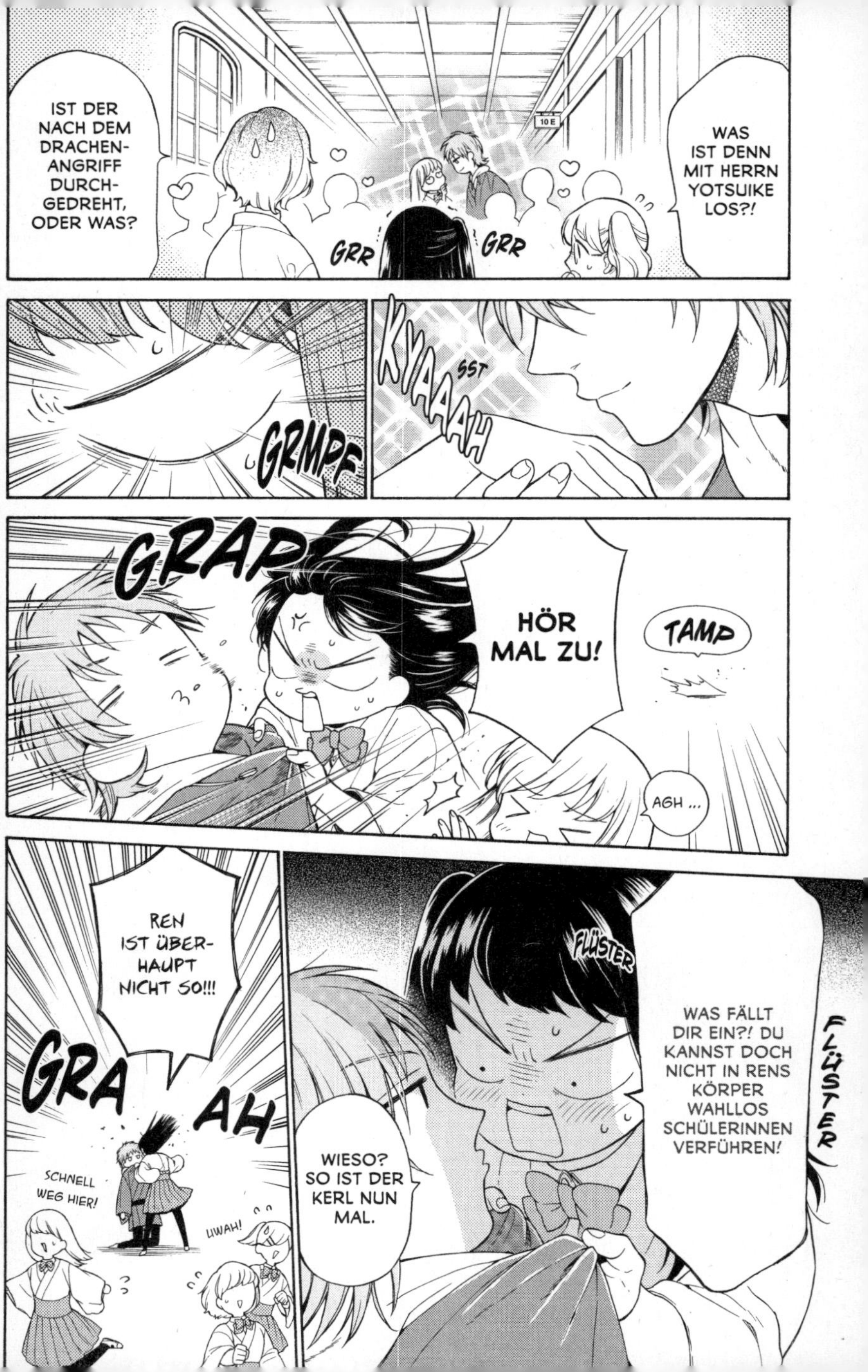
WAS IST DENN MIT HERRN YOTSUIKE LOS?!
IST DER NACH DEM DRACHEN-ANGRIFF DURCH-GEDREHT, ODER WAS?
GRR
GRR
KYAAAAH
SST
GRMPF
HÖR MAL ZU!
TAMP
GRAP
AGH ...
WAS FÄLLT DIR EIN?! DU KANNST DOCH NICHT IN RENS KÖRPER WAHLLOS SCHÜLERINNEN VERFÜHREN!
FLÜSTER
FLÜSTER
WIESO? SO IST DER KERL NUN MAL.
REN IST ÜBER-HAUPT NICHT SO!!!
GRA AH
SCHNELL WEG HIER!
UWAH!

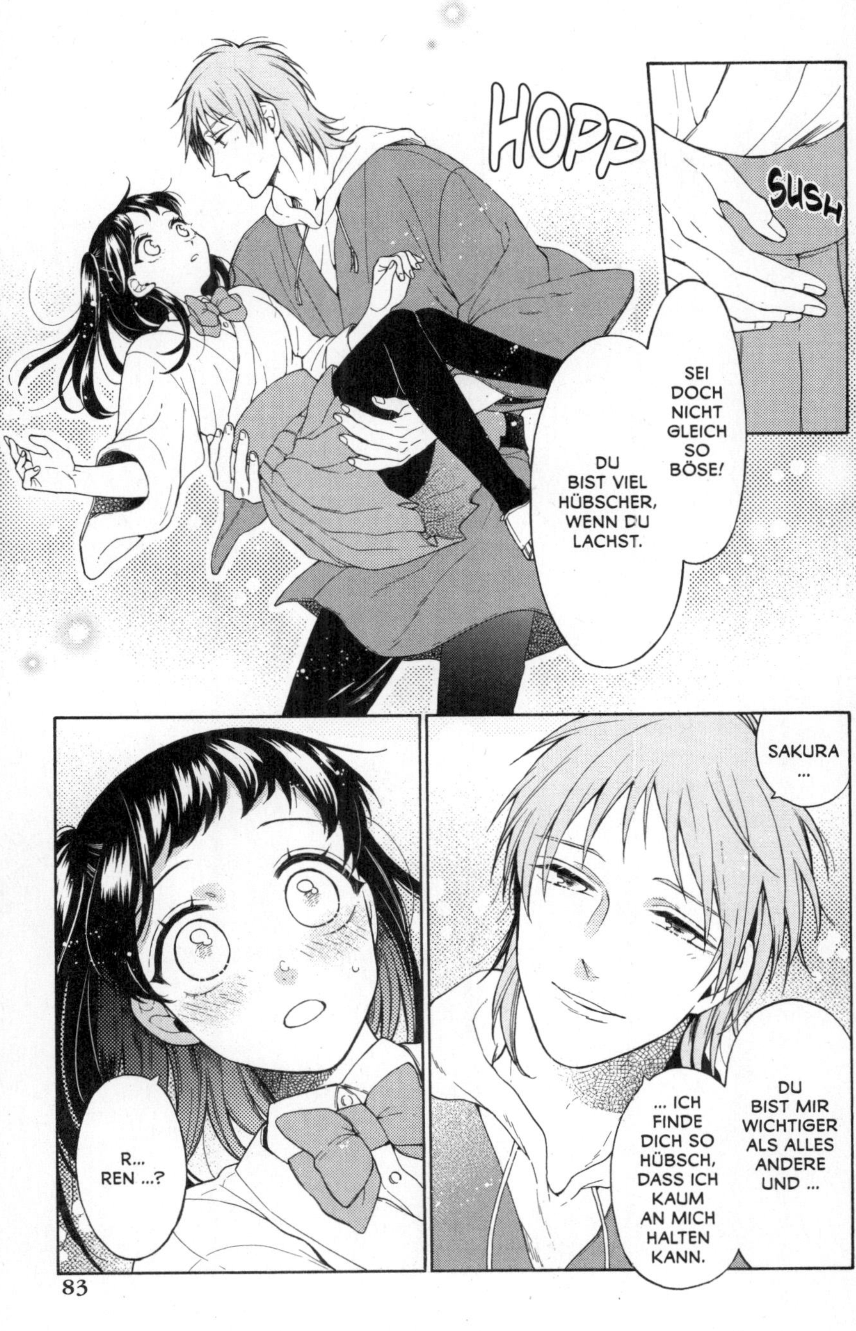
SUSH
HOPP
SEI DOCH NICHT GLEICH SO BÖSE!
DU BIST VIEL HÜBSCHER, WENN DU LACHST.
SAKURA ...
DU BIST MIR WICHTIGER ALS ALLES ANDERE UND ...
... ICH FINDE DICH SO HÜBSCH, DASS ICH KAUM AN MICH HALTEN KANN.
R... REN ...?

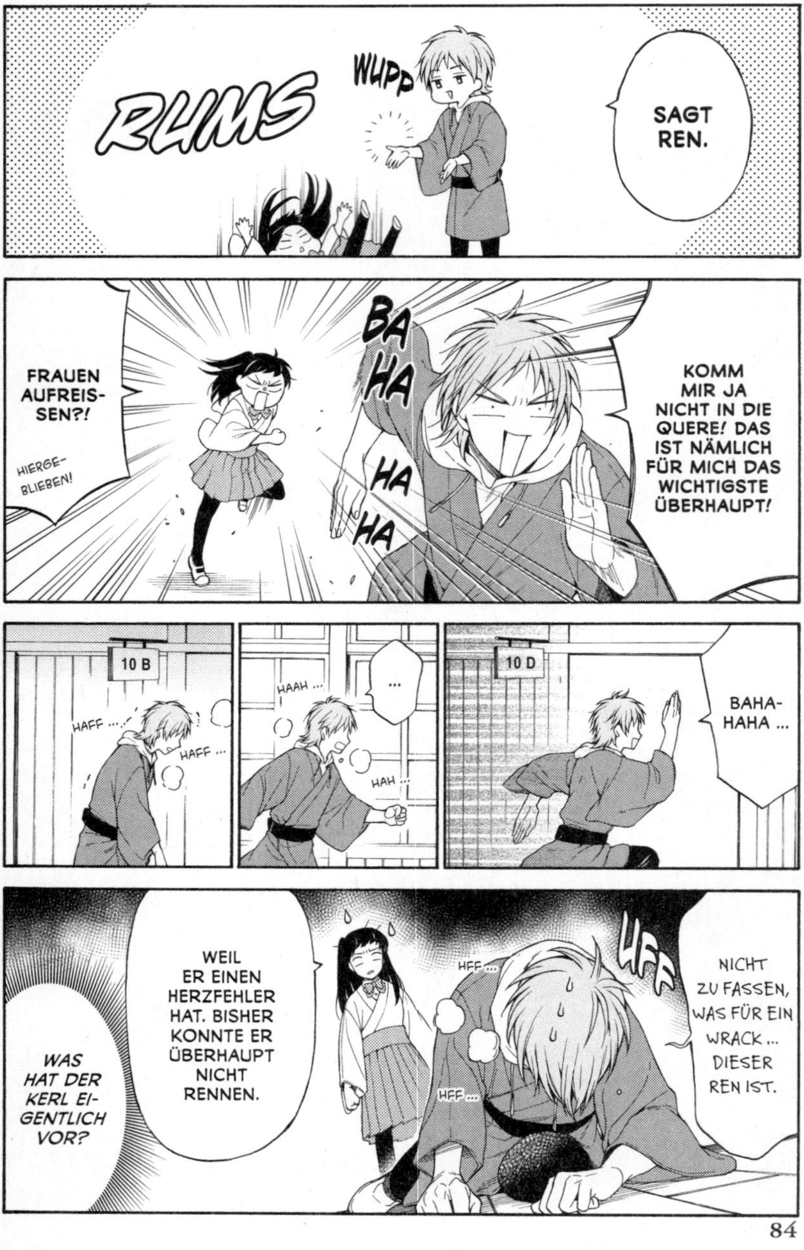
SAGT REN.
WUPP
RUMS
KOMM MIR JA NICHT IN DIE QUERE! DAS IST NÄMLICH FÜR MICH DAS WICHTIGSTE ÜBERHAUPT!
BA HA HA HA
FRAUEN AUFREISSEN?!
HIERGEBLIEBEN!
10 D
BAHAHAHA ...
...
HAAH ...
HAH ...
10 B
HAFF ...
HAFF ...
NICHT ZU FASSEN, WAS FÜR EIN WRACK ... DIESER REN IST.
UFF
HFF ...
HFF ...
WEIL ER EINEN HERZFEHLER HAT. BISHER KONNTE ER ÜBERHAUPT NICHT RENNEN.
WAS HAT DER KERL EIGENTLICH VOR?

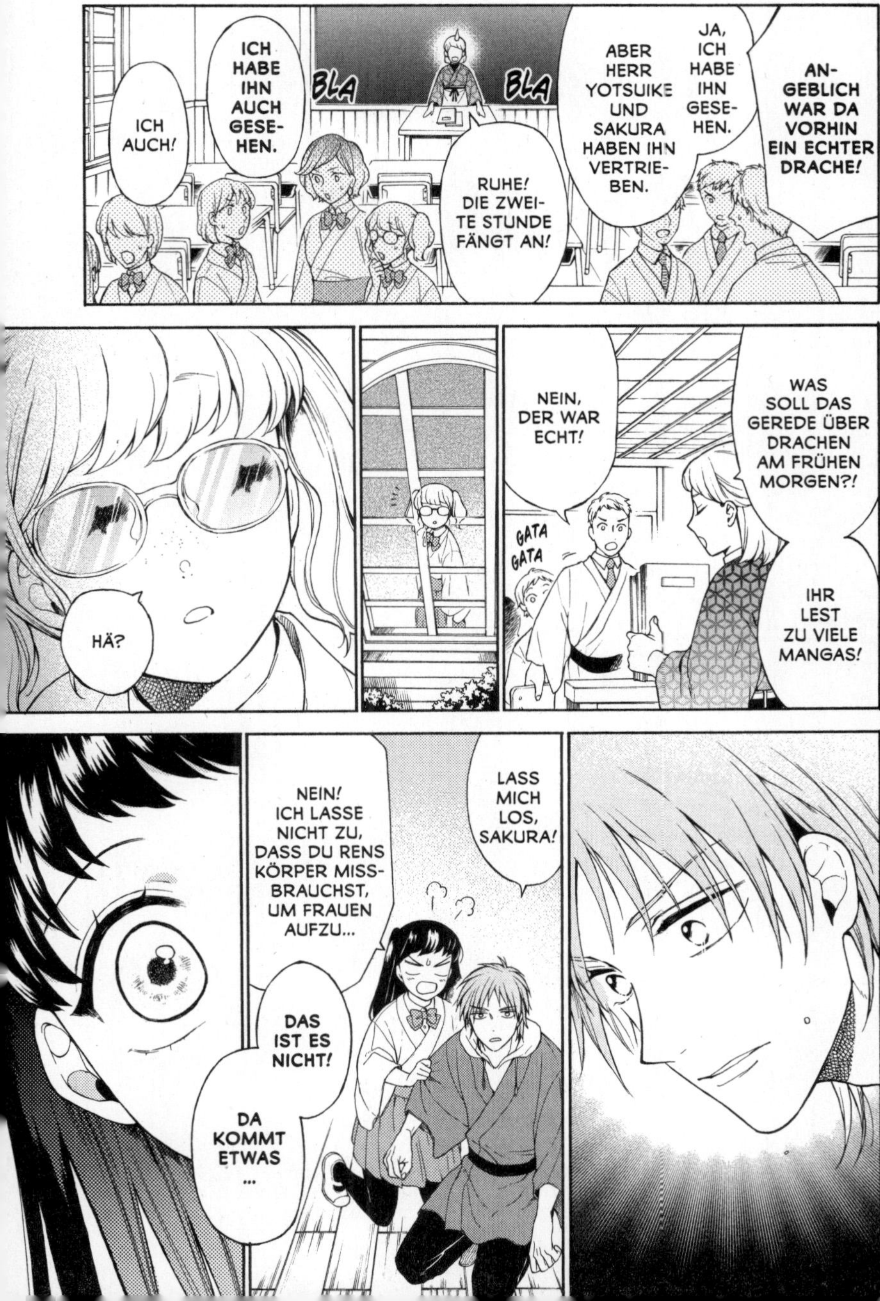
ANGEBLICH WAR DA VORHIN EIN ECHTER DRACHE!
JA, ICH HABE IHN GESEHEN.
ABER HERR YOTSUIKE UND SAKURA HABEN IHN VERTRIEBEN.
RUHE! DIE ZWEITE STUNDE FÄNGT AN!
BLA BLA
ICH HABE IHN AUCH GESEHEN.
ICH AUCH!
WAS SOLL DAS GEREDE ÜBER DRACHEN AM FRÜHEN MORGEN?!
IHR LEST ZU VIELE MANGAS!
NEIN, DER WAR ECHT!
GATA GATA
HÄ?
LASS MICH LOS, SAKURA!
NEIN! ICH LASSE NICHT ZU, DASS DU RENS KÖRPER MISSBRAUCHST, UM FRAUEN AUFZU...
DAS IST ES NICHT!
DA KOMMT ETWAS ...

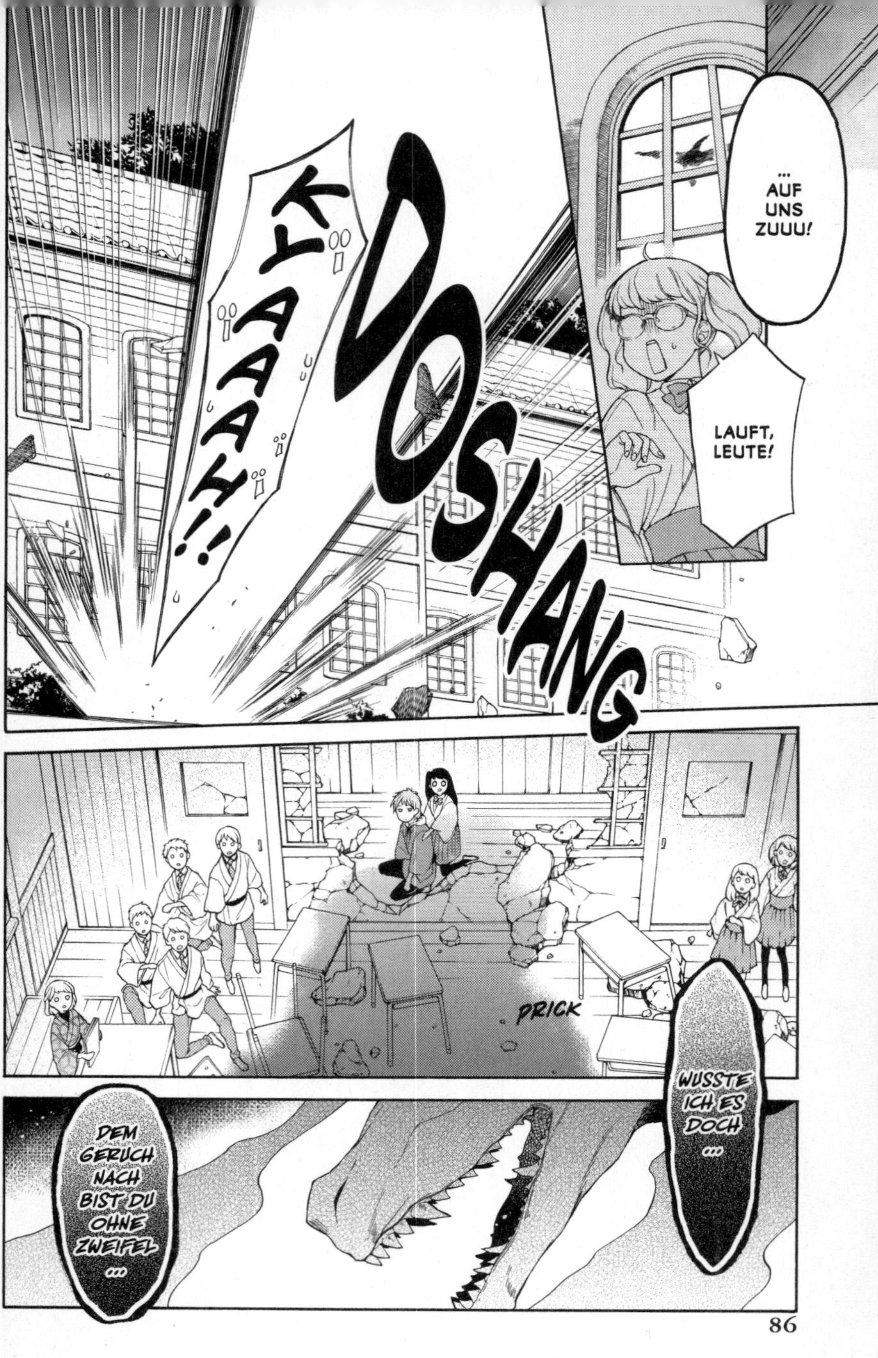

... AUF UNS ZUUU!
LAUFT, LEUTE!
KYAAAAH!!
DOSHANG
PRICK
WUSSTE ICH ES DOCH ...
DEM GERUCH NACH BIST DU OHNE ZWEIFEL ...

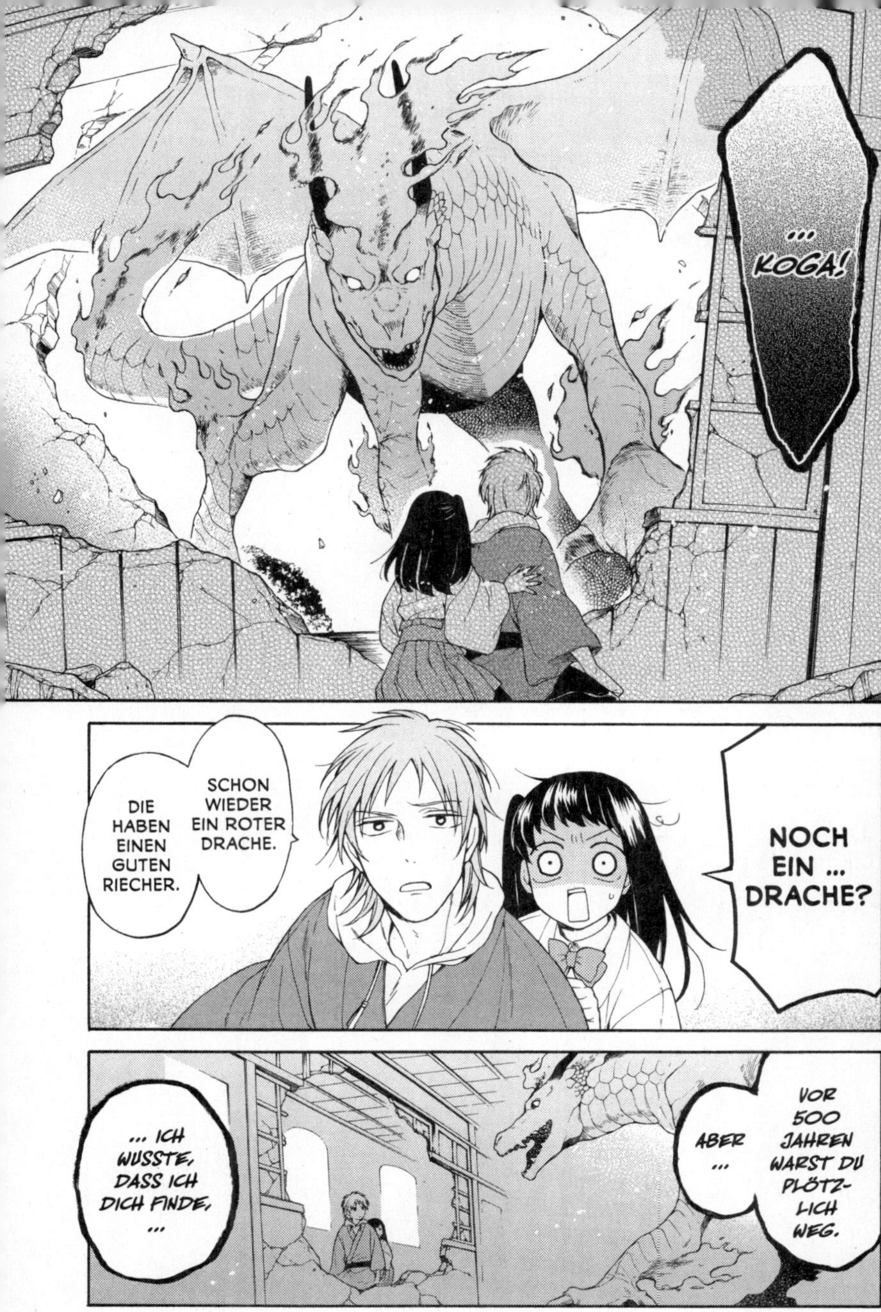
... KOGA!
NOCH EIN ... DRACHE?
SCHON WIEDER EIN ROTER DRACHE.
DIE HABEN EINEN GUTEN RIECHER.
VOR 500 JAHREN WARST DU PLÖTZ-LICH WEG.
ABER ...
... ICH WUSSTE, DASS ICH DICH FINDE, ...

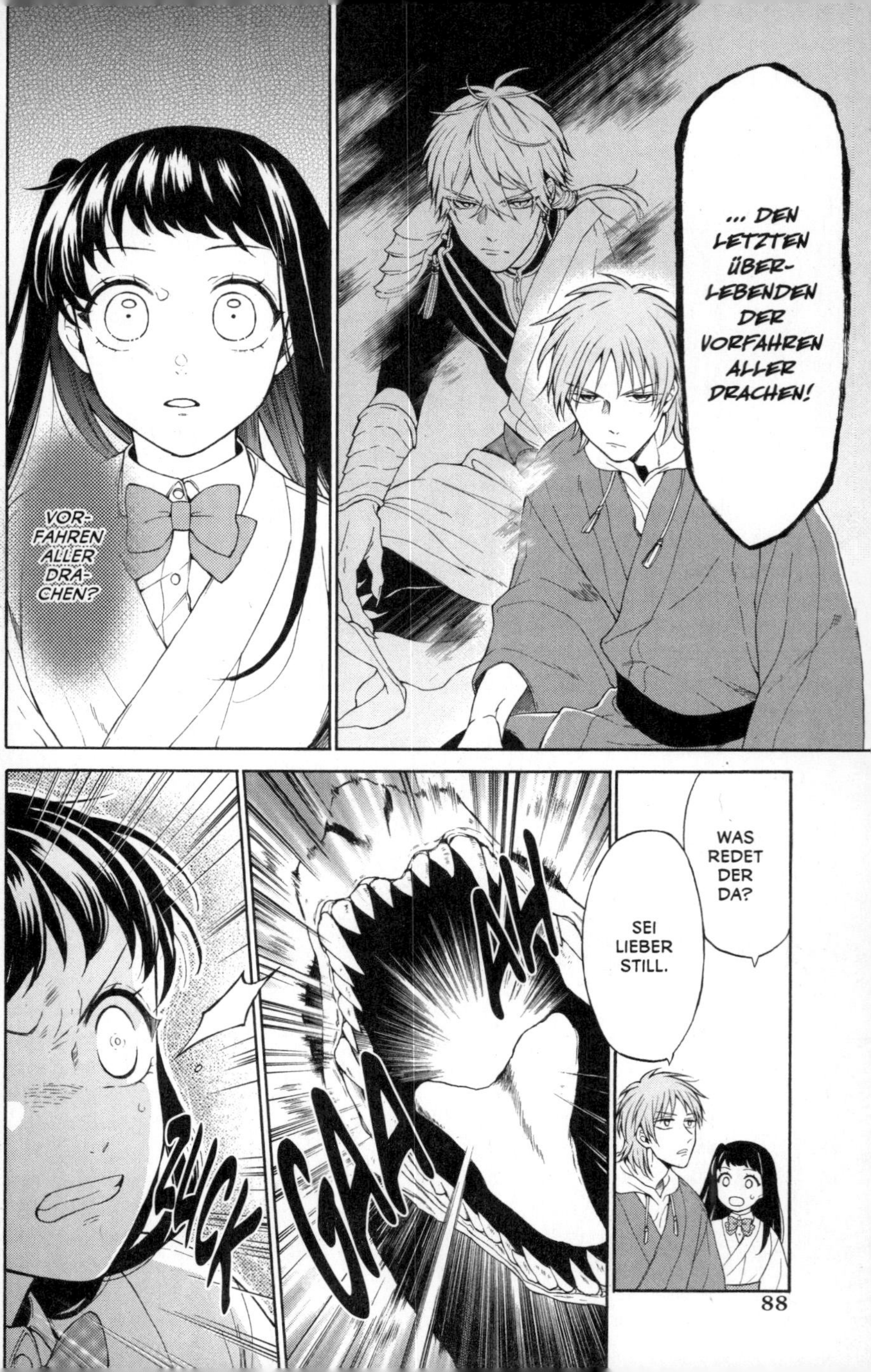

... DEN LETZTEN ÜBER-LEBENDEN DER VORFAHREN ALLER DRACHEN!
VOR-FAHREN ALLER DRA-CHEN?
WAS REDET DER DA?
SEI LIEBER STILL.
GAAAH
ZUCK

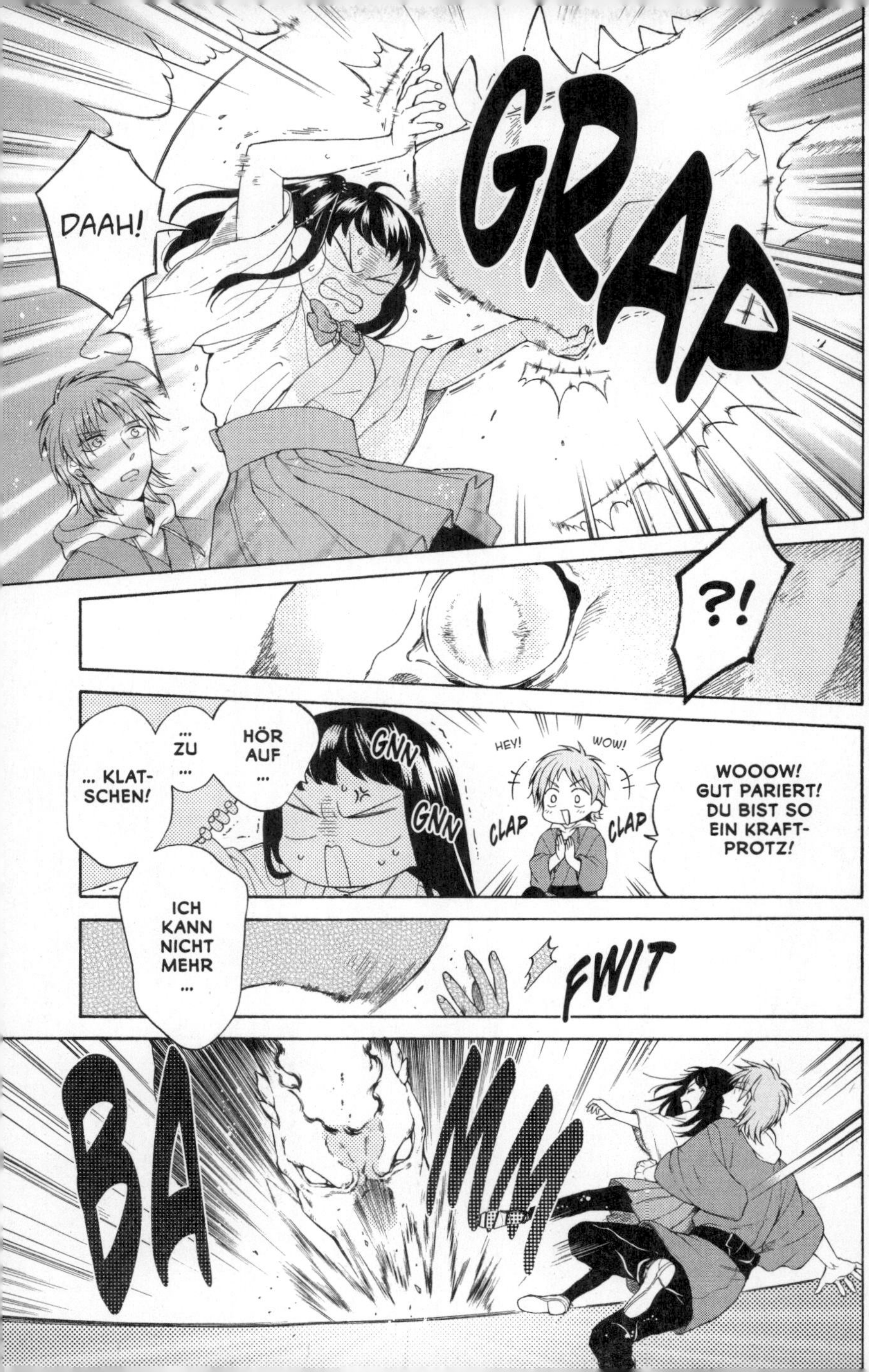
GRAP
DAAH!
?!
WOOOW! GUT PARIERT! DU BIST SO EIN KRAFT-PROTZ!
HEY!
WOW!
CLAP
CLAP
GNN
GNN
HÖR AUF …
… ZU …
… KLAT-SCHEN!
ICH KANN NICHT MEHR …
FWIT
BAMM

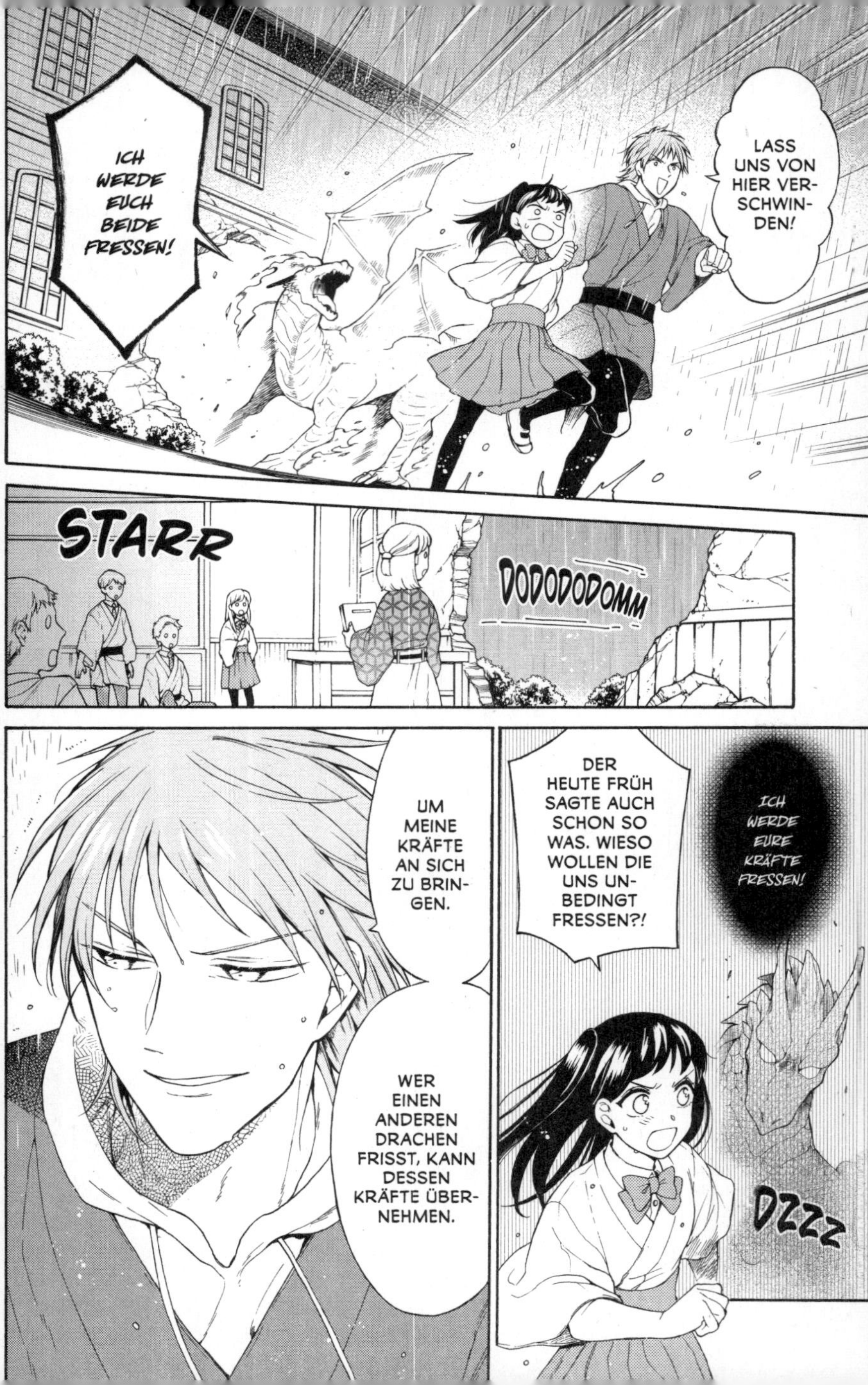
LASS UNS VON HIER VERSCHWINDEN!
ICH WERDE EUCH BEIDE FRESSEN!
DODODODOMM
STARR
ICH WERDE EURE KRÄFTE FRESSEN!
DER HEUTE FRÜH SAGTE AUCH SCHON SO WAS. WIESO WOLLEN DIE UNS UNBEDINGT FRESSEN?!
DZZZ
UM MEINE KRÄFTE AN SICH ZU BRINGEN.
WER EINEN ANDEREN DRACHEN FRISST, KANN DESSEN KRÄFTE ÜBERNEHMEN.

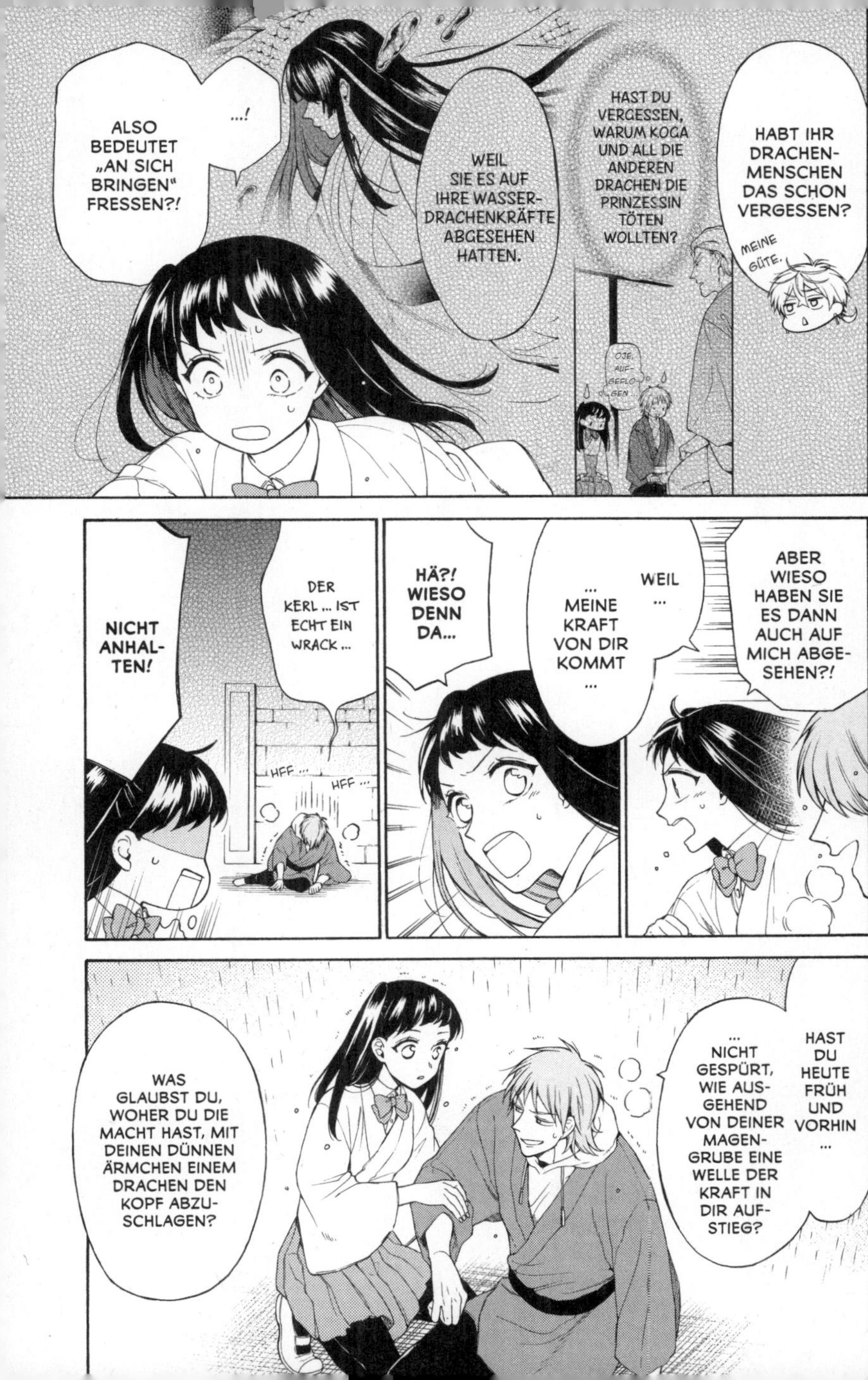
HABT IHR DRACHENMENSCHEN DAS SCHON VERGESSEN?
MEINE GÜTE.
HAST DU VERGESSEN, WARUM KOGA UND ALL DIE ANDEREN DRACHEN DIE PRINZESSIN TÖTEN WOLLTEN?
OJE, AUFGEFLOGEN ...
WEIL SIE ES AUF IHRE WASSERDRACHENKRÄFTE ABGESEHEN HATTEN.
...!
ALSO BEDEUTET „AN SICH BRINGEN" FRESSEN?!
ABER WIESO HABEN SIE ES DANN AUCH AUF MICH ABGESEHEN?!
WEIL ...
... MEINE KRAFT VON DIR KOMMT ...
HÄ?! WIESO DENN DA...
DER KERL ... IST ECHT EIN WRACK ...
HFF ... HFF ...
NICHT ANHALTEN!
HAST DU HEUTE FRÜH UND VORHIN ...
... NICHT GESPÜRT, WIE AUSGEHEND VON DEINER MAGENGRUBE EINE WELLE DER KRAFT IN DIR AUFSTIEG?
WAS GLAUBST DU, WOHER DU DIE MACHT HAST, MIT DEINEN DÜNNEN ÄRMCHEN EINEM DRACHEN DEN KOPF ABZUSCHLAGEN?

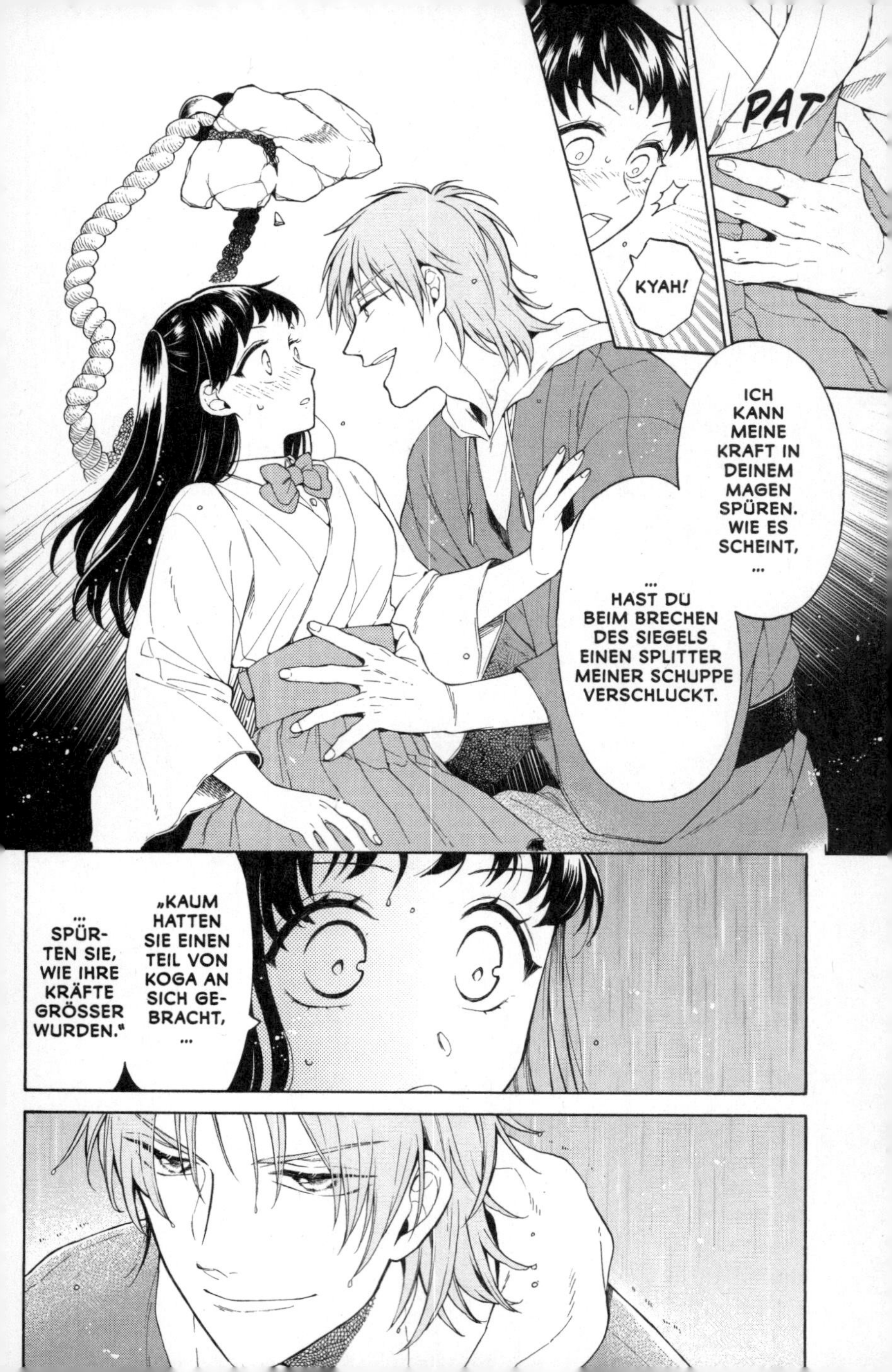
PAT
KYAH!
ICH KANN MEINE KRAFT IN DEINEM MAGEN SPÜREN. WIE ES SCHEINT, ...
... HAST DU BEIM BRECHEN DES SIEGELS EINEN SPLITTER MEINER SCHUPPE VERSCHLUCKT.
„KAUM HATTEN SIE EINEN TEIL VON KOGA AN SICH GE-BRACHT, ...
... SPÜR-TEN SIE, WIE IHRE KRÄFTE GRÖSSER WURDEN."

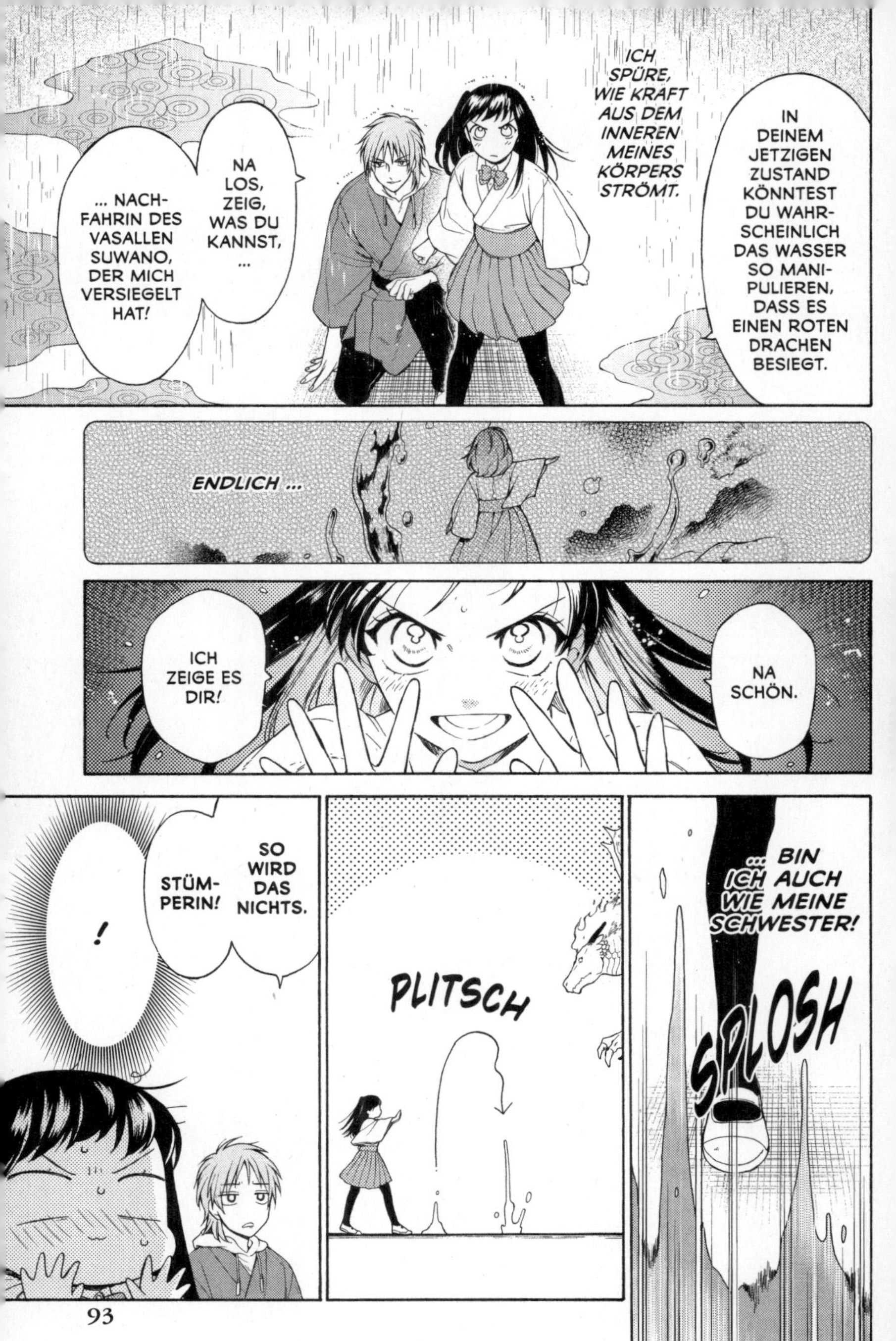
IN DEINEM JETZIGEN ZUSTAND KÖNNTEST DU WAHRSCHEINLICH DAS WASSER SO MANIPULIEREN, DASS ES EINEN ROTEN DRACHEN BESIEGT.
ICH SPÜRE, WIE KRAFT AUS DEM INNEREN MEINES KÖRPERS STRÖMT.
NA LOS, ZEIG, WAS DU KANNST, ...
... NACHFAHRIN DES VASALLEN SUWANO, DER MICH VERSIEGELT HAT!
ENDLICH ...
NA SCHÖN.
ICH ZEIGE ES DIR!
... BIN ICH AUCH WIE MEINE SCHWESTER!
SPLOSH
PLITSCH
SO WIRD DAS NICHTS.
STÜMPERIN!
!

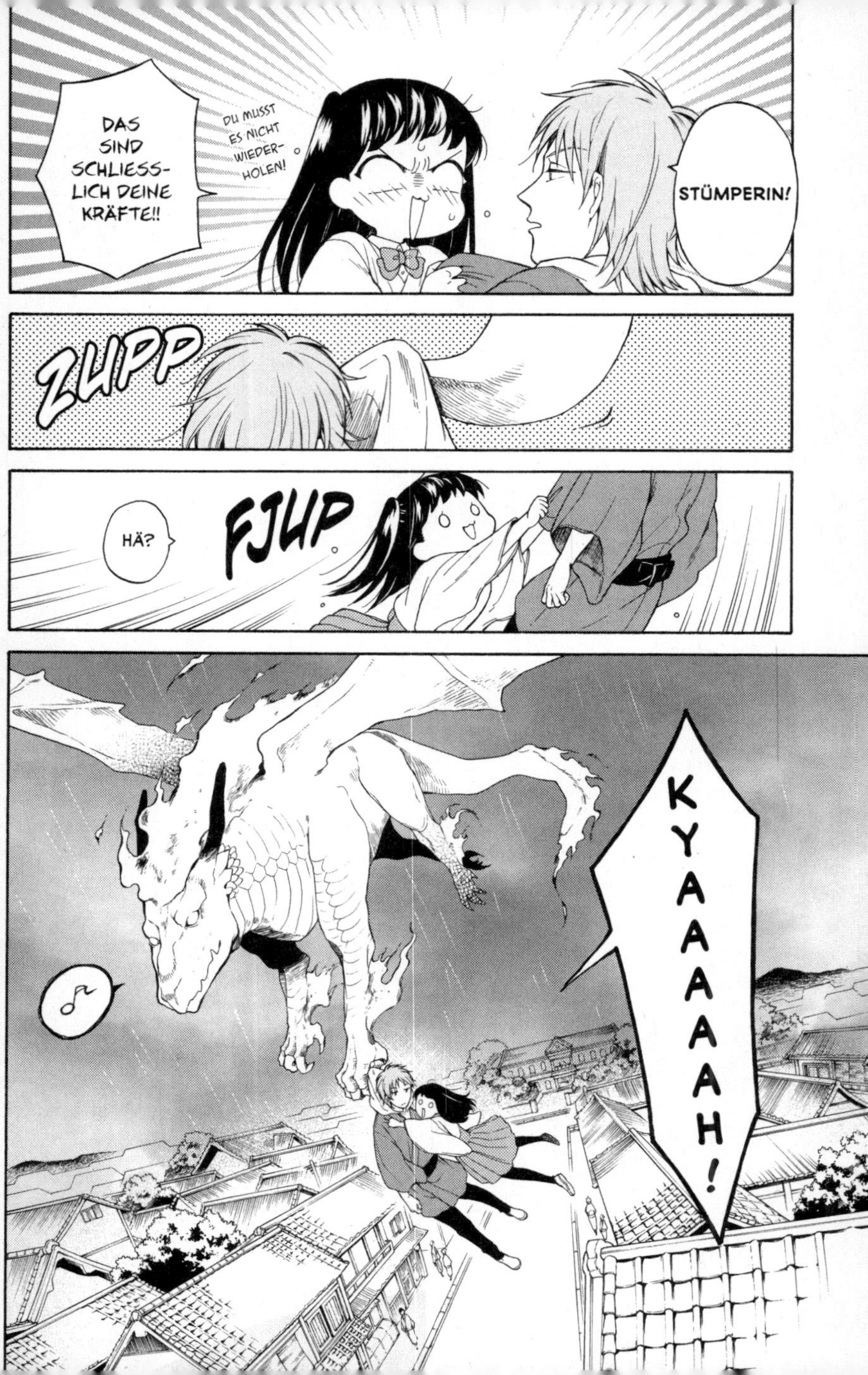

STÜMPERIN!
DU MUSST ES NICHT WIEDERHOLEN!
DAS SIND SCHLIESSLICH DEINE KRÄFTE!!
ZUPP
FJUP
HÄ?
KYAAAAAH!
♪

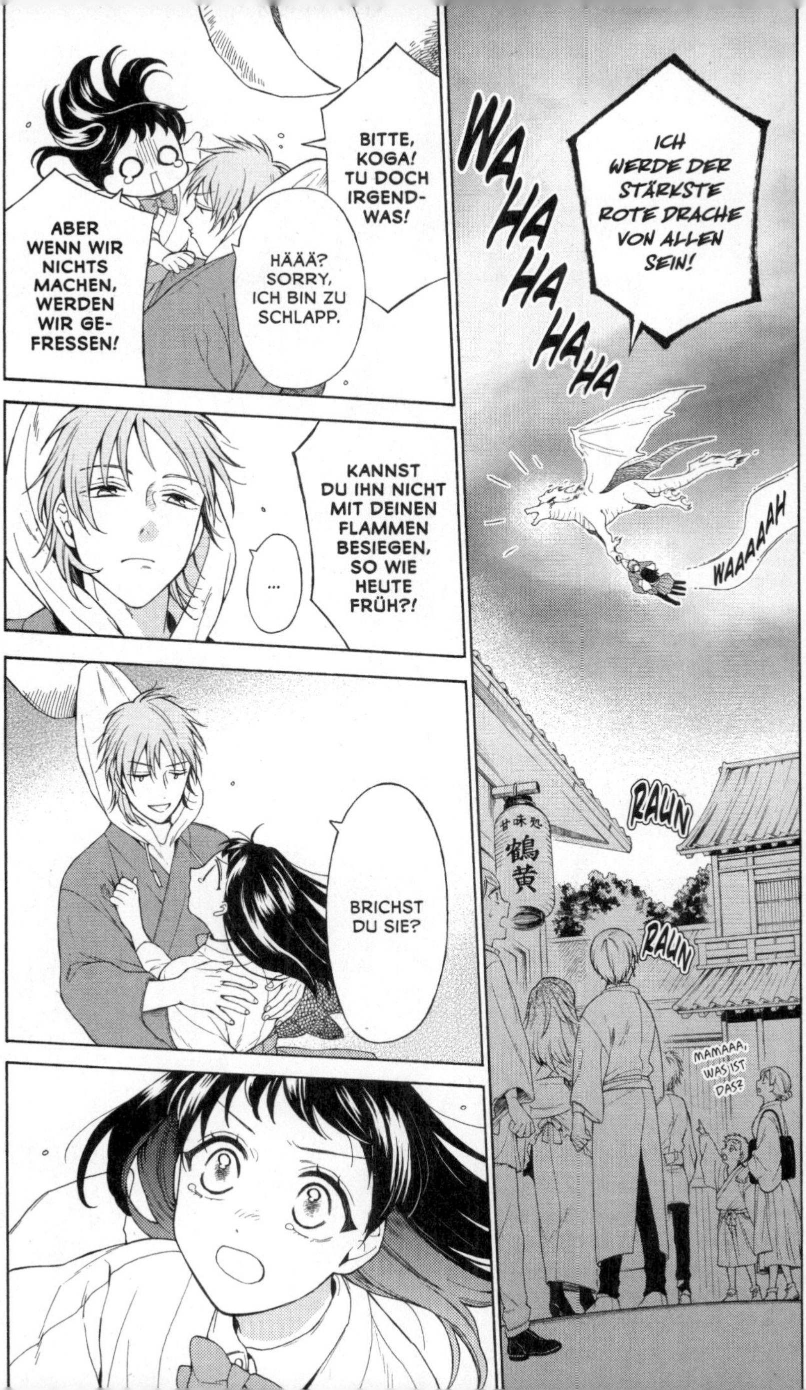
WAHAHAHAHAHA
ICH WERDE DER STÄRKSTE ROTE DRACHE VON ALLEN SEIN!
WAAAAAH
RAUN
RAUN
甘味処
鶴黄
MAMAAA, WAS IST DAS?
BITTE, KOGA! TU DOCH IRGEND-WAS!
HÄÄÄ? SORRY, ICH BIN ZU SCHLAPP.
ABER WENN WIR NICHTS MACHEN, WERDEN WIR GE-FRESSEN!
KANNST DU IHN NICHT MIT DEINEN FLAMMEN BESIEGEN, SO WIE HEUTE FRÜH?!
...
BRICHST DU SIE?

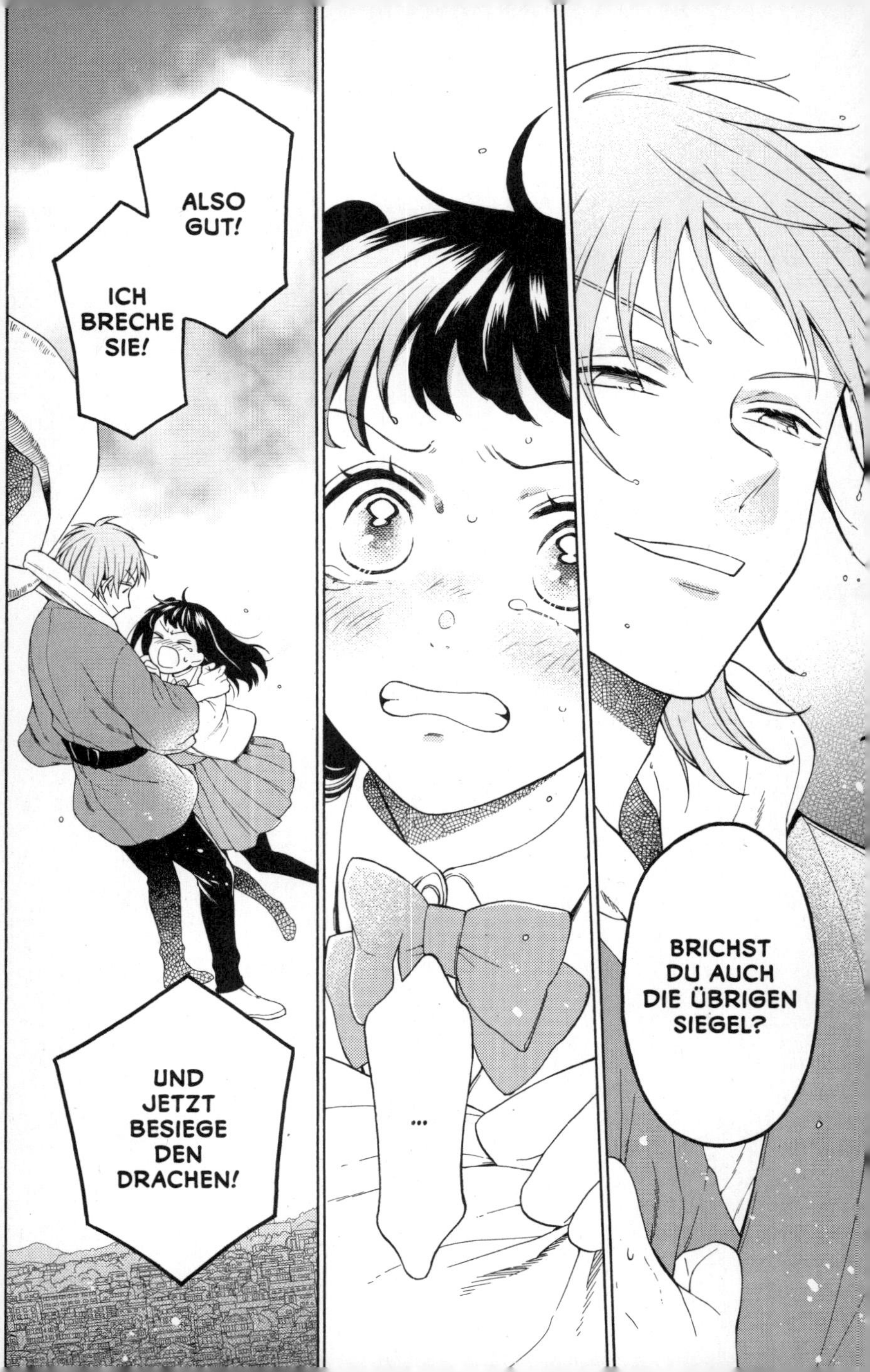
BRICHST DU AUCH DIE ÜBRIGEN SIEGEL?
...
ALSO GUT!
ICH BRECHE SIE!
UND JETZT BESIEGE DEN DRACHEN!

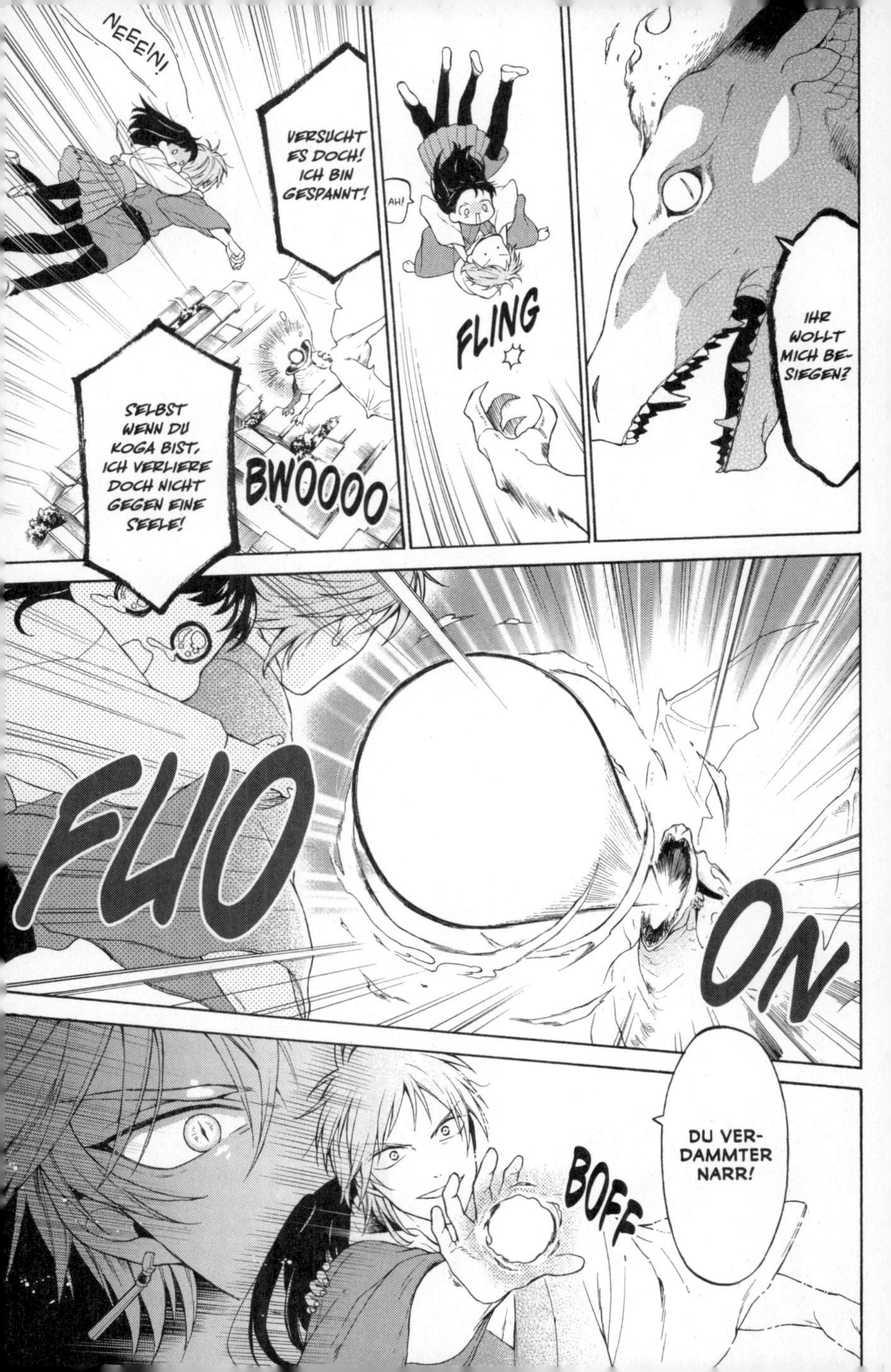
IHR WOLLT MICH BESIEGEN?
AH!
FLING
VERSUCHT ES DOCH! ICH BIN GESPANNT!
NEEEIN!
SELBST WENN DU KOGA BIST, ICH VERLIERE DOCH NICHT GEGEN EINE SEELE!
BWOOOO
FUO
ON
DU VERDAMMTER NARR!
BOFF

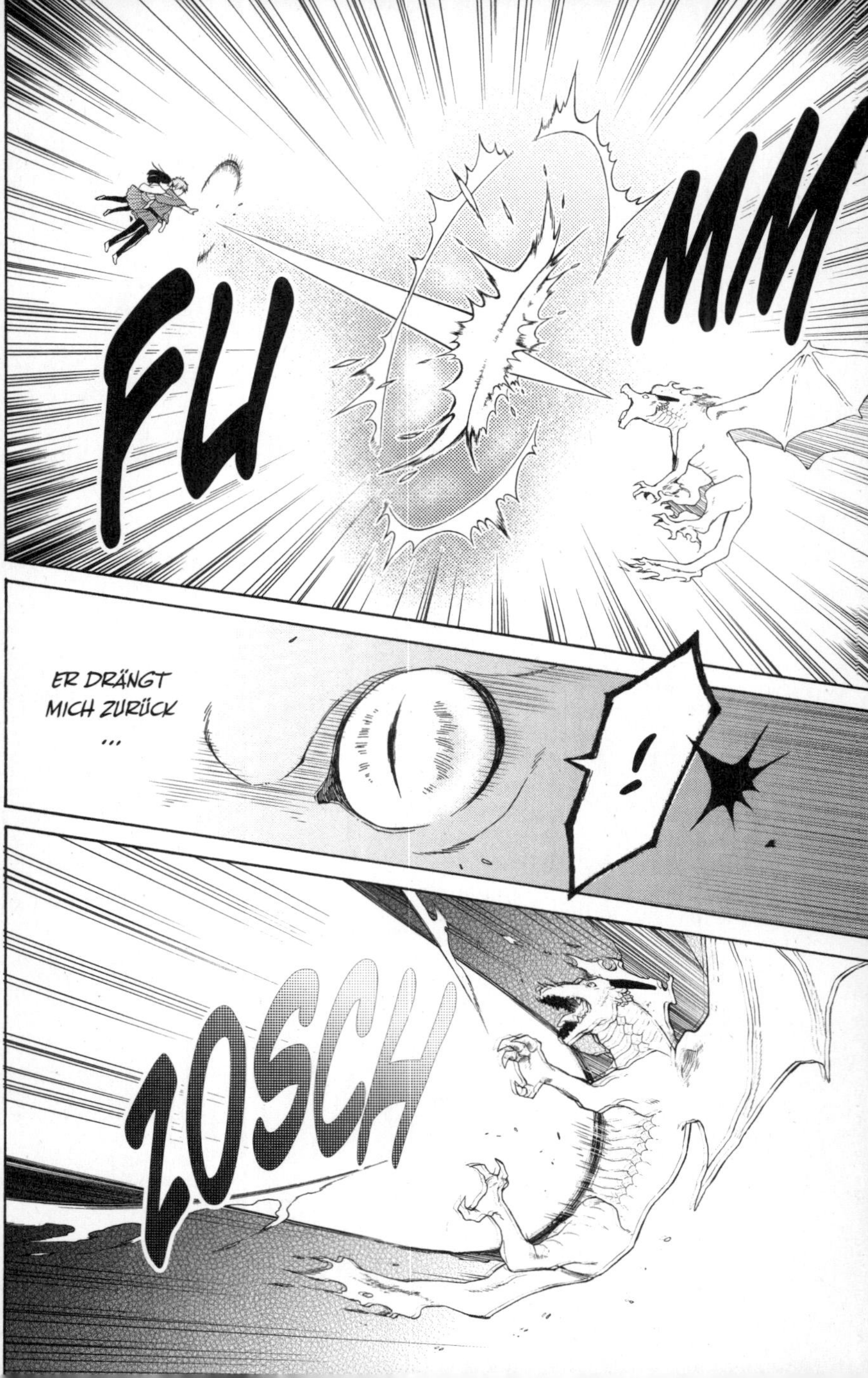
MM
FU
ER DRÄNGT MICH ZURÜCK ...
!
ZOSCH

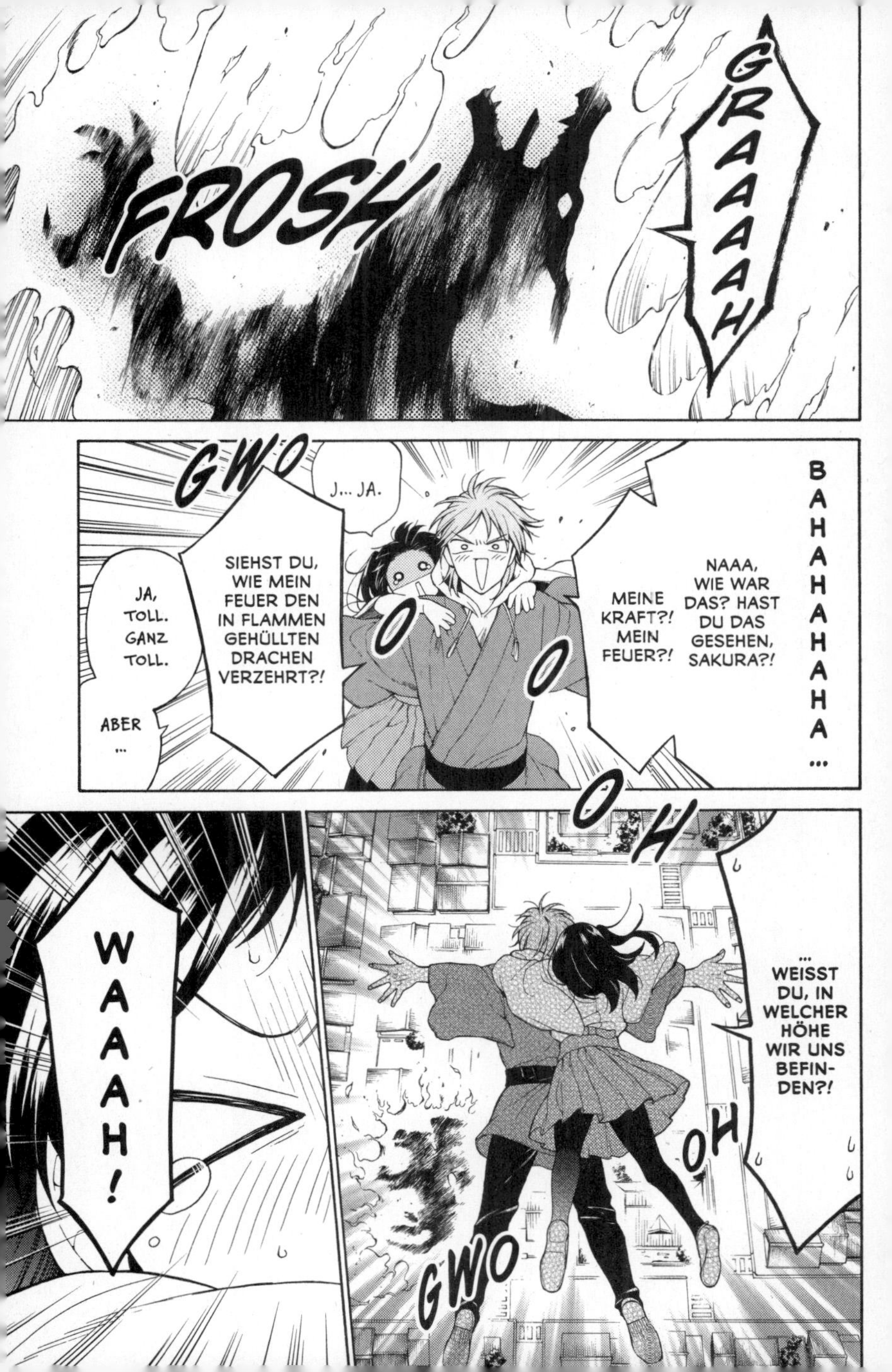

GRAAAAAH
FROSH
BAHAHAHAHAHA ...
NAAA, WIE WAR DAS? HAST DU DAS GESEHEN, SAKURA?!
MEINE KRAFT?! MEIN FEUER?!
J... JA.
GWO
SIEHST DU, WIE MEIN FEUER DEN IN FLAMMEN GEHÜLLTEN DRACHEN VERZEHRT?!
OOOOH
JA, TOLL. GANZ TOLL.
ABER ...
... WEISST DU, IN WELCHER HÖHE WIR UNS BEFIN-DEN?!
OH
GWO
WAAAAH!

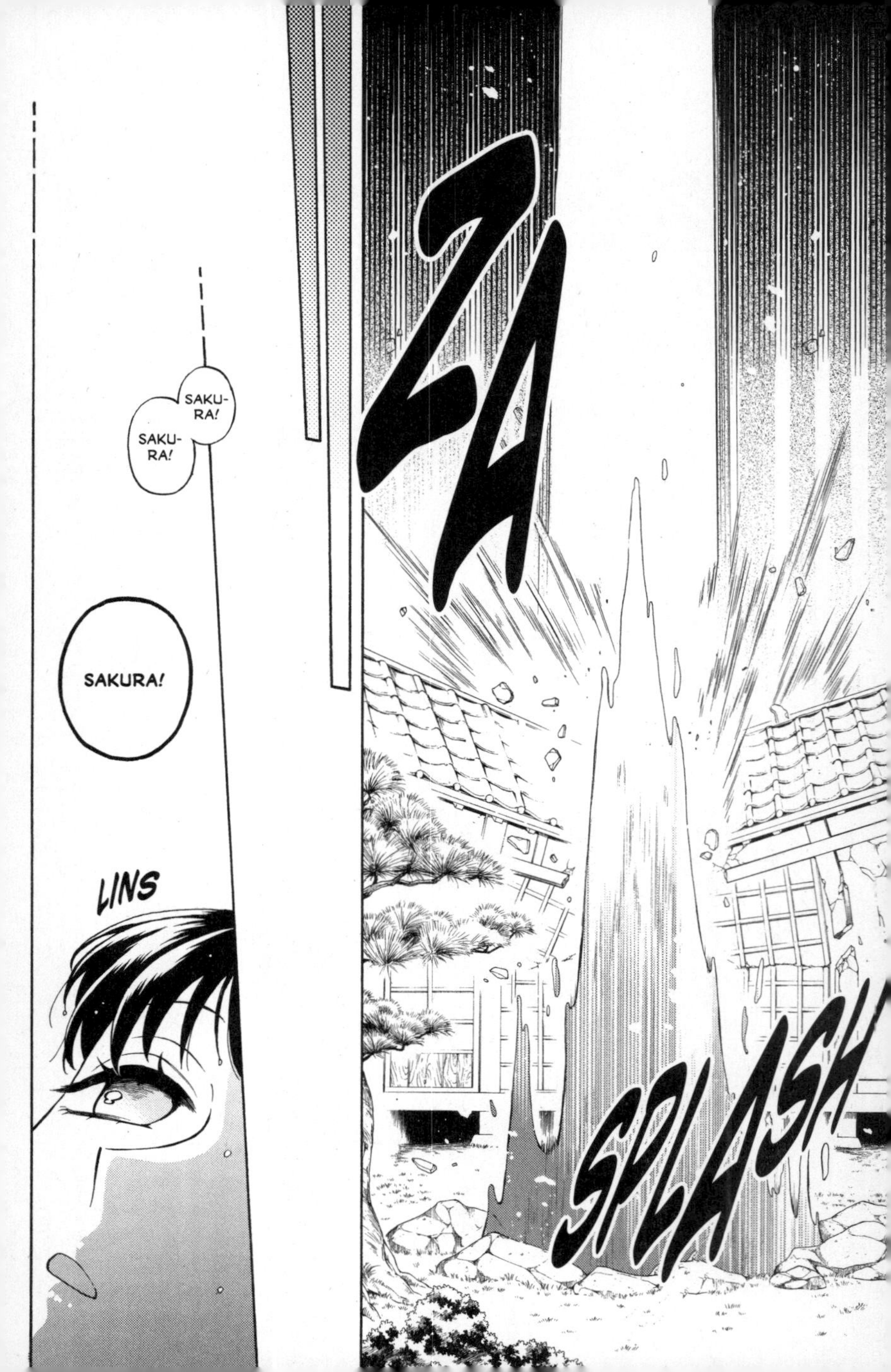
ZA
SPLASH
SAKU-
RA!
SAKU-
RA!
SAKURA!
LINS

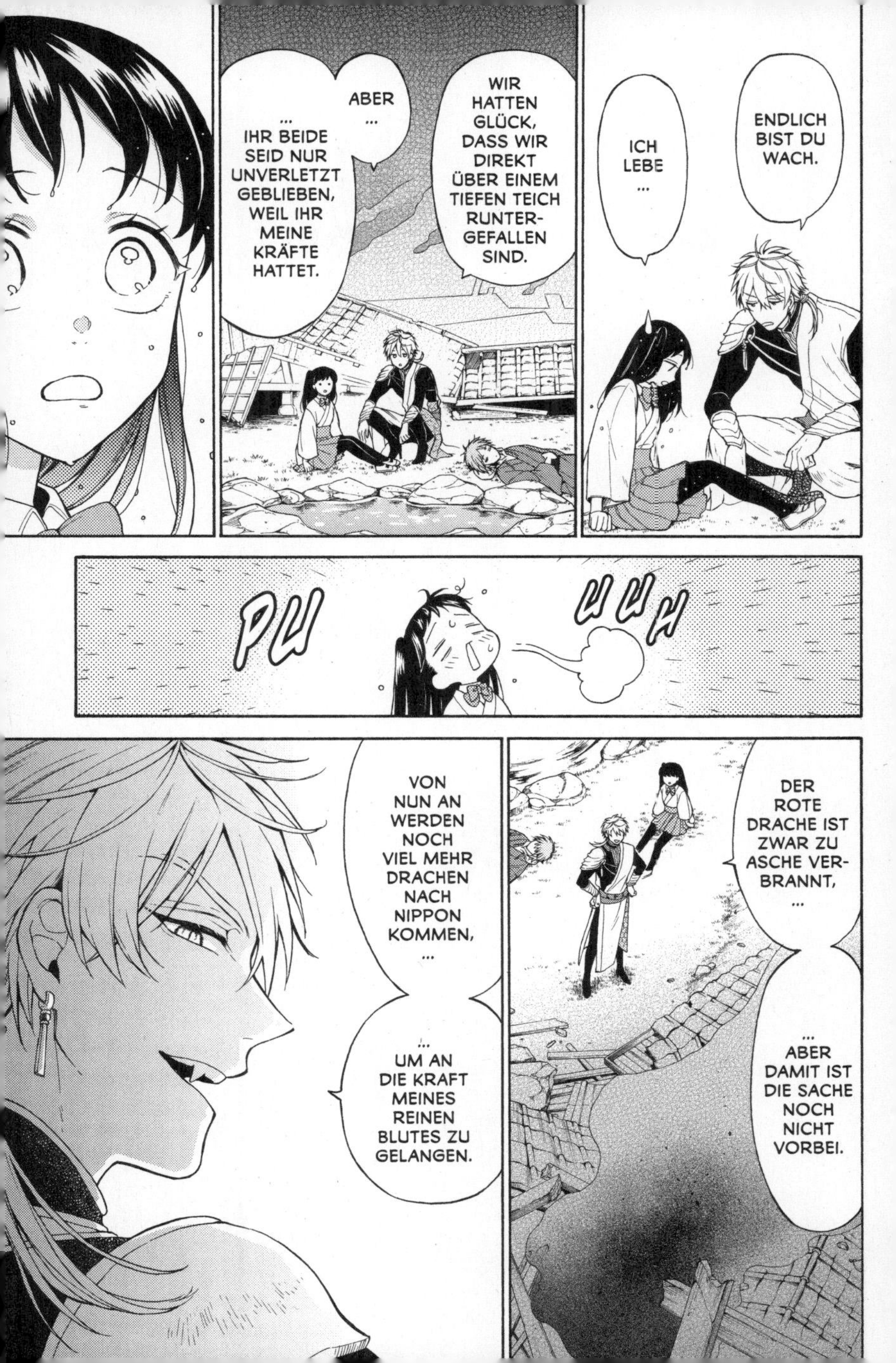
ENDLICH BIST DU WACH.
ICH LEBE …
WIR HATTEN GLÜCK, DASS WIR DIREKT ÜBER EINEM TIEFEN TEICH RUNTERGEFALLEN SIND.
ABER …
… IHR BEIDE SEID NUR UNVERLETZT GEBLIEBEN, WEIL IHR MEINE KRÄFTE HATTET.
PU UUH
DER ROTE DRACHE IST ZWAR ZU ASCHE VERBRANNT, …
… ABER DAMIT IST DIE SACHE NOCH NICHT VORBEI.
VON NUN AN WERDEN NOCH VIEL MEHR DRACHEN NACH NIPPON KOMMEN, …
… UM AN DIE KRAFT MEINES REINEN BLUTES ZU GELANGEN.

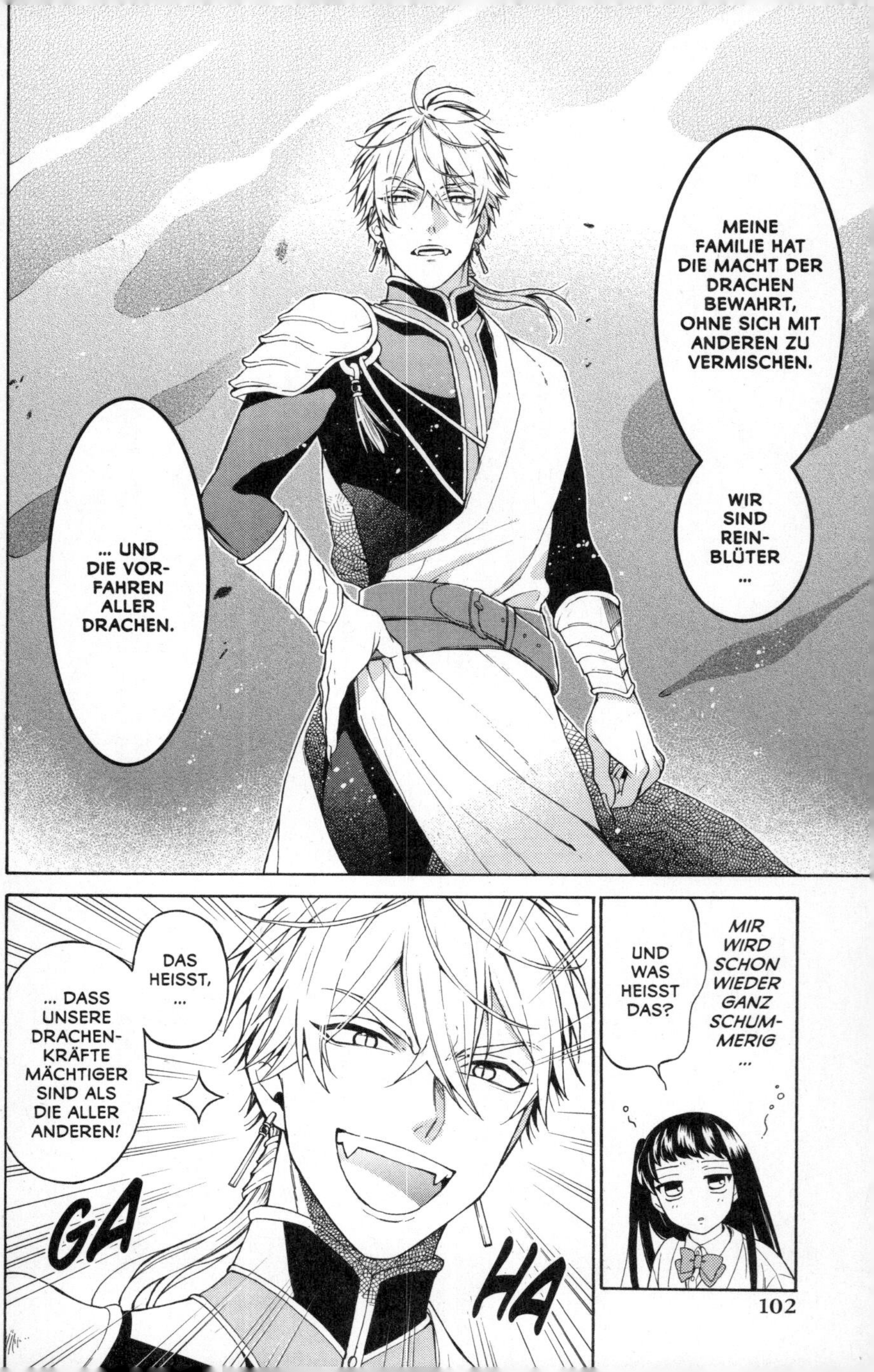
MEINE FAMILIE HAT DIE MACHT DER DRACHEN BEWAHRT, OHNE SICH MIT ANDEREN ZU VERMISCHEN.
WIR SIND REINBLÜTER ...
... UND DIE VORFAHREN ALLER DRACHEN.
MIR WIRD SCHON WIEDER GANZ SCHUMMERIG ...
UND WAS HEISST DAS?
DAS HEISST, ...
... DASS UNSERE DRACHENKRÄFTE MÄCHTIGER SIND ALS DIE ALLER ANDEREN!
GA
HA

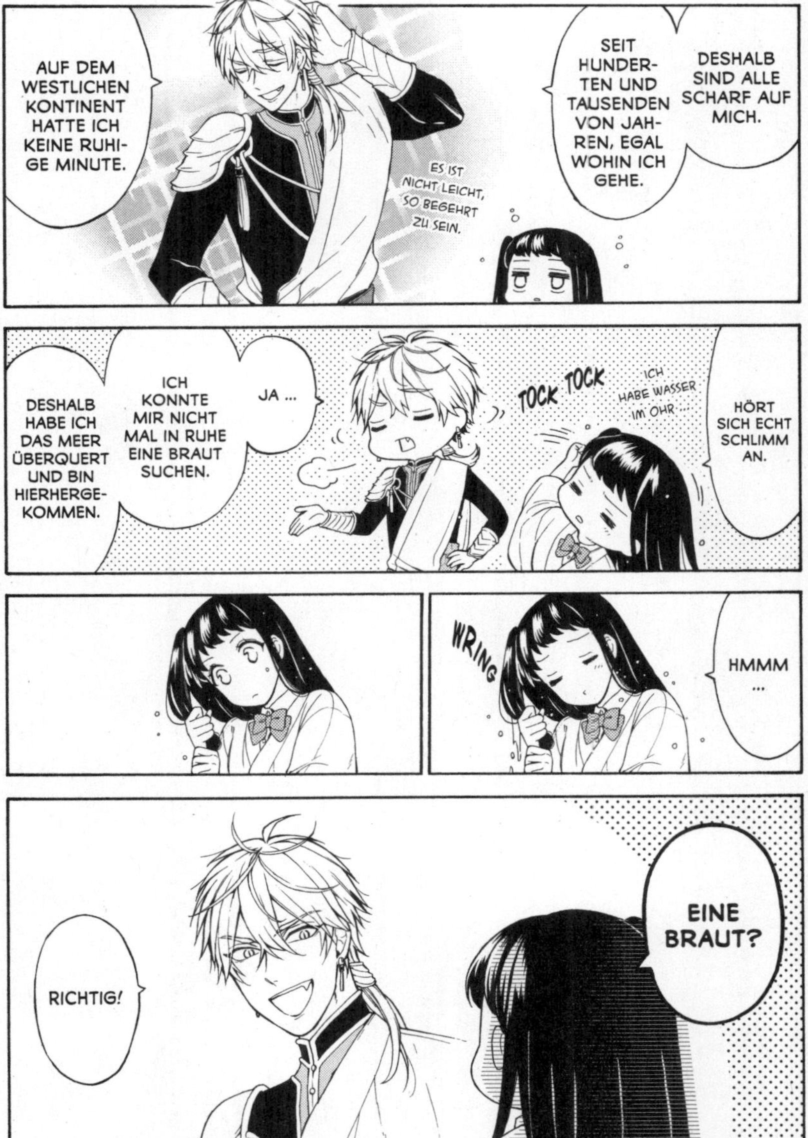
DESHALB SIND ALLE SCHARF AUF MICH.
SEIT HUNDERTEN UND TAUSENDEN VON JAHREN, EGAL WOHIN ICH GEHE.
ES IST NICHT LEICHT, SO BEGEHRT ZU SEIN.
AUF DEM WESTLICHEN KONTINENT HATTE ICH KEINE RUHIGE MINUTE.
HÖRT SICH ECHT SCHLIMM AN.
ICH HABE WASSER IM OHR ...
TOCK TOCK
JA ...
ICH KONNTE MIR NICHT MAL IN RUHE EINE BRAUT SUCHEN.
DESHALB HABE ICH DAS MEER ÜBERQUERT UND BIN HIERHERGEKOMMEN.
HMMM ...
WRING
EINE BRAUT?
RICHTIG!

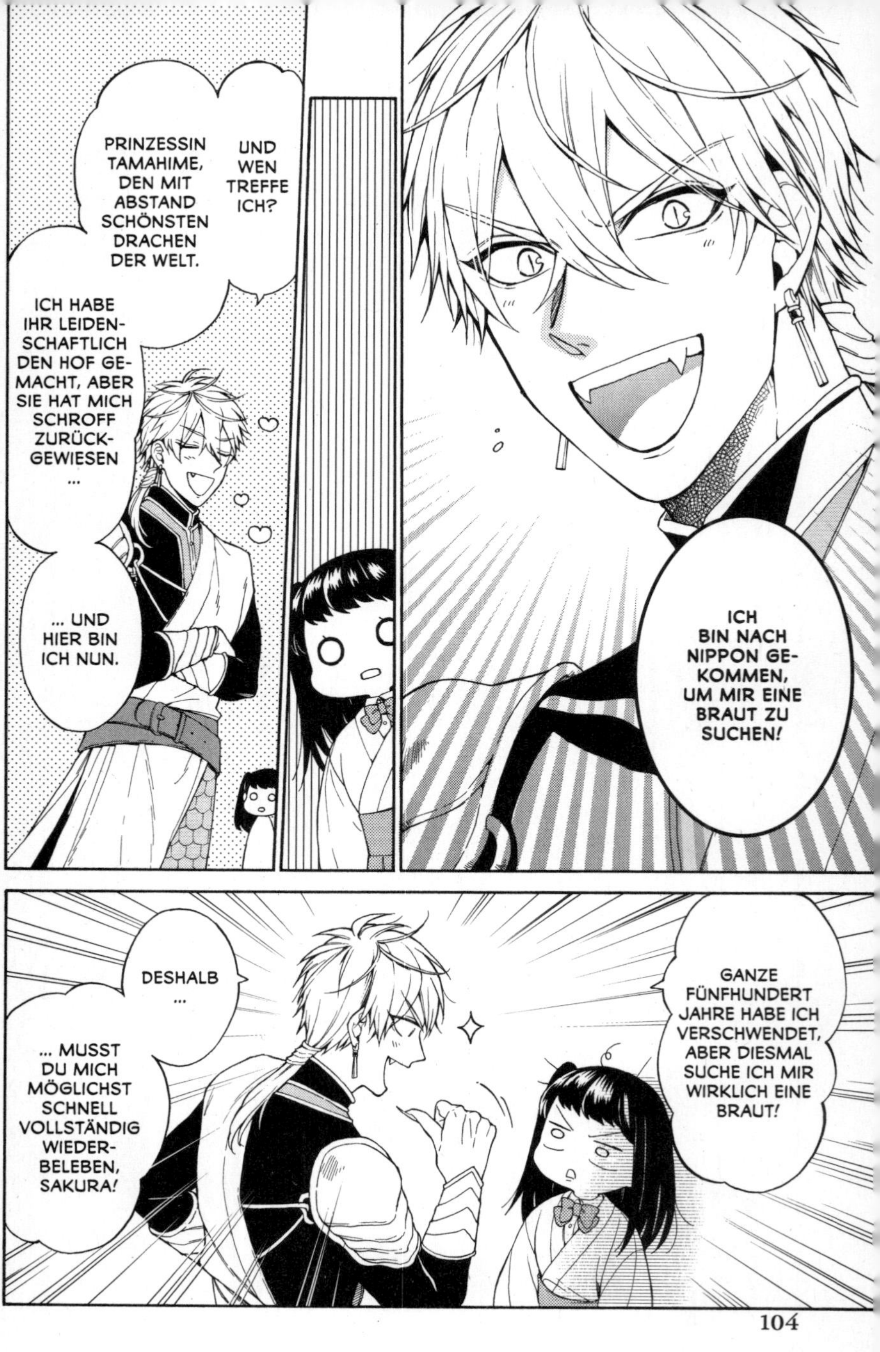
ICH BIN NACH NIPPON GEKOMMEN, UM MIR EINE BRAUT ZU SUCHEN!
UND WEN TREFFE ICH?
PRINZESSIN TAMAHIME, DEN MIT ABSTAND SCHÖNSTEN DRACHEN DER WELT.
ICH HABE IHR LEIDENSCHAFTLICH DEN HOF GEMACHT, ABER SIE HAT MICH SCHROFF ZURÜCKGEWIESEN ...
... UND HIER BIN ICH NUN.
GANZE FÜNFHUNDERT JAHRE HABE ICH VERSCHWENDET, ABER DIESMAL SUCHE ICH MIR WIRKLICH EINE BRAUT!
DESHALB ...
... MUSST DU MICH MÖGLICHST SCHNELL VOLLSTÄNDIG WIEDERBELEBEN, SAKURA!

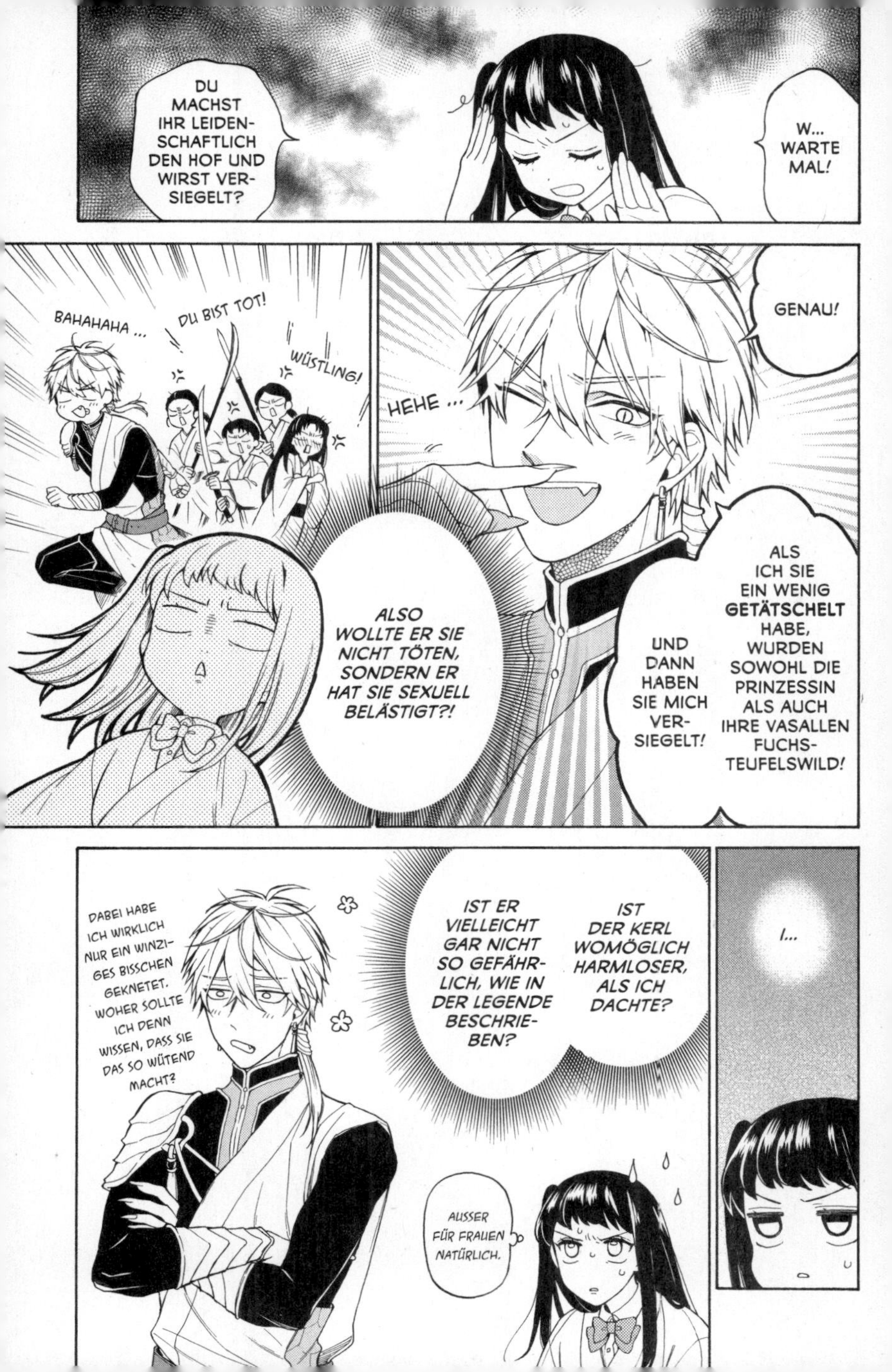
W... WARTE MAL!
DU MACHST IHR LEIDENSCHAFTLICH DEN HOF UND WIRST VERSIEGELT?
GENAU!
HEHE ...
ALS ICH SIE EIN WENIG **GETÄTSCHELT** HABE, WURDEN SOWOHL DIE PRINZESSIN ALS AUCH IHRE VASALLEN FUCHSTEUFELSWILD!
UND DANN HABEN SIE MICH VERSIEGELT!
ALSO WOLLTE ER SIE NICHT TÖTEN, SONDERN ER HAT SIE SEXUELL BELÄSTIGT?!
BAHAHAHA ...
DU BIST TOT!
WÜSTLING!
I...
IST DER KERL WOMÖGLICH HARMLOSER, ALS ICH DACHTE?
IST ER VIELLEICHT GAR NICHT SO GEFÄHRLICH, WIE IN DER LEGENDE BESCHRIEBEN?
DABEI HABE ICH WIRKLICH NUR EIN WINZIGES BISSCHEN GEKNETET. WOHER SOLLTE ICH DENN WISSEN, DASS SIE DAS SO WÜTEND MACHT?
AUSSER FÜR FRAUEN NATÜRLICH.

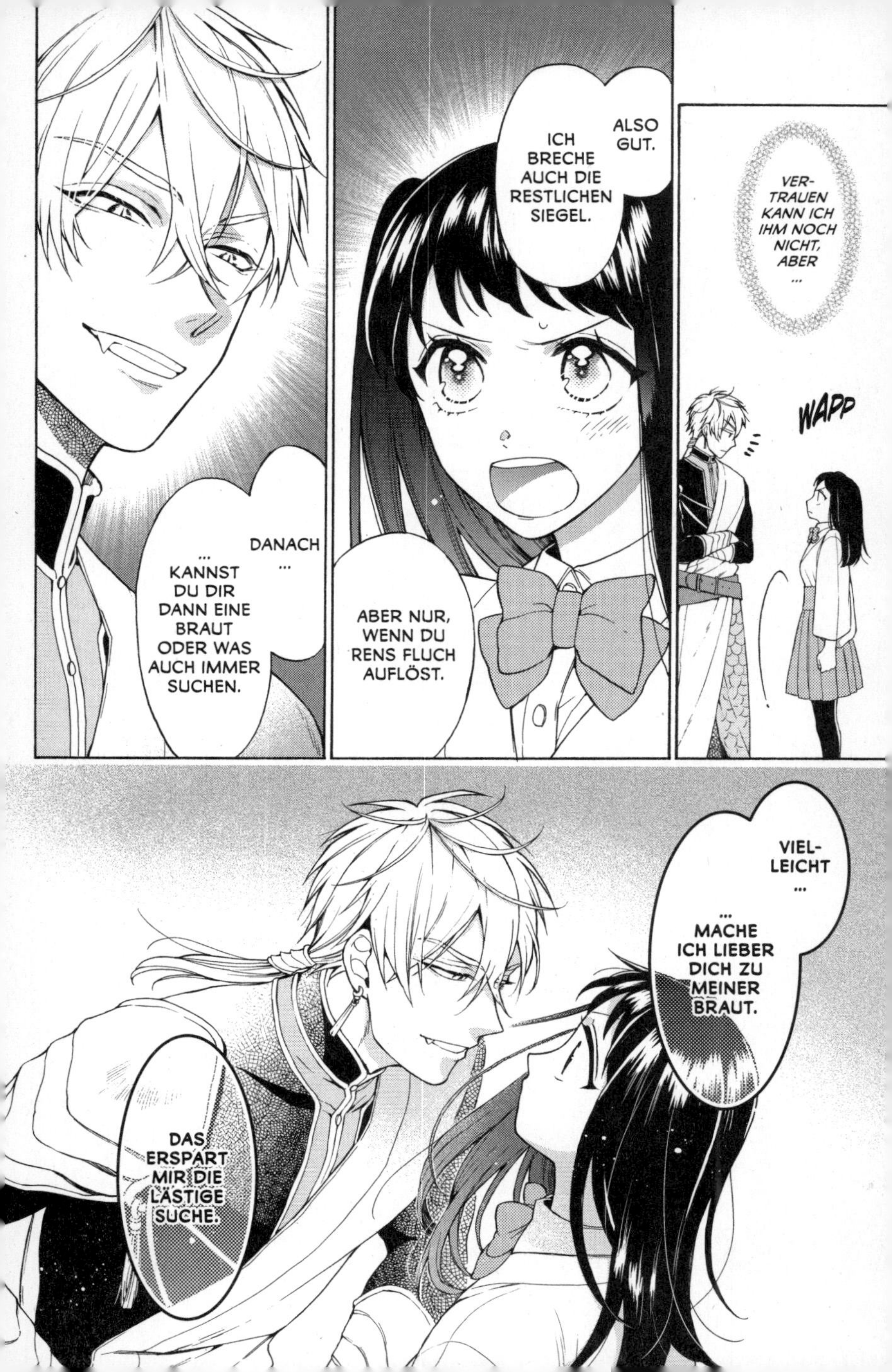
VERTRAUEN KANN ICH IHM NOCH NICHT, ABER ...
WAPP
ALSO GUT.
ICH BRECHE AUCH DIE RESTLICHEN SIEGEL.
ABER NUR, WENN DU RENS FLUCH AUFLÖST.
DANACH ...
... KANNST DU DIR DANN EINE BRAUT ODER WAS AUCH IMMER SUCHEN.
VIELLEICHT ...
... MACHE ICH LIEBER DICH ZU MEINER BRAUT.
DAS ERSPART MIR DIE LÄSTIGE SUCHE.

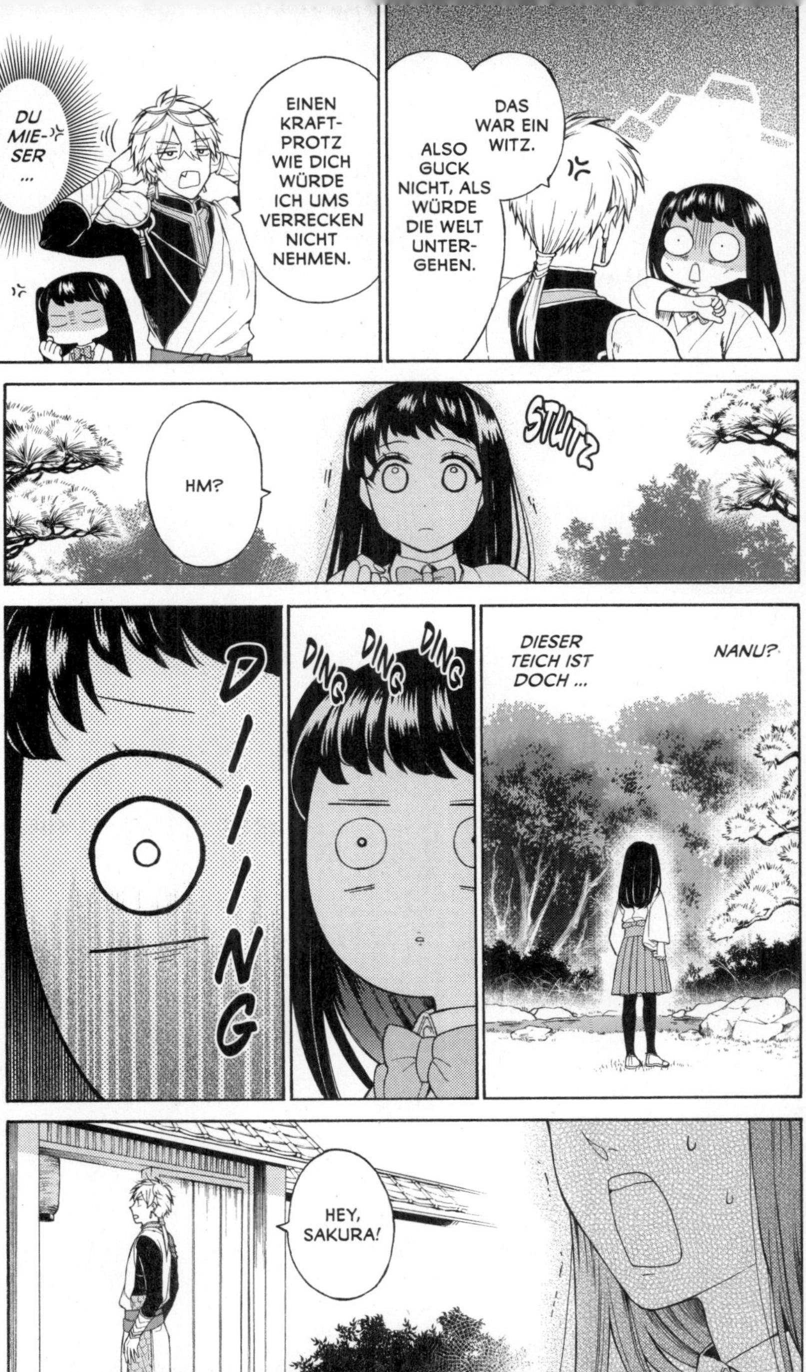
DAS WAR EIN WITZ.
ALSO GUCK NICHT, ALS WÜRDE DIE WELT UNTERGEHEN.
EINEN KRAFTPROTZ WIE DICH WÜRDE ICH UMS VERRECKEN NICHT NEHMEN.
DU MIESER ...
STUTZ
HM?
NANU?
DIESER TEICH IST DOCH ...
DING DING DING
DIING
HEY, SAKURA!

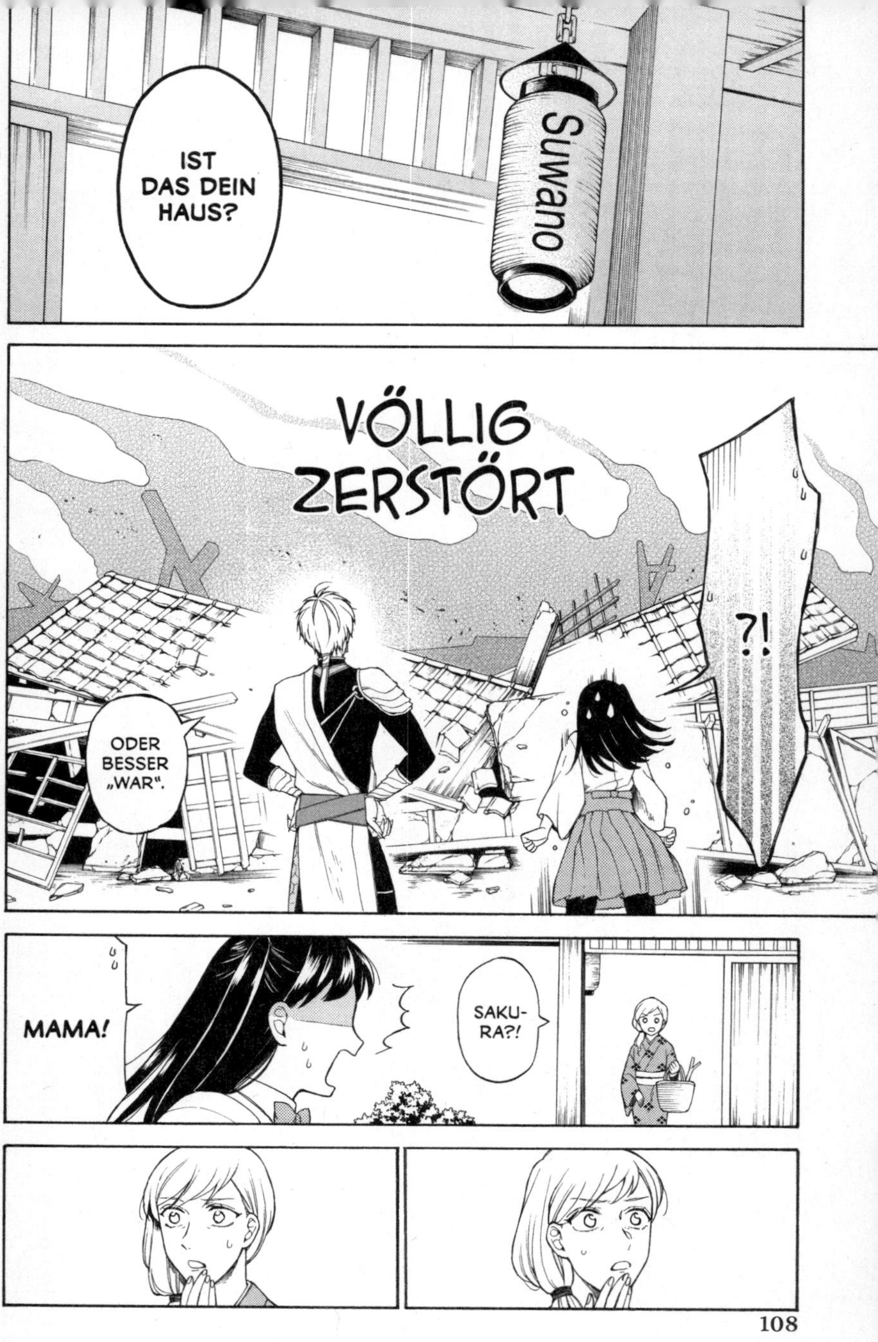
Suwano
IST DAS DEIN HAUS?
VÖLLIG ZERSTÖRT
?!
ODER BESSER „WAR“.
SAKU-RA?!
MAMA!

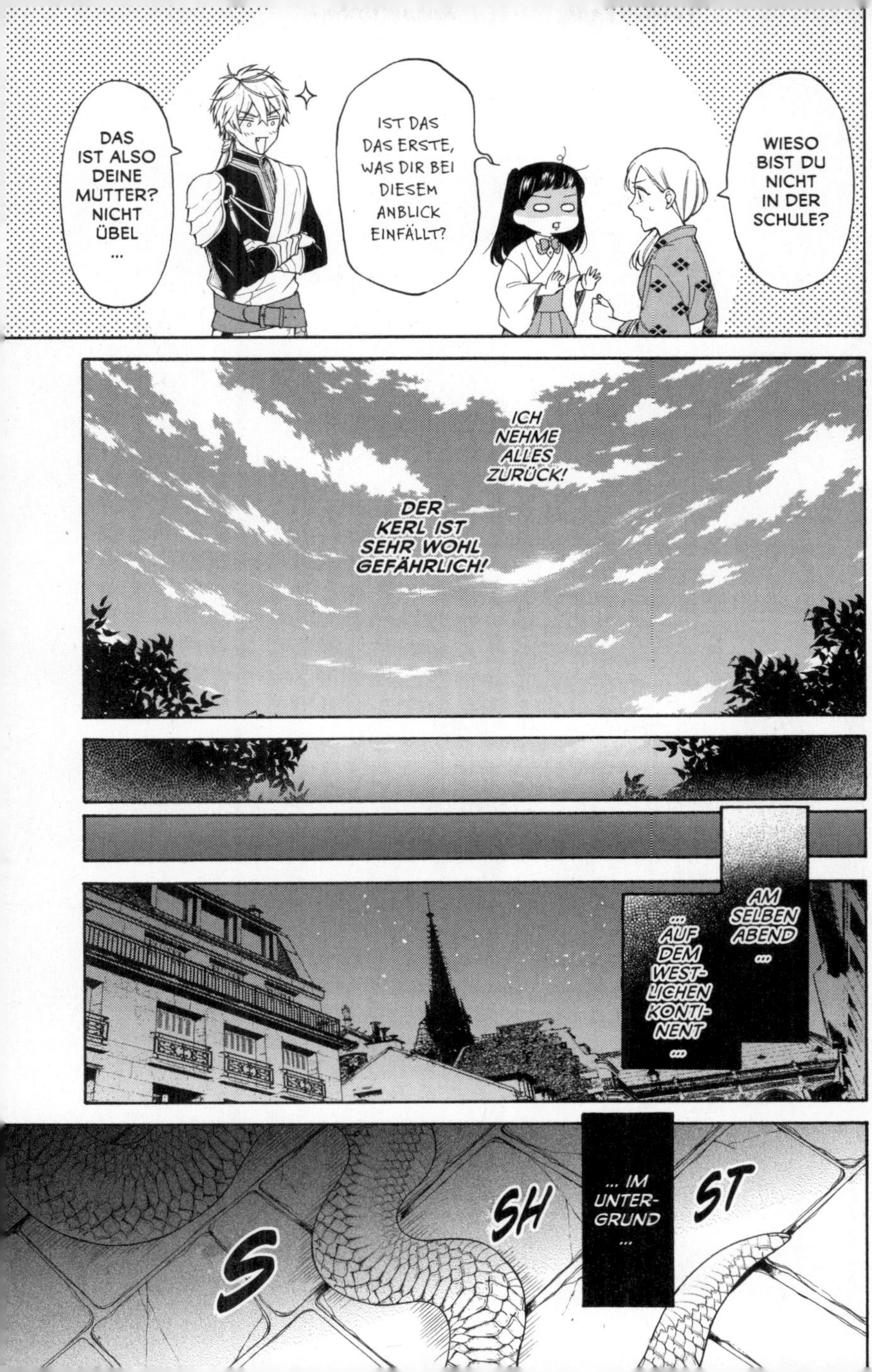
WIESO BIST DU NICHT IN DER SCHULE?
IST DAS DAS ERSTE, WAS DIR BEI DIESEM ANBLICK EINFÄLLT?
DAS IST ALSO DEINE MUTTER? NICHT ÜBEL ...
ICH NEHME ALLES ZURÜCK!
DER KERL IST SEHR WOHL GEFÄHRLICH!
AM SELBEN ABEND ...
... AUF DEM WESTLICHEN KONTINENT ...
ST
... IM UNTERGRUND ...
SH
S

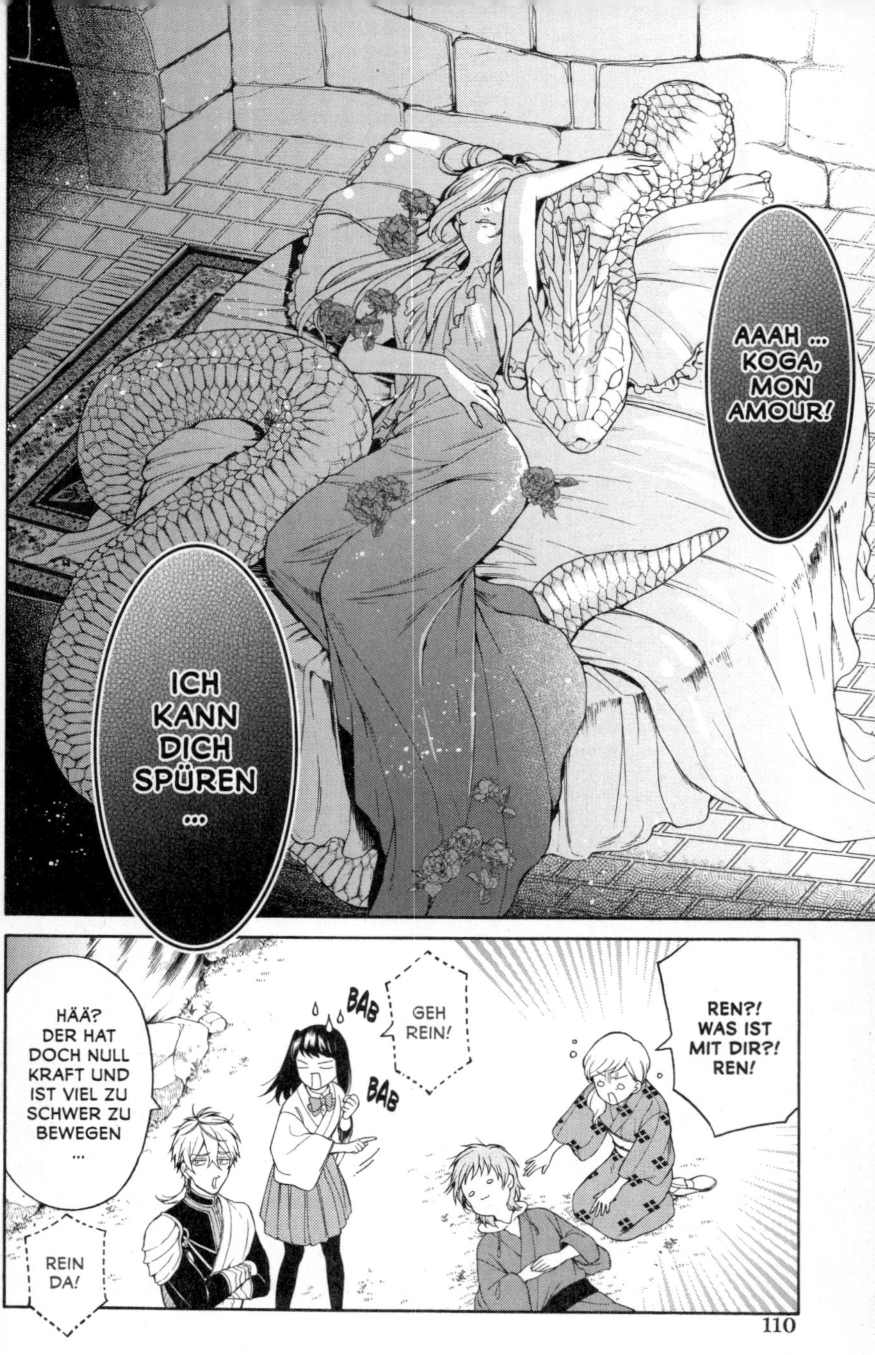
AAAH ... KOGA, MON AMOUR!
ICH KANN DICH SPÜREN ...
REN?! WAS IST MIT DIR?! REN!
GEH REIN!
BAB
BAB
HÄÄ? DER HAT DOCH NULL KRAFT UND IST VIEL ZU SCHWER ZU BEWEGEN ...
REIN DA!

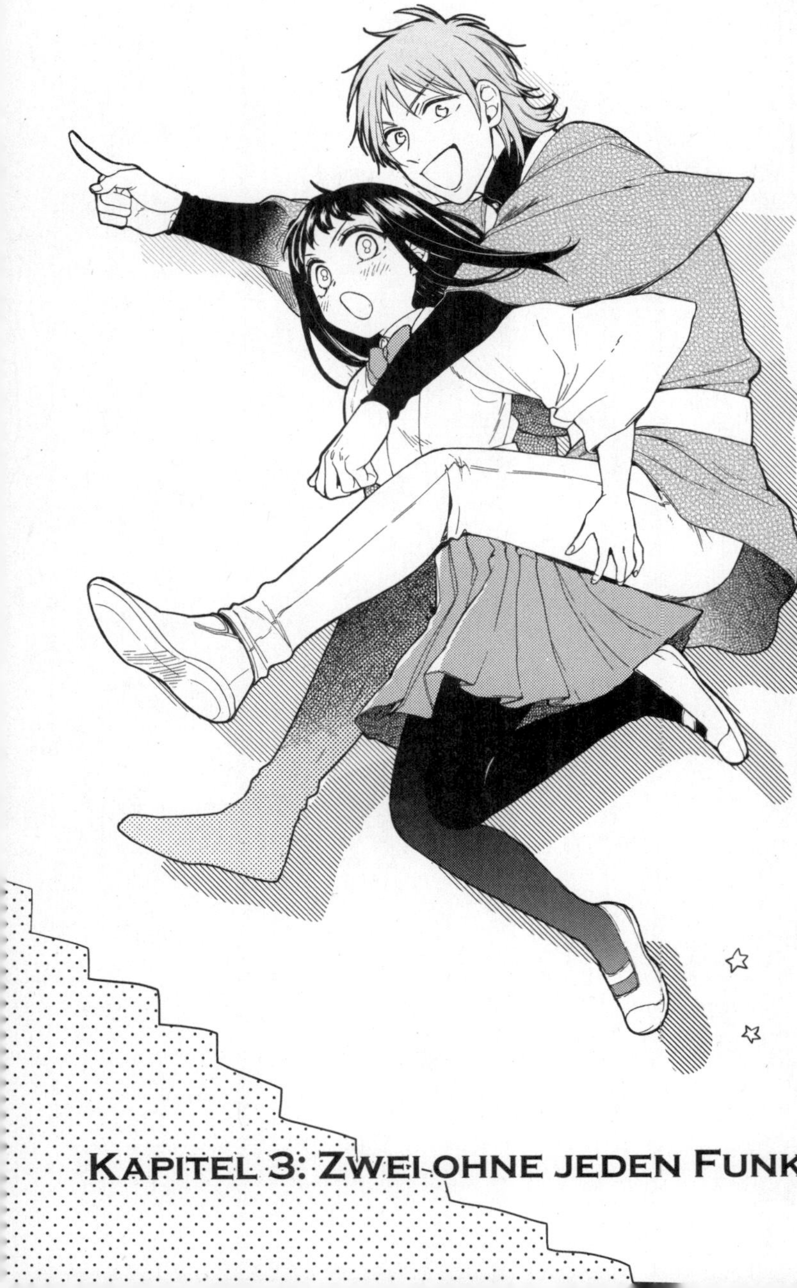

Kapitel 3: Zwei ohne jeden Funken

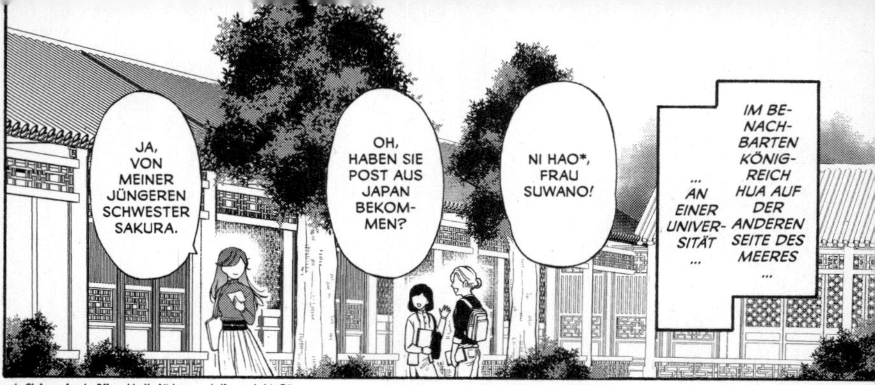

* Chinesisch für „Hallo!" bzw. „Wie geht's?"

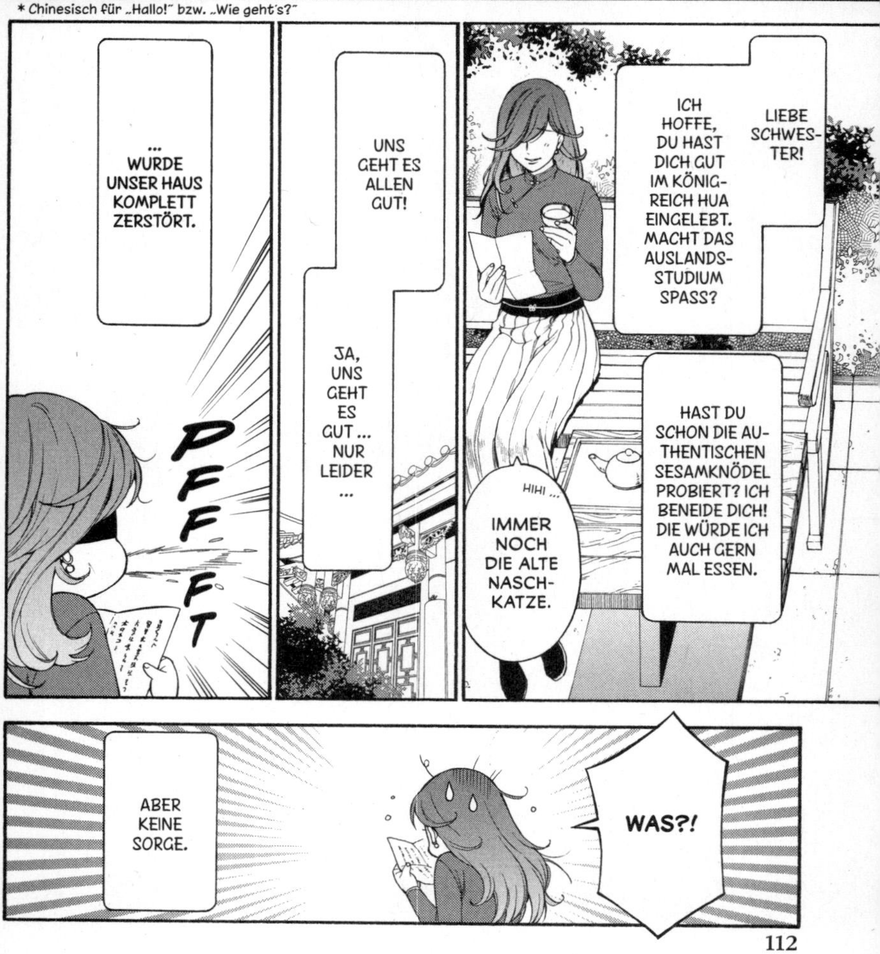

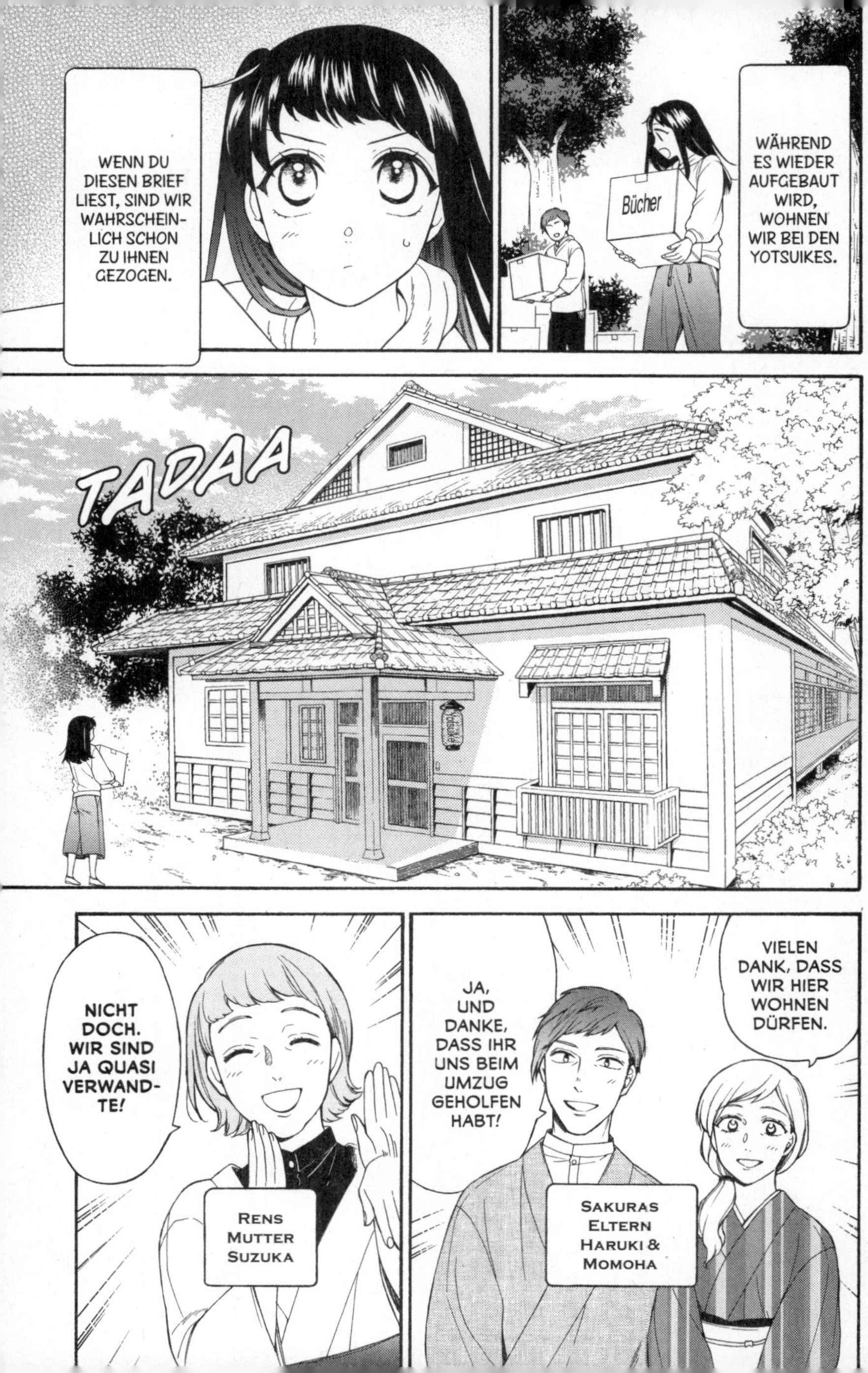
WÄHREND ES WIEDER AUFGEBAUT WIRD, WOHNEN WIR BEI DEN YOTSUIKES.
Bücher
WENN DU DIESEN BRIEF LIEST, SIND WIR WAHRSCHEIN-LICH SCHON ZU IHNEN GEZOGEN.
TADAA
VIELEN DANK, DASS WIR HIER WOHNEN DÜRFEN.
JA, UND DANKE, DASS IHR UNS BEIM UMZUG GEHOLFEN HABT!
SAKURAS ELTERN HARUKI & MOMOHA
NICHT DOCH. WIR SIND JA QUASI VERWAND-TE!
RENS MUTTER SUZUKA

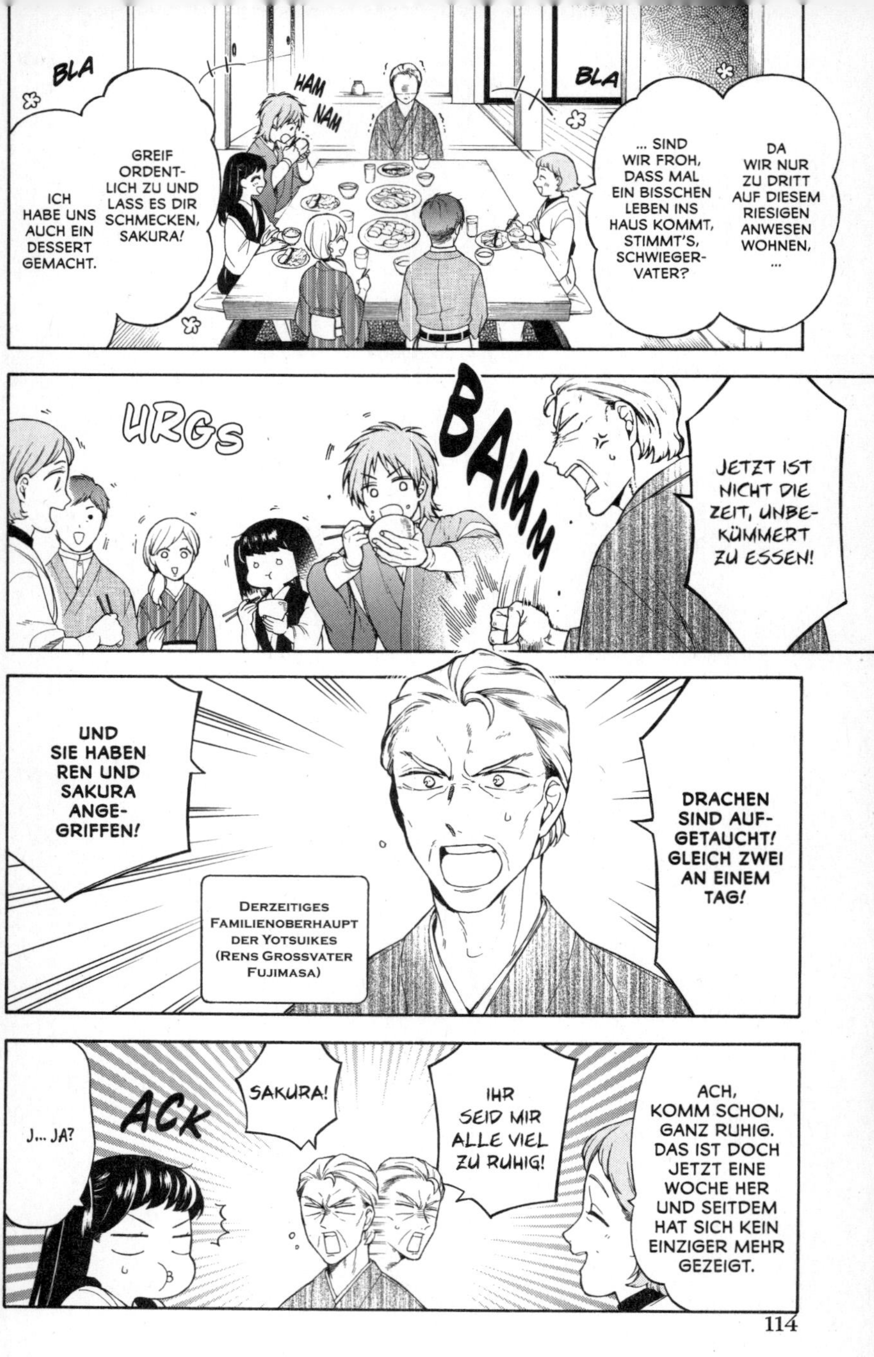
BLA
BLA
HAM NAM
DA WIR NUR ZU DRITT AUF DIESEM RIESIGEN ANWESEN WOHNEN, ...
... SIND WIR FROH, DASS MAL EIN BISSCHEN LEBEN INS HAUS KOMMT, STIMMT'S, SCHWIEGERVATER?
GREIF ORDENTLICH ZU UND LASS ES DIR SCHMECKEN, SAKURA!
ICH HABE UNS AUCH EIN DESSERT GEMACHT.
JETZT IST NICHT DIE ZEIT, UNBEKÜMMERT ZU ESSEN!
BAMM
URGS
DRACHEN SIND AUFGETAUCHT! GLEICH ZWEI AN EINEM TAG!
UND SIE HABEN REN UND SAKURA ANGEGRIFFEN!
Derzeitiges Familienoberhaupt der Yotsuikes (Rens Grossvater Fujimasa)
ACH, KOMM SCHON, GANZ RUHIG. DAS IST DOCH JETZT EINE WOCHE HER UND SEITDEM HAT SICH KEIN EINZIGER MEHR GEZEIGT.
IHR SEID MIR ALLE VIEL ZU RUHIG!
SAKURA!
ACK
J... JA?

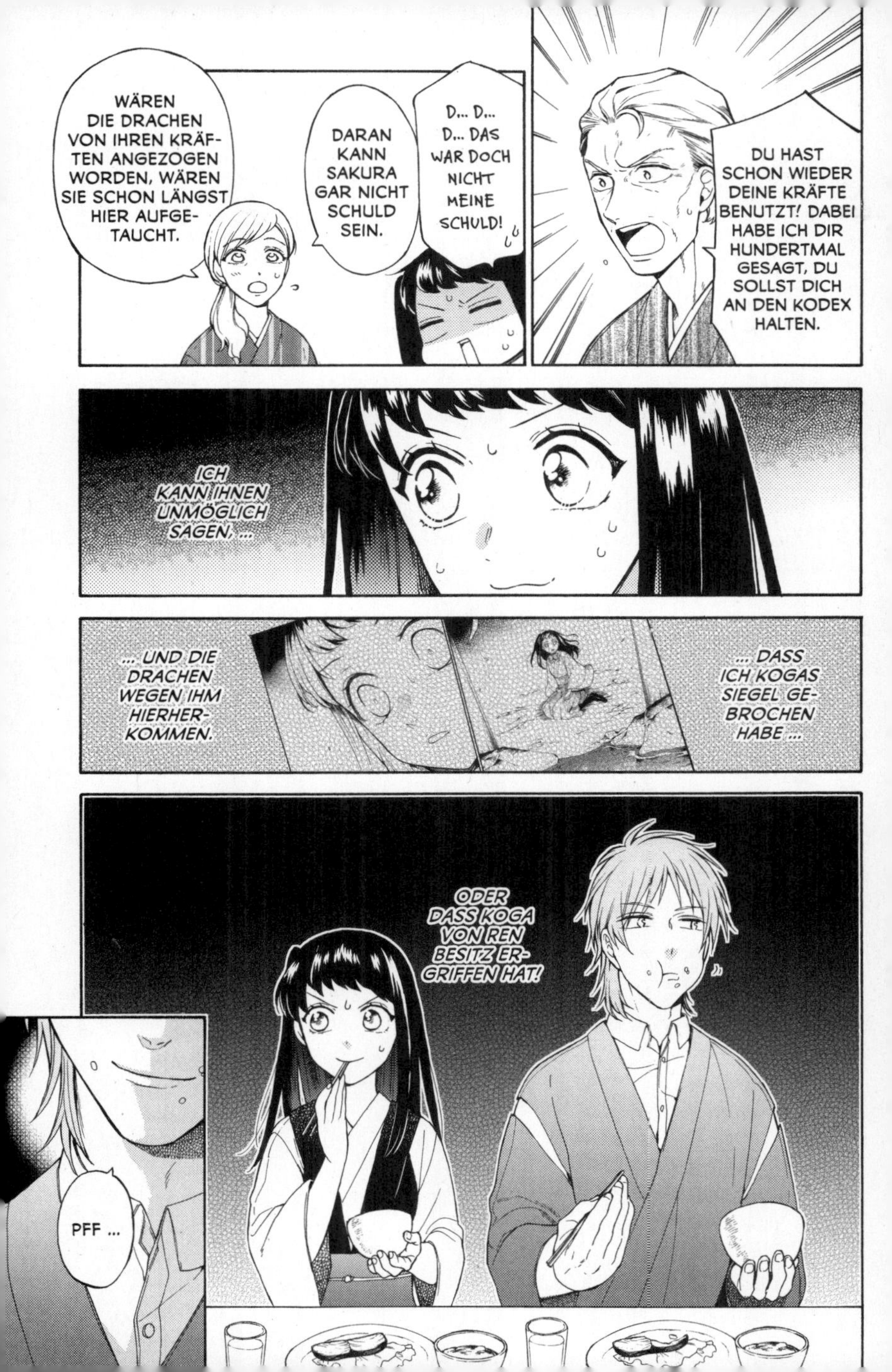
DU HAST SCHON WIEDER DEINE KRÄFTE BENUTZT! DABEI HABE ICH DIR HUNDERTMAL GESAGT, DU SOLLST DICH AN DEN KODEX HALTEN.
D... D... D... DAS WAR DOCH NICHT MEINE SCHULD!
DARAN KANN SAKURA GAR NICHT SCHULD SEIN.
WÄREN DIE DRACHEN VON IHREN KRÄFTEN ANGEZOGEN WORDEN, WÄREN SIE SCHON LÄNGST HIER AUFGETAUCHT.
ICH KANN IHNEN UNMÖGLICH SAGEN, ...
... DASS ICH KOGAS SIEGEL GEBROCHEN HABE ...
... UND DIE DRACHEN WEGEN IHM HIERHERKOMMEN.
ODER DASS KOGA VON REN BESITZ ERGRIFFEN HAT!
PFF ...

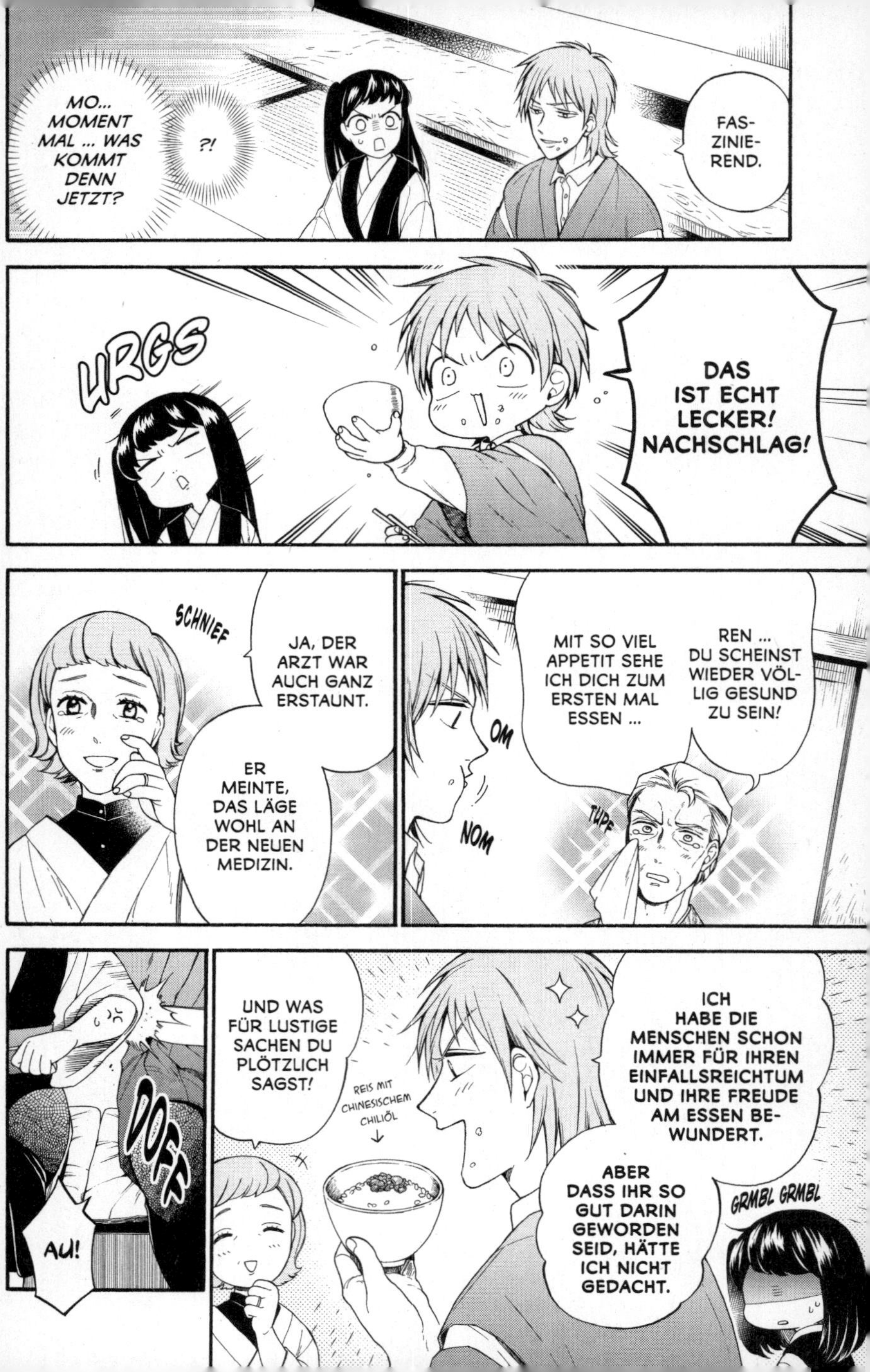
FAS-
ZINIE-
REND.
?!
MO... MOMENT MAL ... WAS KOMMT DENN JETZT?
DAS IST ECHT LECKER! NACHSCHLAG!
URGS
REN ... DU SCHEINST WIEDER VÖL-
LIG GESUND ZU SEIN!
MIT SO VIEL APPETIT SEHE ICH DICH ZUM ERSTEN MAL ESSEN ...
TUPF
OM
NOM
JA, DER ARZT WAR AUCH GANZ ERSTAUNT.
SCHNIEF
ER MEINTE, DAS LÄGE WOHL AN DER NEUEN MEDIZIN.
ICH HABE DIE MENSCHEN SCHON IMMER FÜR IHREN EINFALLSREICHTUM UND IHRE FREUDE AM ESSEN BE-
WUNDERT.
ABER DASS IHR SO GUT DARIN GEWORDEN SEID, HÄTTE ICH NICHT GEDACHT.
GRMBL GRMBL
UND WAS FÜR LUSTIGE SACHEN DU PLÖTZLICH SAGST!
REIS MIT CHINESISCHEM CHILIÖL
DOFF
AU!

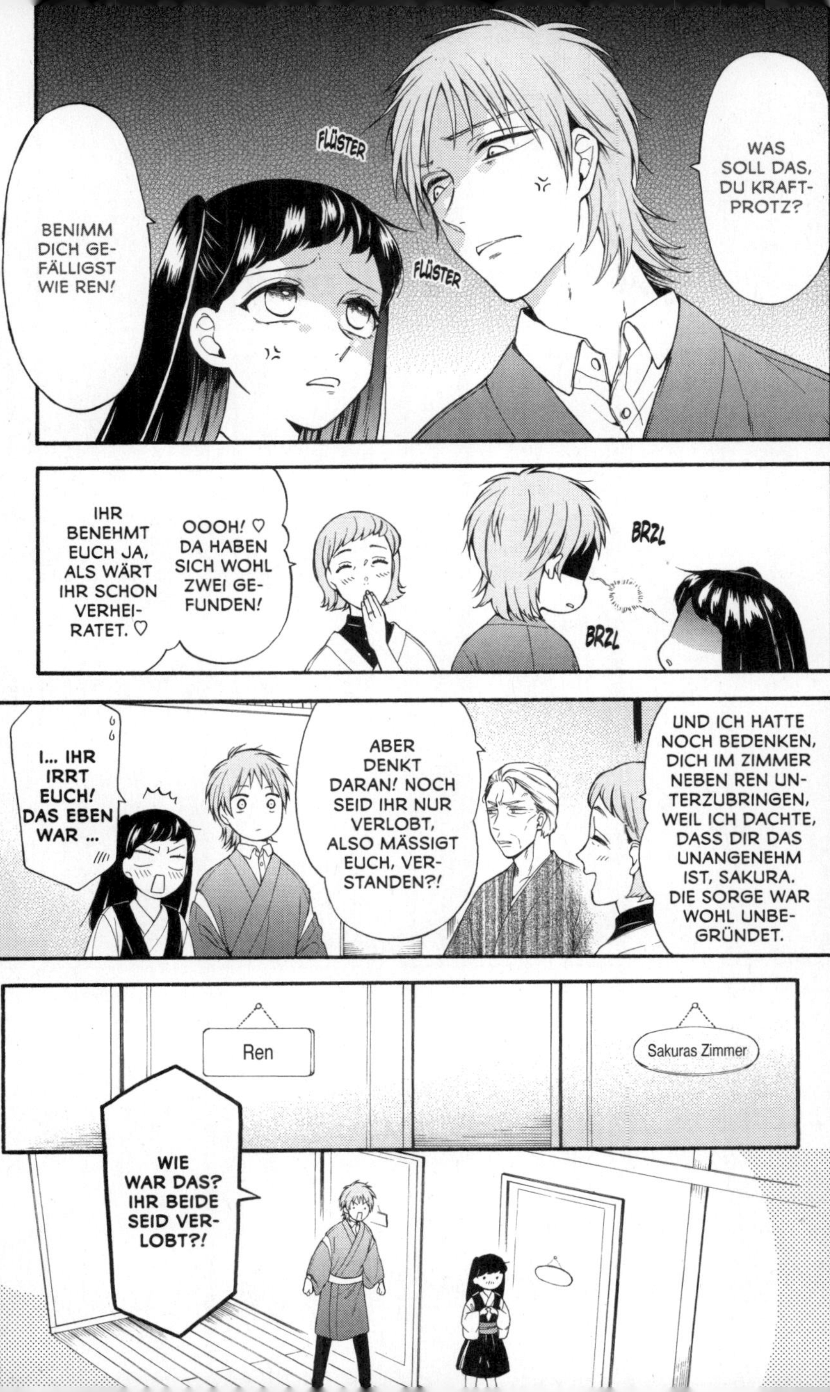
WAS SOLL DAS, DU KRAFTPROTZ?
FLÜSTER
FLÜSTER
BENIMM DICH GEFÄLLIGST WIE REN!
BRZL
BRZL
OOOH! ♡ DA HABEN SICH WOHL ZWEI GEFUNDEN!
IHR BENEHMT EUCH JA, ALS WÄRT IHR SCHON VERHEIRATET. ♡
UND ICH HATTE NOCH BEDENKEN, DICH IM ZIMMER NEBEN REN UNTERZUBRINGEN, WEIL ICH DACHTE, DASS DIR DAS UNANGENEHM IST, SAKURA. DIE SORGE WAR WOHL UNBEGRÜNDET.
ABER DENKT DARAN! NOCH SEID IHR NUR VERLOBT, ALSO MÄSSIGT EUCH, VERSTANDEN?!
I... IHR IRRT EUCH! DAS EBEN WAR ...
Sakuras Zimmer
Ren
WIE WAR DAS? IHR BEIDE SEID VERLOBT?!

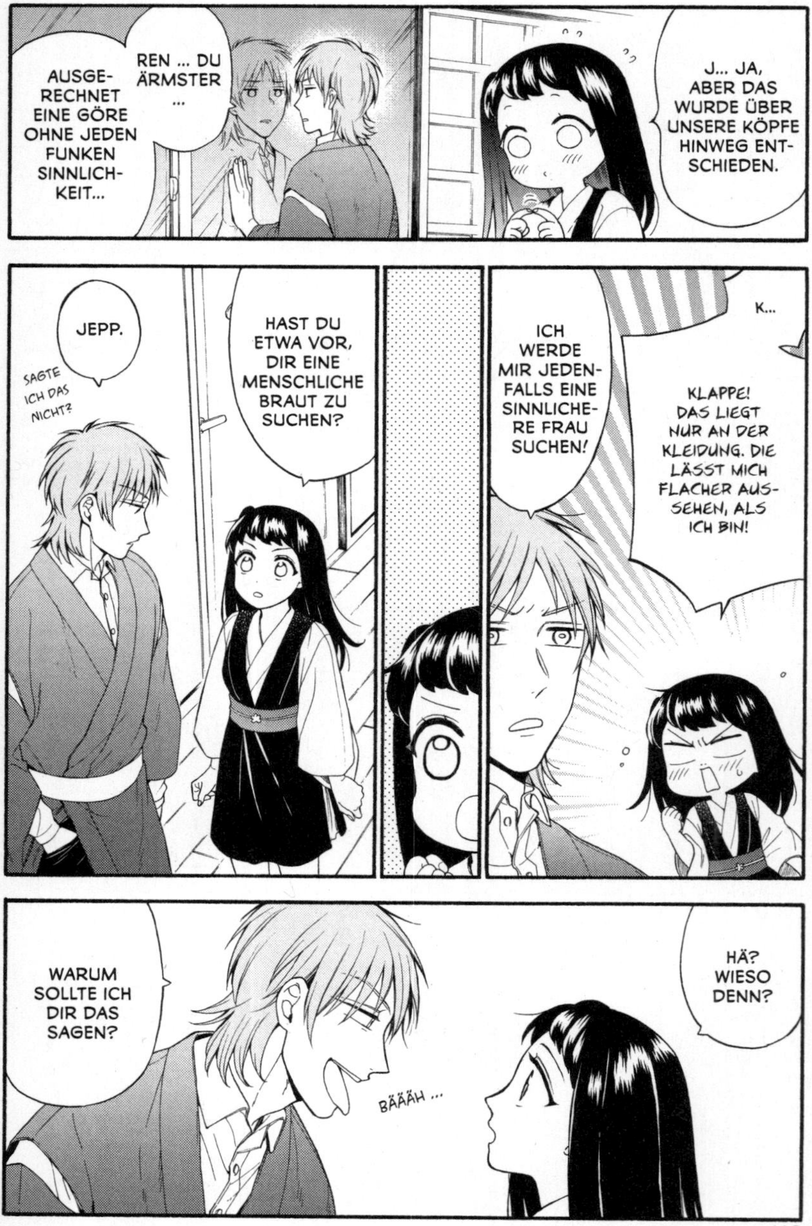
J... JA, ABER DAS WURDE ÜBER UNSERE KÖPFE HINWEG ENTSCHIEDEN.
REN ... DU ÄRMSTER ...
AUSGERECHNET EINE GÖRE OHNE JEDEN FUNKEN SINNLICHKEIT...
ICH WERDE MIR JEDENFALLS EINE SINNLICHERE FRAU SUCHEN!
K...
KLAPPE! DAS LIEGT NUR AN DER KLEIDUNG. DIE LÄSST MICH FLACHER AUSSEHEN, ALS ICH BIN!
HAST DU ETWA VOR, DIR EINE MENSCHLICHE BRAUT ZU SUCHEN?
JEPP.
SAGTE ICH DAS NICHT?
HÄ? WIESO DENN?
WARUM SOLLTE ICH DIR DAS SAGEN?
BÄÄÄH ...

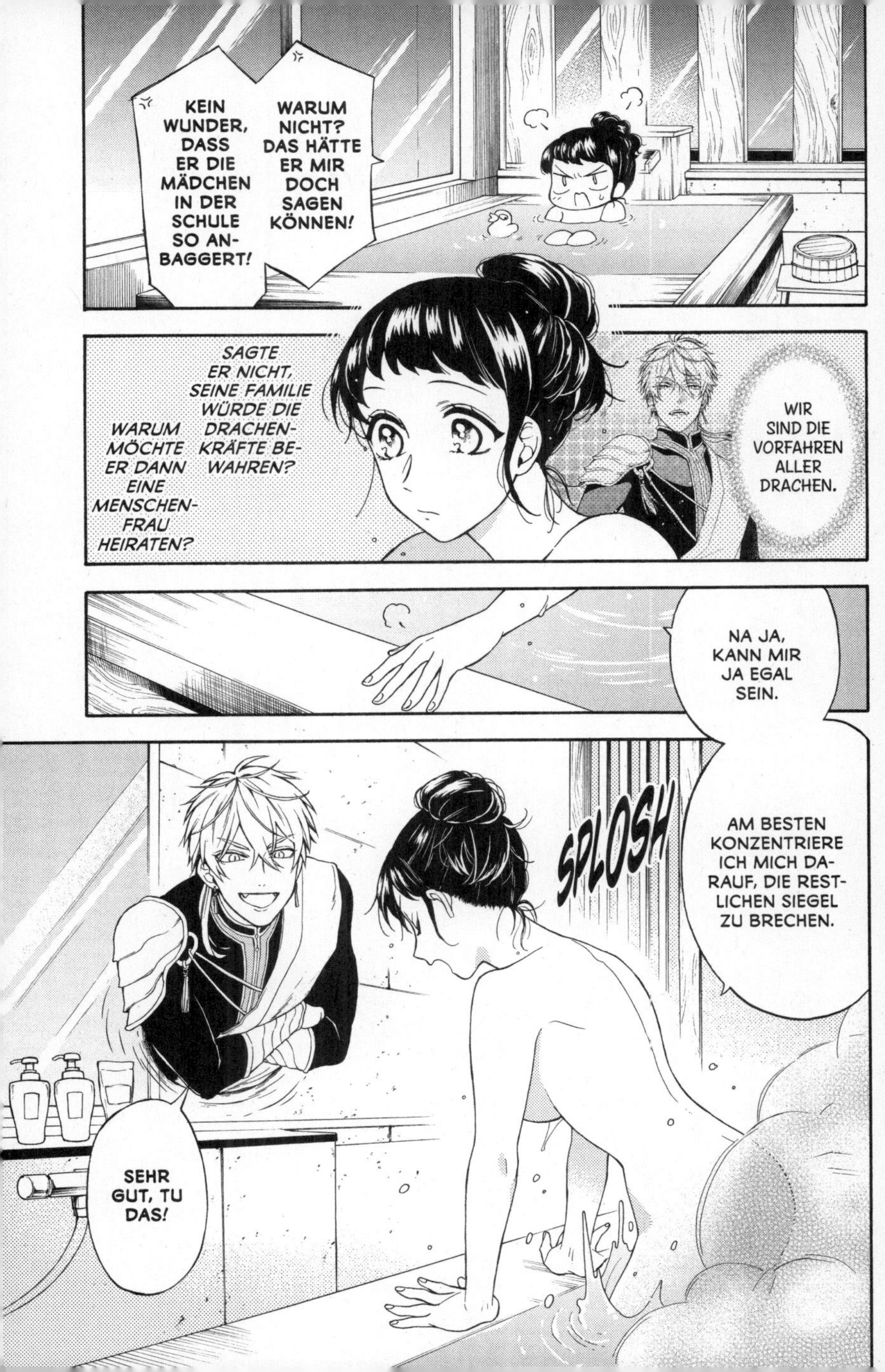
WARUM NICHT? DAS HÄTTE ER MIR DOCH SAGEN KÖNNEN!
KEIN WUNDER, DASS ER DIE MÄDCHEN IN DER SCHULE SO ANBAGGERT!
WIR SIND DIE VORFAHREN ALLER DRACHEN.
SAGTE ER NICHT, SEINE FAMILIE WÜRDE DIE DRACHENKRÄFTE BEWAHREN?
WARUM MÖCHTE ER DANN EINE MENSCHENFRAU HEIRATEN?
NA JA, KANN MIR JA EGAL SEIN.
AM BESTEN KONZENTRIERE ICH MICH DARAUF, DIE RESTLICHEN SIEGEL ZU BRECHEN.
SPLOSH
SEHR GUT, TU DAS!

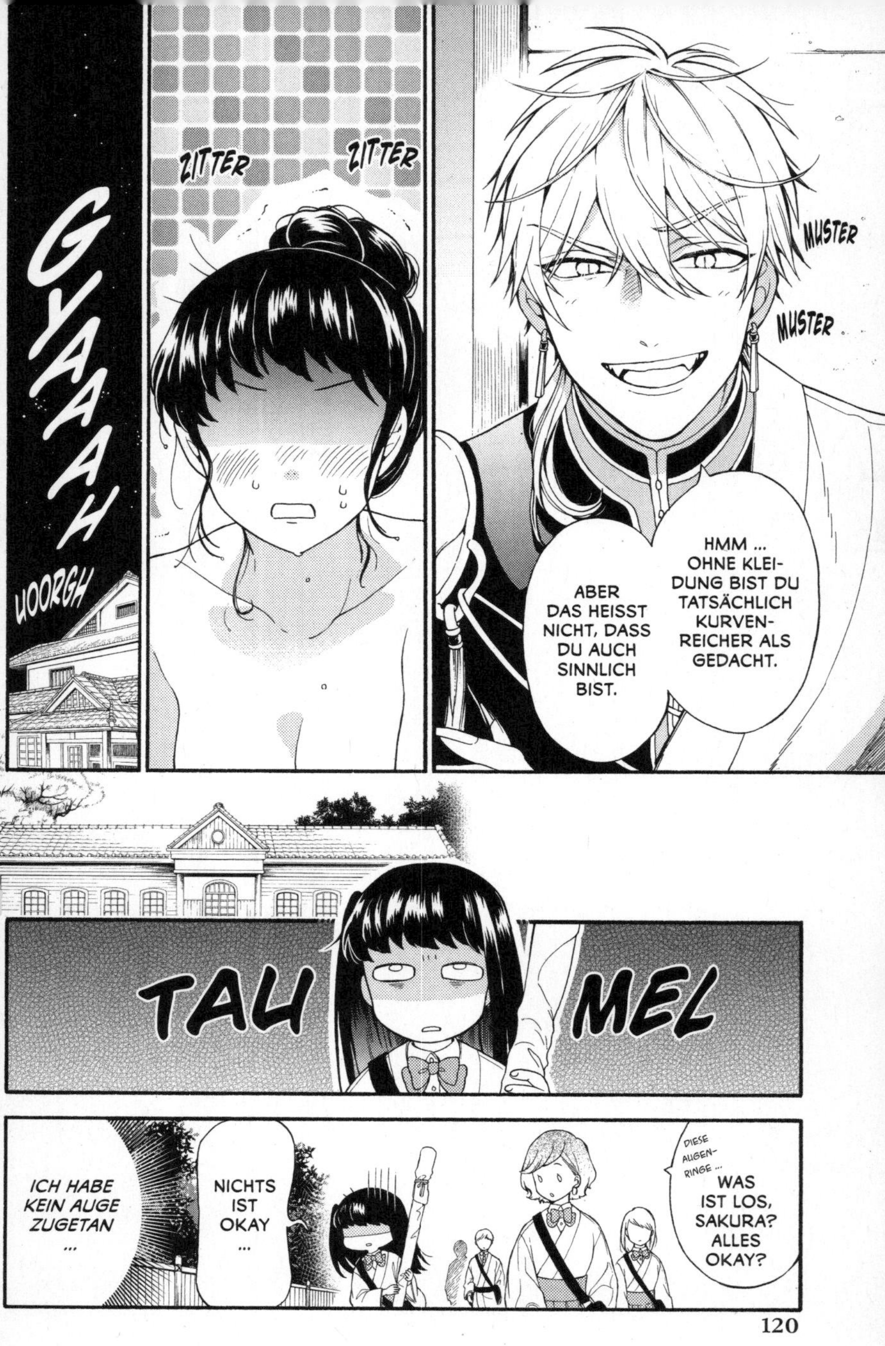
MUSTER
MUSTER
HMM ... OHNE KLEI-DUNG BIST DU TATSÄCHLICH KURVEN-REICHER ALS GEDACHT.
ABER DAS HEISST NICHT, DASS DU AUCH SINNLICH BIST.
ZITTER
ZITTER
GYAAAAH
UOORGH
TAU MEL
DIESE AUGEN-RINGE ...
WAS IST LOS, SAKURA? ALLES OKAY?
NICHTS IST OKAY ...
ICH HABE KEIN AUGE ZUGETAN ...

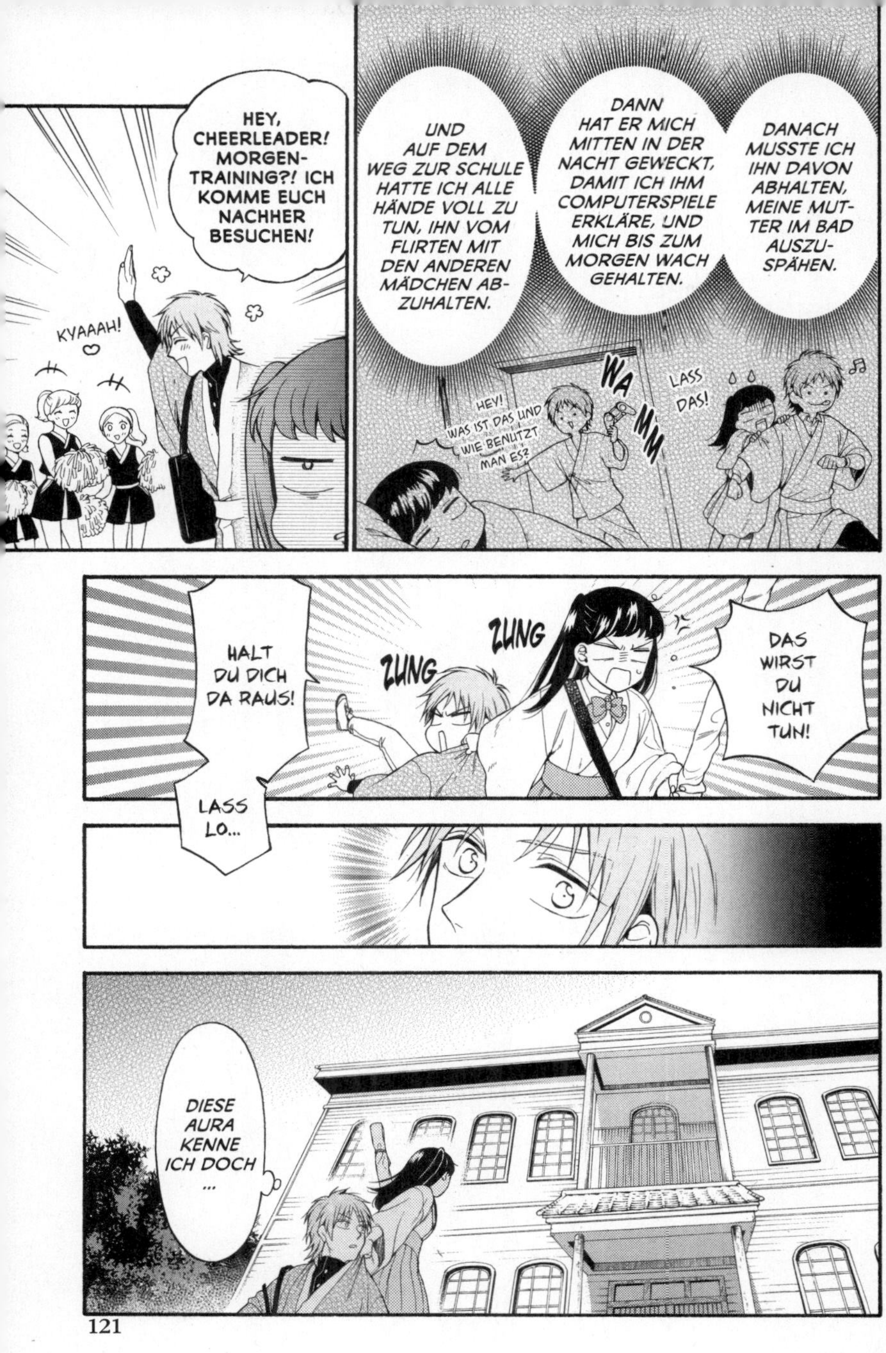
DANACH MUSSTE ICH IHN DAVON ABHALTEN, MEINE MUTTER IM BAD AUSZUSPÄHEN.
DANN HAT ER MICH MITTEN IN DER NACHT GEWECKT, DAMIT ICH IHM COMPUTERSPIELE ERKLÄRE, UND MICH BIS ZUM MORGEN WACH GEHALTEN.
UND AUF DEM WEG ZUR SCHULE HATTE ICH ALLE HÄNDE VOLL ZU TUN, IHN VOM FLIRTEN MIT DEN ANDEREN MÄDCHEN ABZUHALTEN.
LASS DAS!
WAMM
HEY! WAS IST DAS UND WIE BENUTZT MAN ES?
HEY, CHEERLEADER! MORGEN-TRAINING?! ICH KOMME EUCH NACHHER BESUCHEN!
KYAAAH!
DAS WIRST DU NICHT TUN!
ZUNG
ZUNG
HALT DU DICH DA RAUS!
LASS LO...
DIESE AURA KENNE ICH DOCH ...

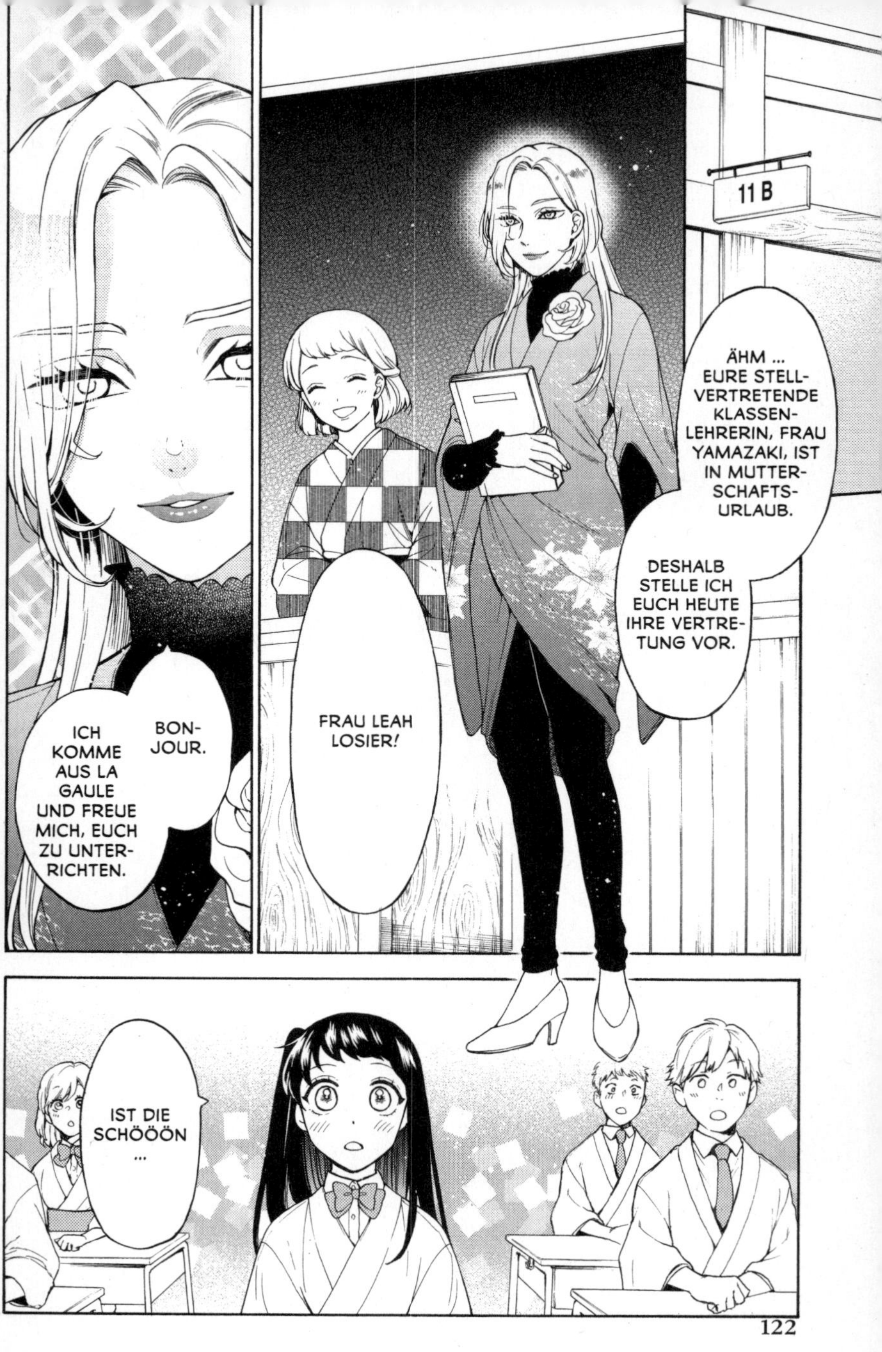
11 B
ÄHM … EURE STELL-VERTRETENDE KLASSEN-LEHRERIN, FRAU YAMAZAKI, IST IN MUTTER-SCHAFTS-URLAUB.
DESHALB STELLE ICH EUCH HEUTE IHRE VERTRE-TUNG VOR.
FRAU LEAH LOSIER!
BON-JOUR.
ICH KOMME AUS LA GAULE UND FREUE MICH, EUCH ZU UNTER-RICHTEN.
IST DIE SCHÖÖÖN …

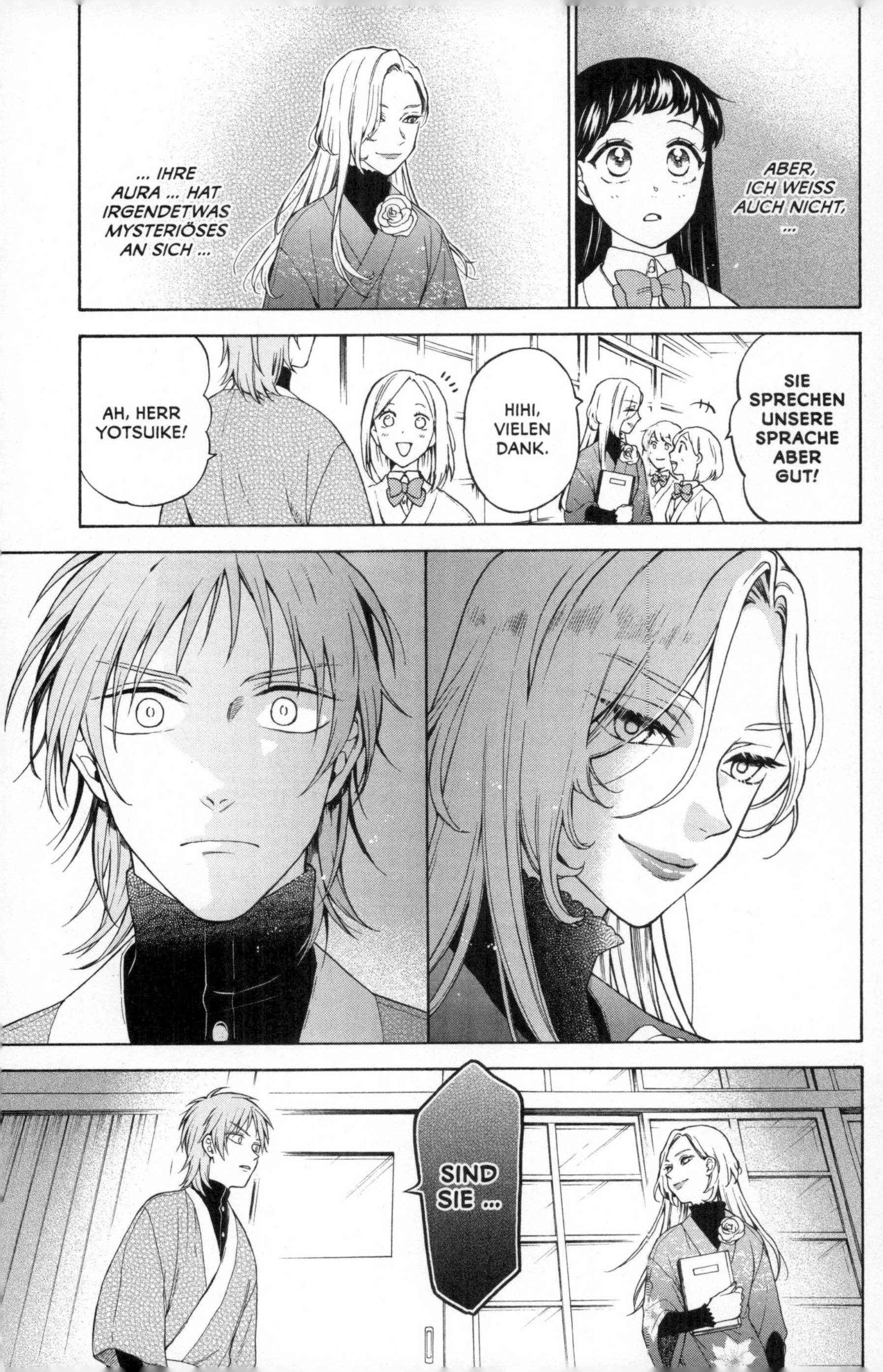
ABER, ICH WEISS AUCH NICHT, ...
... IHRE AURA ... HAT IRGENDETWAS MYSTERIÖSES AN SICH ...
SIE SPRECHEN UNSERE SPRACHE ABER GUT!
HIHI, VIELEN DANK.
AH, HERR YOTSUIKE!
SIND SIE ...

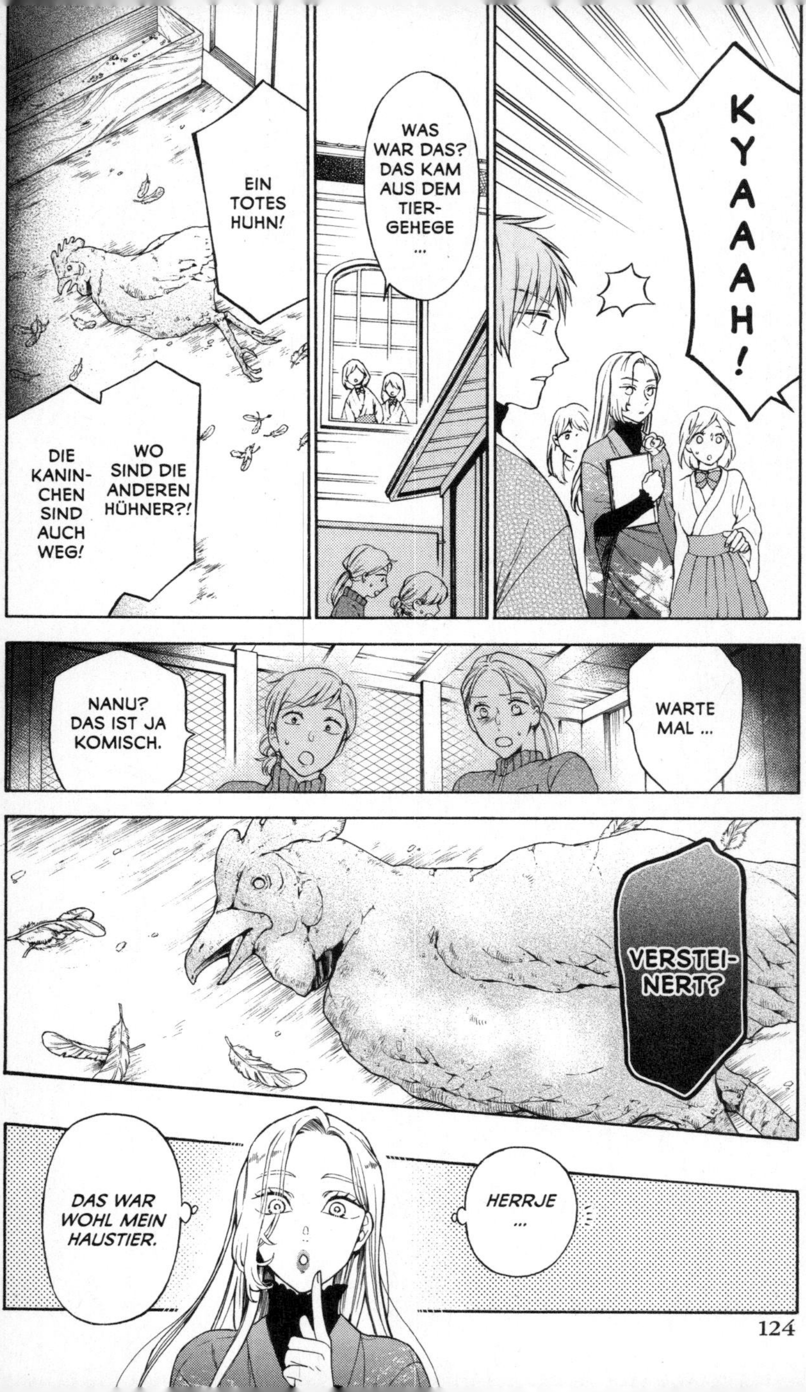
KYAAAAH!
WAS WAR DAS? DAS KAM AUS DEM TIER-GEHEGE ...
EIN TOTES HUHN!
WO SIND DIE ANDEREN HÜHNER?!
DIE KANIN-CHEN SIND AUCH WEG!
WARTE MAL ...
NANU? DAS IST JA KOMISCH.
VERSTEI-NERT?
HERRJE ...
DAS WAR WOHL MEIN HAUSTIER.

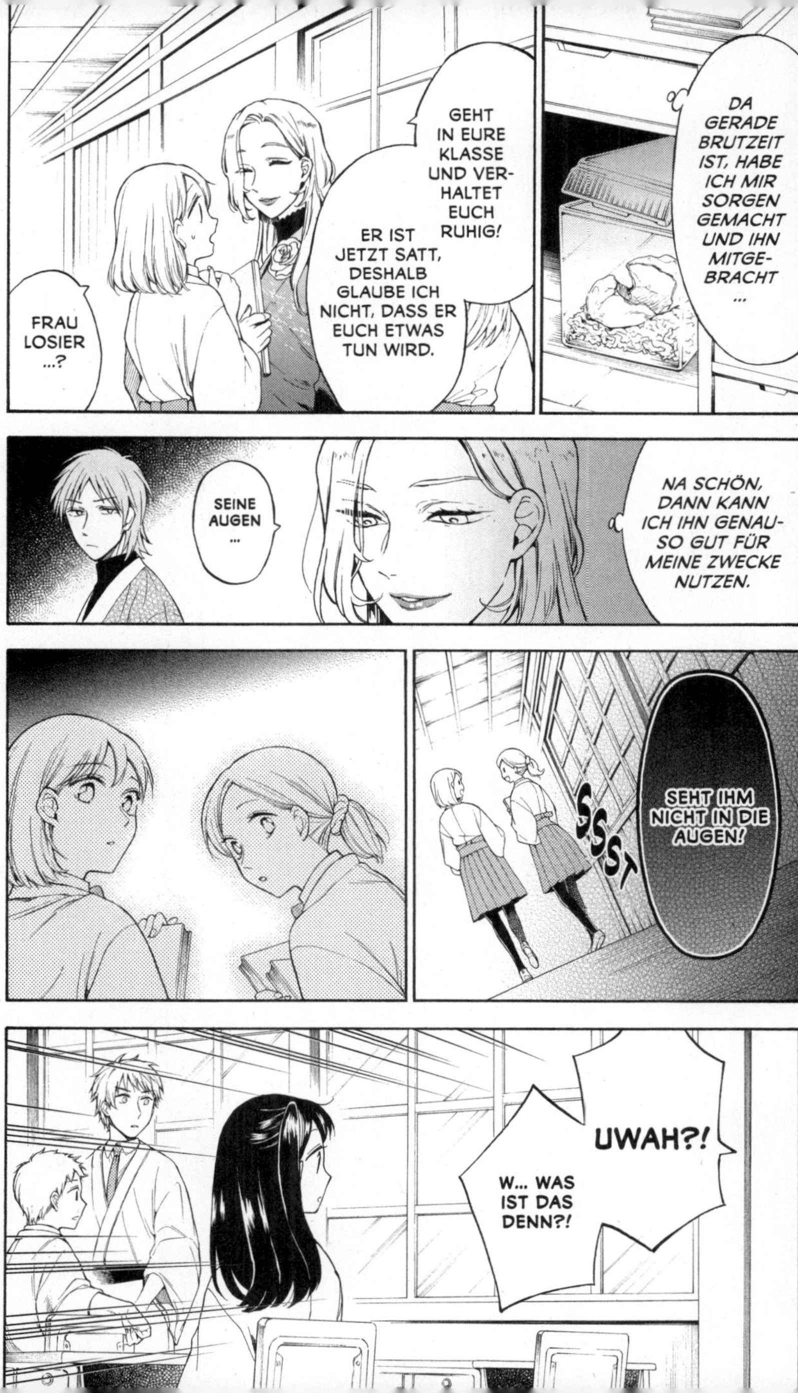
DA GERADE BRUTZEIT IST, HABE ICH MIR SORGEN GEMACHT UND IHN MITGEBRACHT ...
GEHT IN EURE KLASSE UND VERHALTET EUCH RUHIG!
ER IST JETZT SATT, DESHALB GLAUBE ICH NICHT, DASS ER EUCH ETWAS TUN WIRD.
FRAU LOSIER ...?
NA SCHÖN, DANN KANN ICH IHN GENAUSO GUT FÜR MEINE ZWECKE NUTZEN.
SEINE AUGEN ...
SEHT IHM NICHT IN DIE AUGEN!
SSST
UWAH?!
W... WAS IST DAS DENN?!

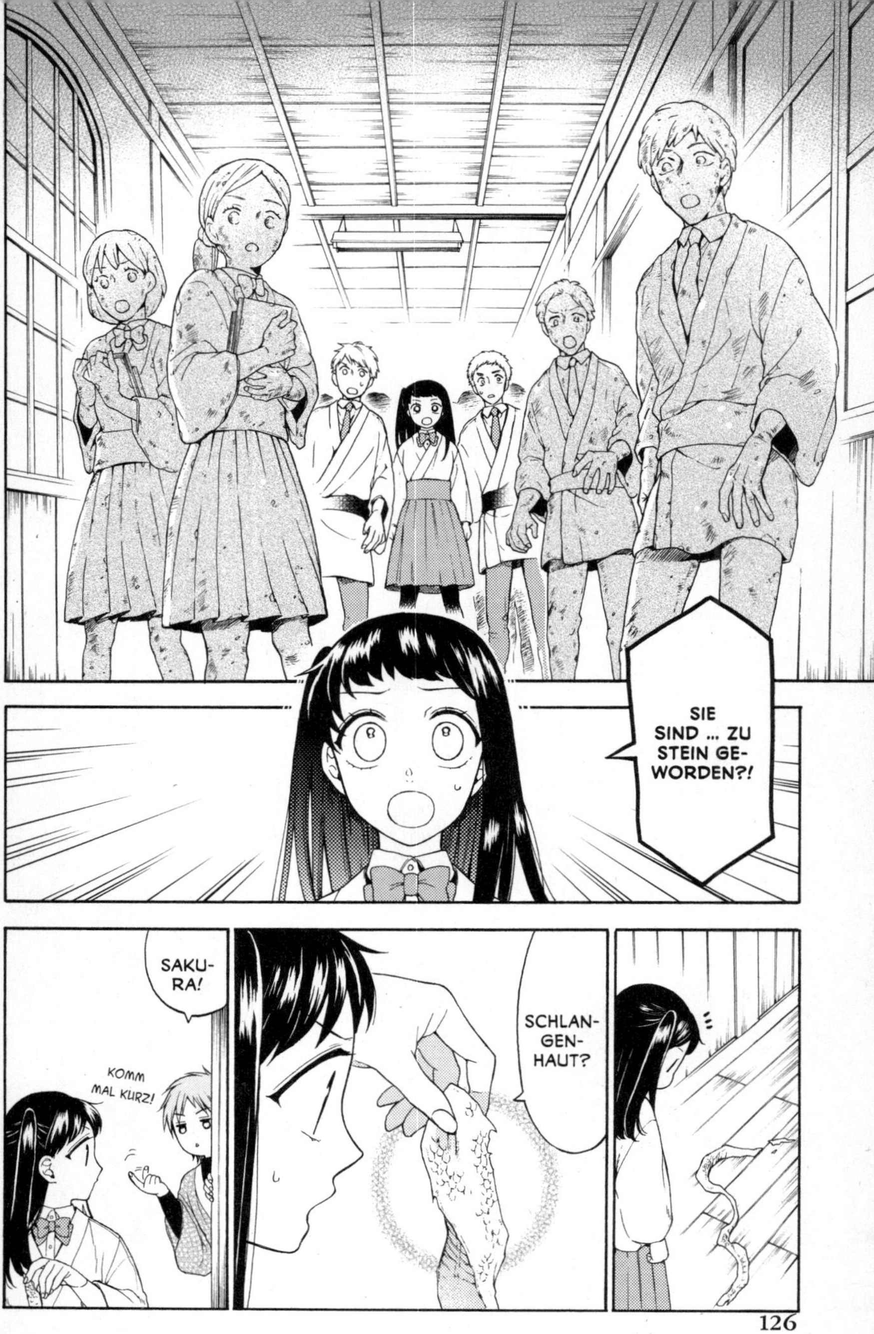
SIE SIND ... ZU STEIN GE-WORDEN?!
SCHLAN-GEN-HAUT?
SAKU-RA!
KOMM MAL KURZ!

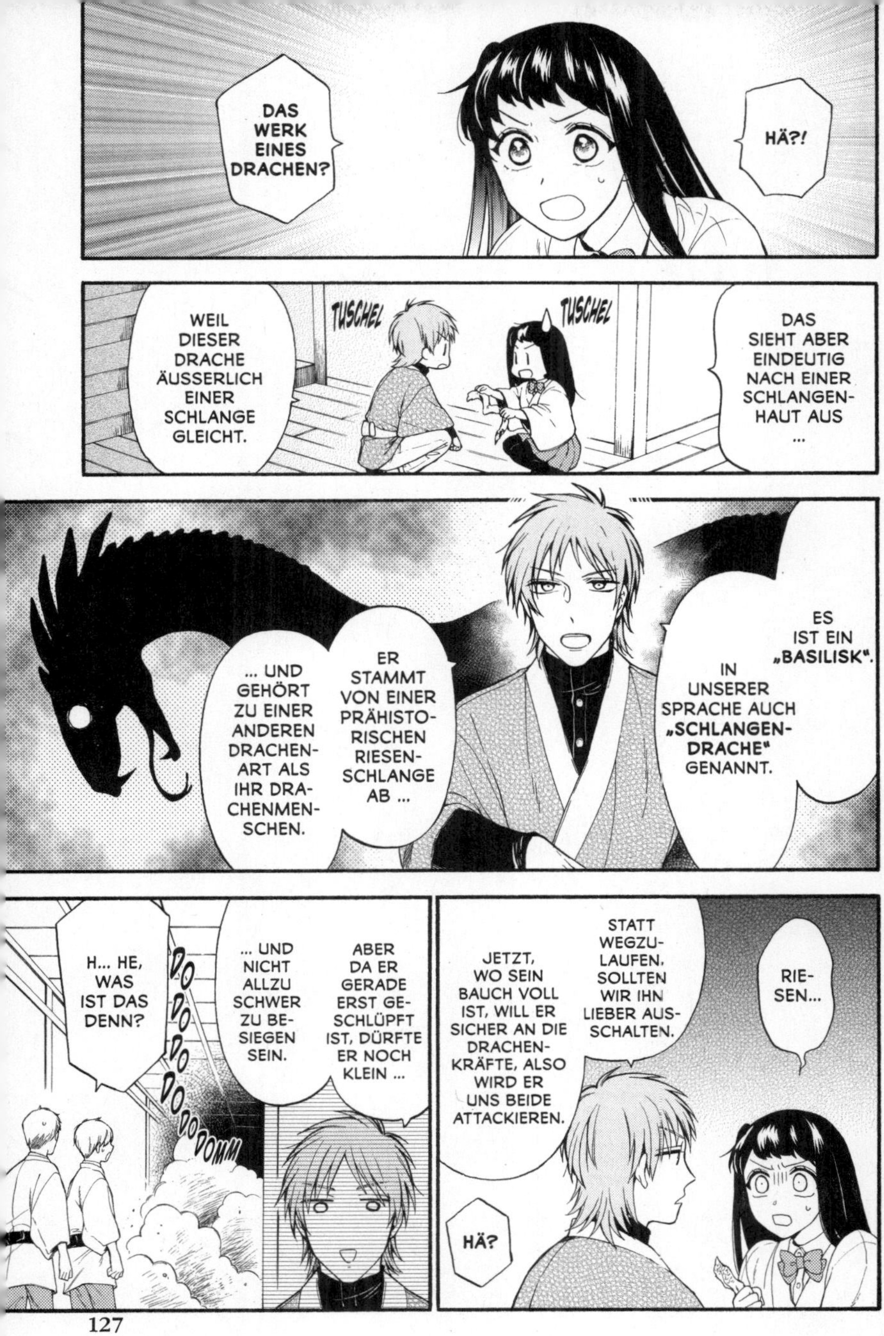
HÄ?!
DAS WERK EINES DRACHEN?
DAS SIEHT ABER EINDEUTIG NACH EINER SCHLANGENHAUT AUS ...
TUSCHEL
TUSCHEL
WEIL DIESER DRACHE ÄUSSERLICH EINER SCHLANGE GLEICHT.
ES IST EIN „BASILISK“.
IN UNSERER SPRACHE AUCH „SCHLANGENDRACHE“ GENANNT.
ER STAMMT VON EINER PRÄHISTORISCHEN RIESENSCHLANGE AB ...
... UND GEHÖRT ZU EINER ANDEREN DRACHENART ALS IHR DRACHENMENSCHEN.
RIESEN...
STATT WEGZULAUFEN. SOLLTEN WIR IHN LIEBER AUSSCHALTEN.
JETZT, WO SEIN BAUCH VOLL IST, WILL ER SICHER AN DIE DRACHENKRÄFTE, ALSO WIRD ER UNS BEIDE ATTACKIEREN.
HÄ?
ABER DA ER GERADE ERST GESCHLÜPFT IST, DÜRFTE ER NOCH KLEIN ...
... UND NICHT ALLZU SCHWER ZU BESIEGEN SEIN.
DODODODODODODOMM
H... HE, WAS IST DAS DENN?

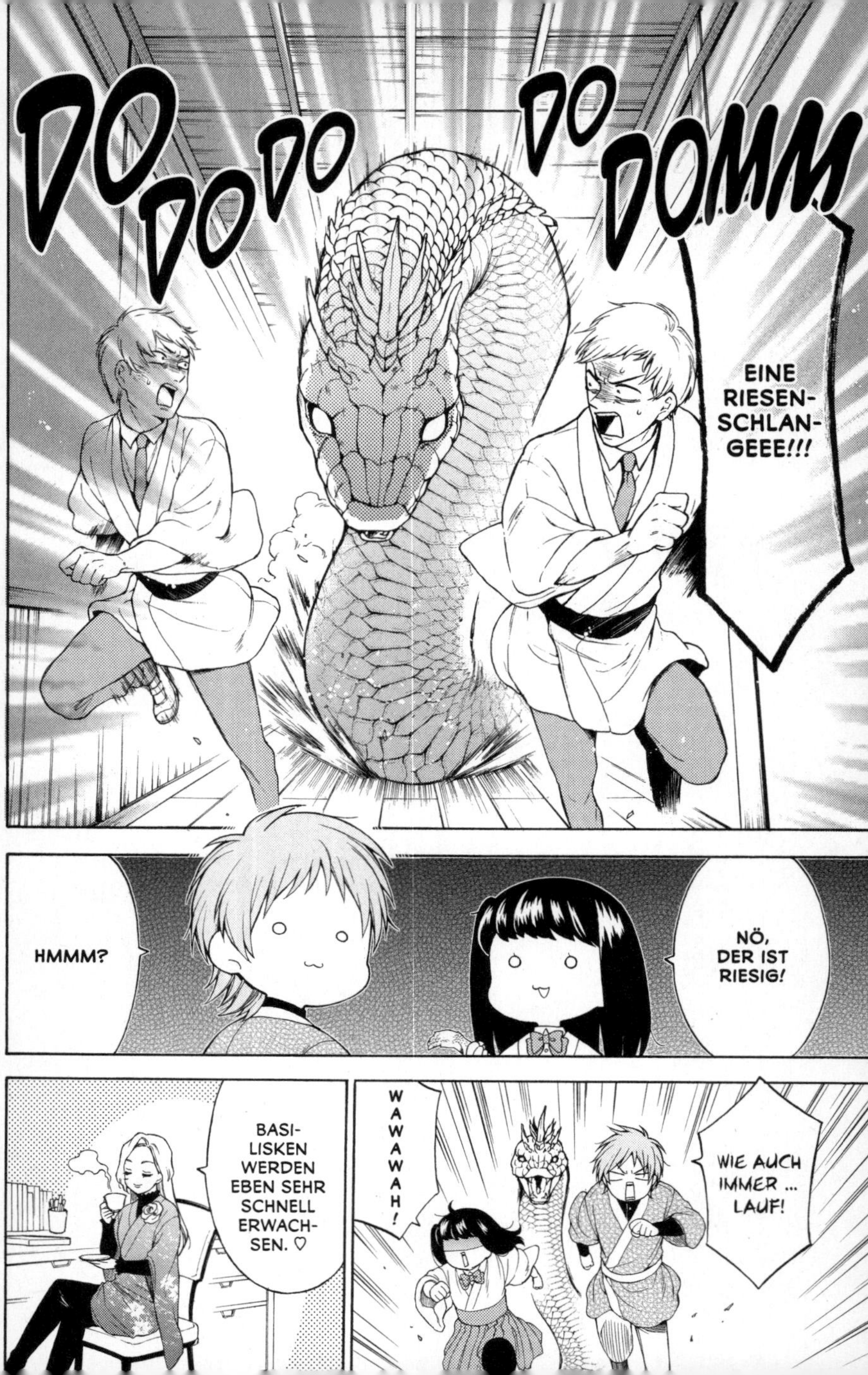
DO DO DO DO
DO DOMM
EINE RIESEN-SCHLAN-GEEE!!!
NÖ, DER IST RIESIG!
HMMM?
WIE AUCH IMMER ... LAUF!
WAWAWAWAH!
BASI-LISKEN WERDEN EBEN SEHR SCHNELL ERWACH-SEN. ♡

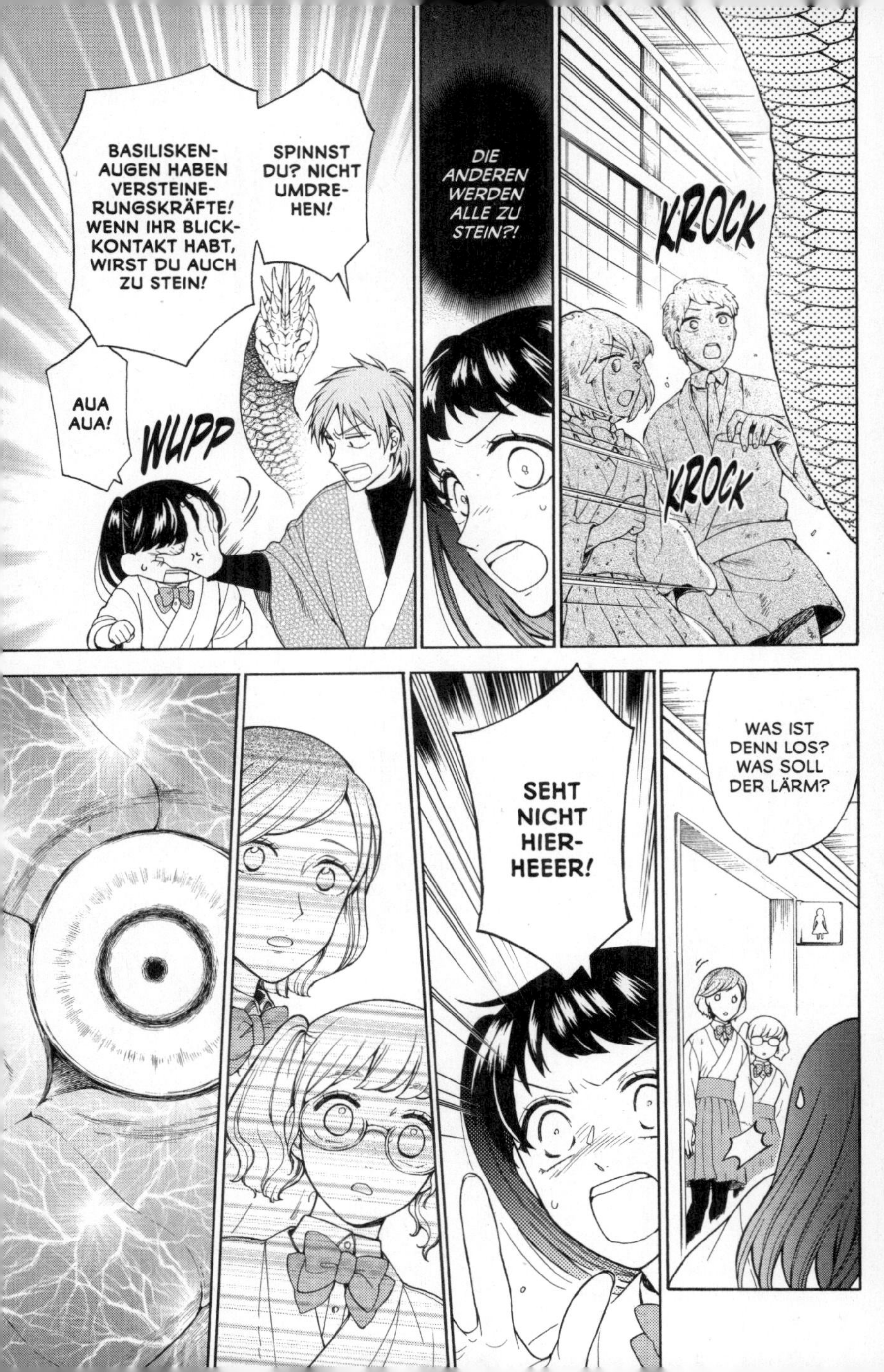
KROCK
KROCK
DIE ANDEREN WERDEN ALLE ZU STEIN?!
SPINNST DU? NICHT UMDREHEN!
BASILISKEN-AUGEN HABEN VERSTEINE-RUNGSKRÄFTE! WENN IHR BLICK-KONTAKT HABT, WIRST DU AUCH ZU STEIN!
AUA AUA!
WUPP
WAS IST DENN LOS? WAS SOLL DER LÄRM?
SEHT NICHT HIER-HEEER!

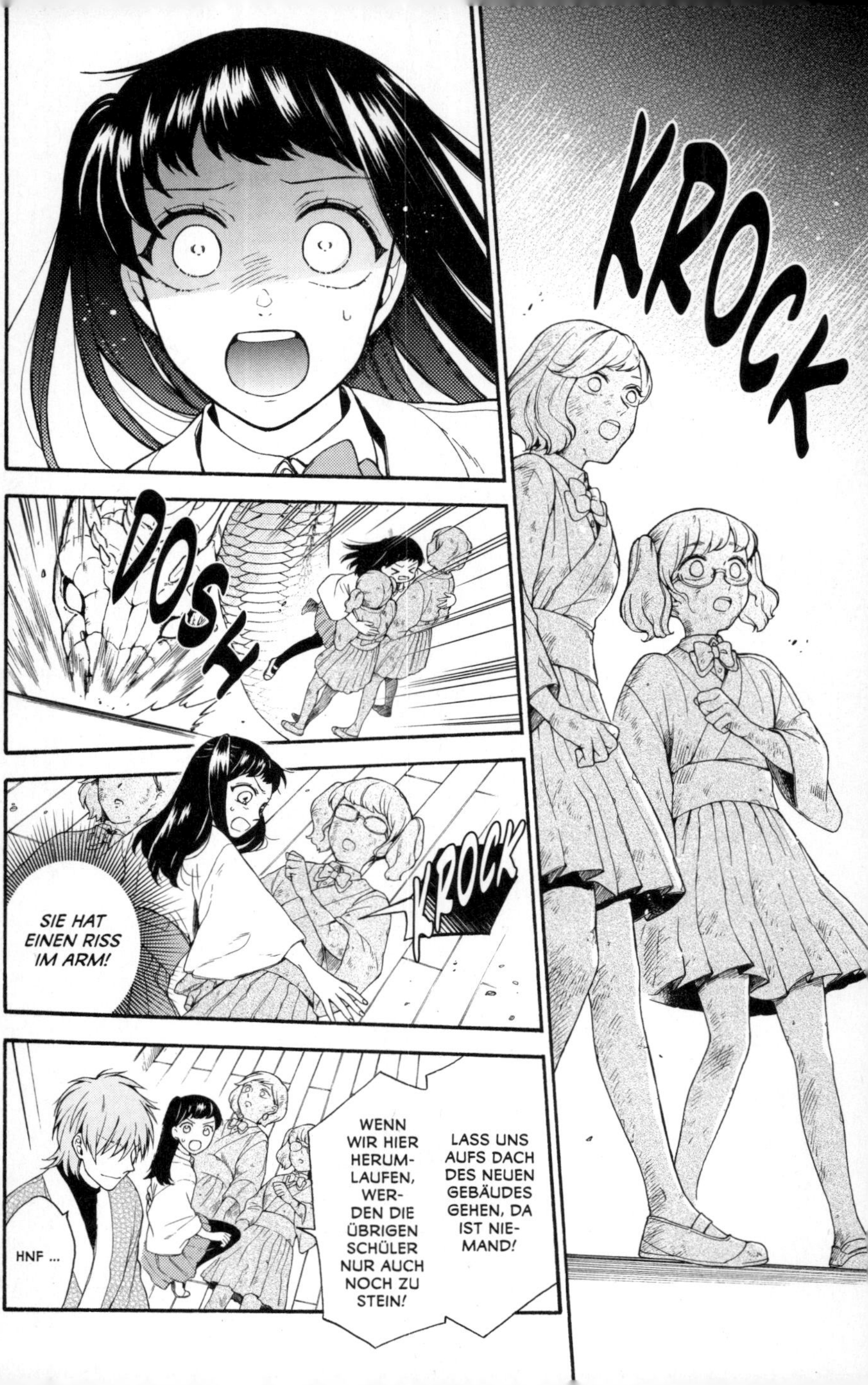
KROCK
DOSH
KROCK
SIE HAT EINEN RISS IM ARM!
LASS UNS AUFS DACH DES NEUEN GEBÄUDES GEHEN, DA IST NIEMAND!
WENN WIR HIER HERUMLAUFEN, WERDEN DIE ÜBRIGEN SCHÜLER NUR AUCH NOCH ZU STEIN!
HNF ...

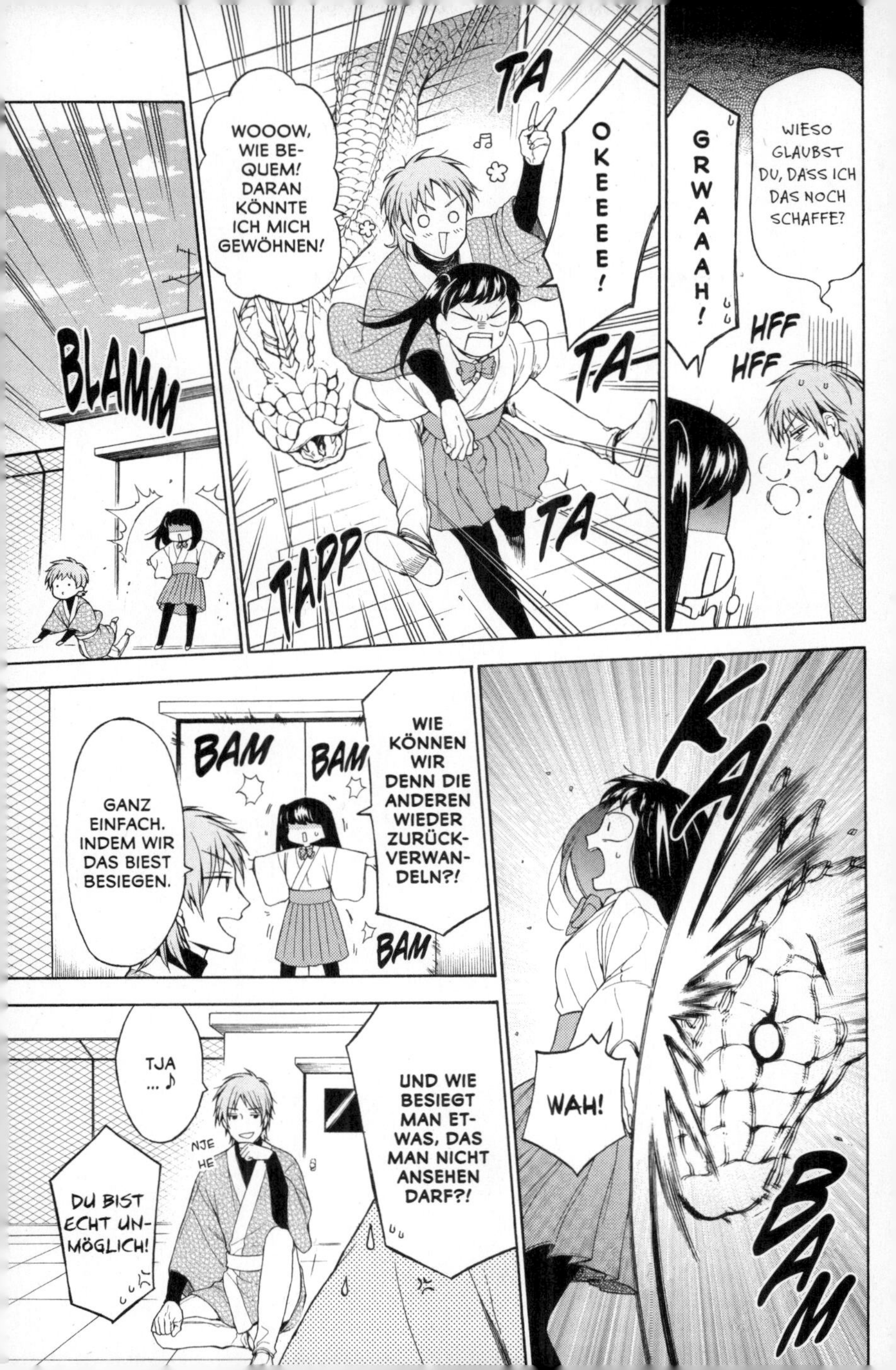

WIESO GLAUBST DU, DASS ICH DAS NOCH SCHAFFE?
GRWAAAAH!
HFF HFF
TA
OKEEEEE!
TA-
TA
TAPP
WOOOW, WIE BEQUEM! DARAN KÖNNTE ICH MICH GEWÖHNEN!
BLAMM
KA
WAH!
BAM
WIE KÖNNEN WIR DENN DIE ANDEREN WIEDER ZURÜCKVERWANDELN?!
BAM
BAM
BAM
GANZ EINFACH. INDEM WIR DAS BIEST BESIEGEN.
UND WIE BESIEGT MAN ETWAS, DAS MAN NICHT ANSEHEN DARF?!
TJA …♪
NJE HE
DU BIST ECHT UNMÖGLICH!

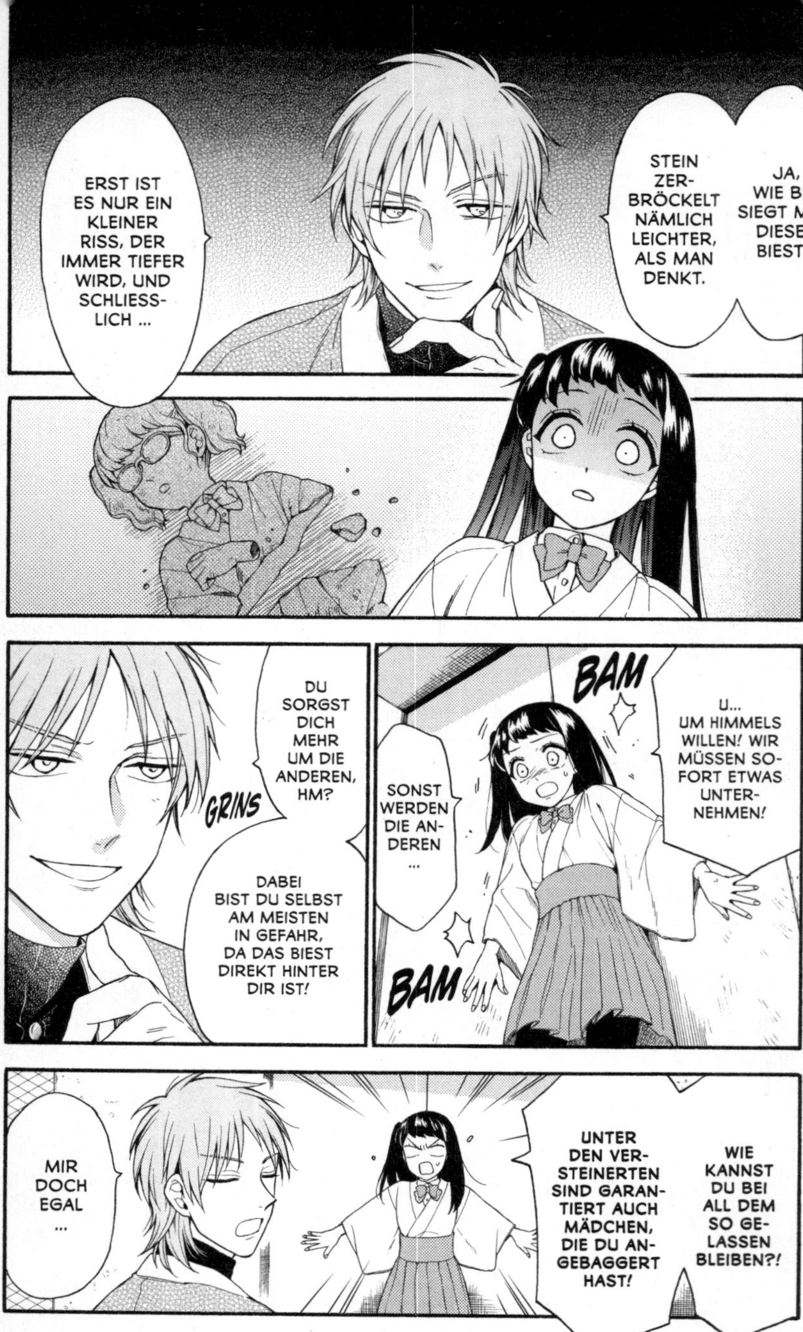

JA, WIE BESIEGT MAN DIESES BIEST?
STEIN ZERBRÖCKELT NÄMLICH LEICHTER, ALS MAN DENKT.
ERST IST ES NUR EIN KLEINER RISS, DER IMMER TIEFER WIRD, UND SCHLIESSLICH ...
BAM
U... UM HIMMELS WILLEN! WIR MÜSSEN SOFORT ETWAS UNTERNEHMEN!
SONST WERDEN DIE ANDEREN ...
BAM
DU SORGST DICH MEHR UM DIE ANDEREN, HM?
GRINS
DABEI BIST DU SELBST AM MEISTEN IN GEFAHR, DA DAS BIEST DIREKT HINTER DIR IST!
WIE KANNST DU BEI ALL DEM SO GELASSEN BLEIBEN?!
UNTER DEN VERSTEINERTEN SIND GARANTIERT AUCH MÄDCHEN, DIE DU ANGEBAGGERT HAST!
MIR DOCH EGAL ...

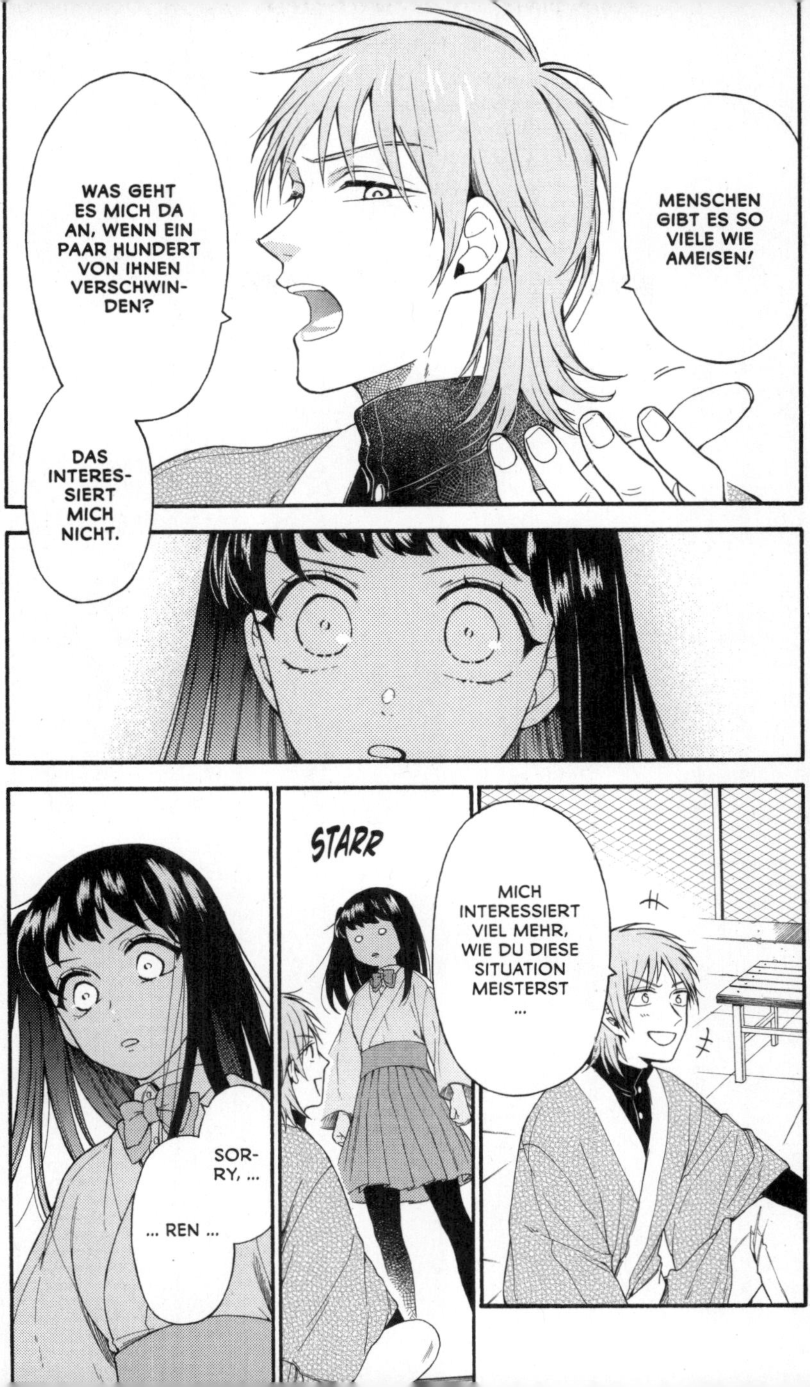
MENSCHEN GIBT ES SO VIELE WIE AMEISEN!
WAS GEHT ES MICH DA AN, WENN EIN PAAR HUNDERT VON IHNEN VERSCHWIN-DEN?
DAS INTERES-SIERT MICH NICHT.
MICH INTERESSIERT VIEL MEHR, WIE DU DIESE SITUATION MEISTERST ...
STARR
SOR-RY, ...
... REN ...

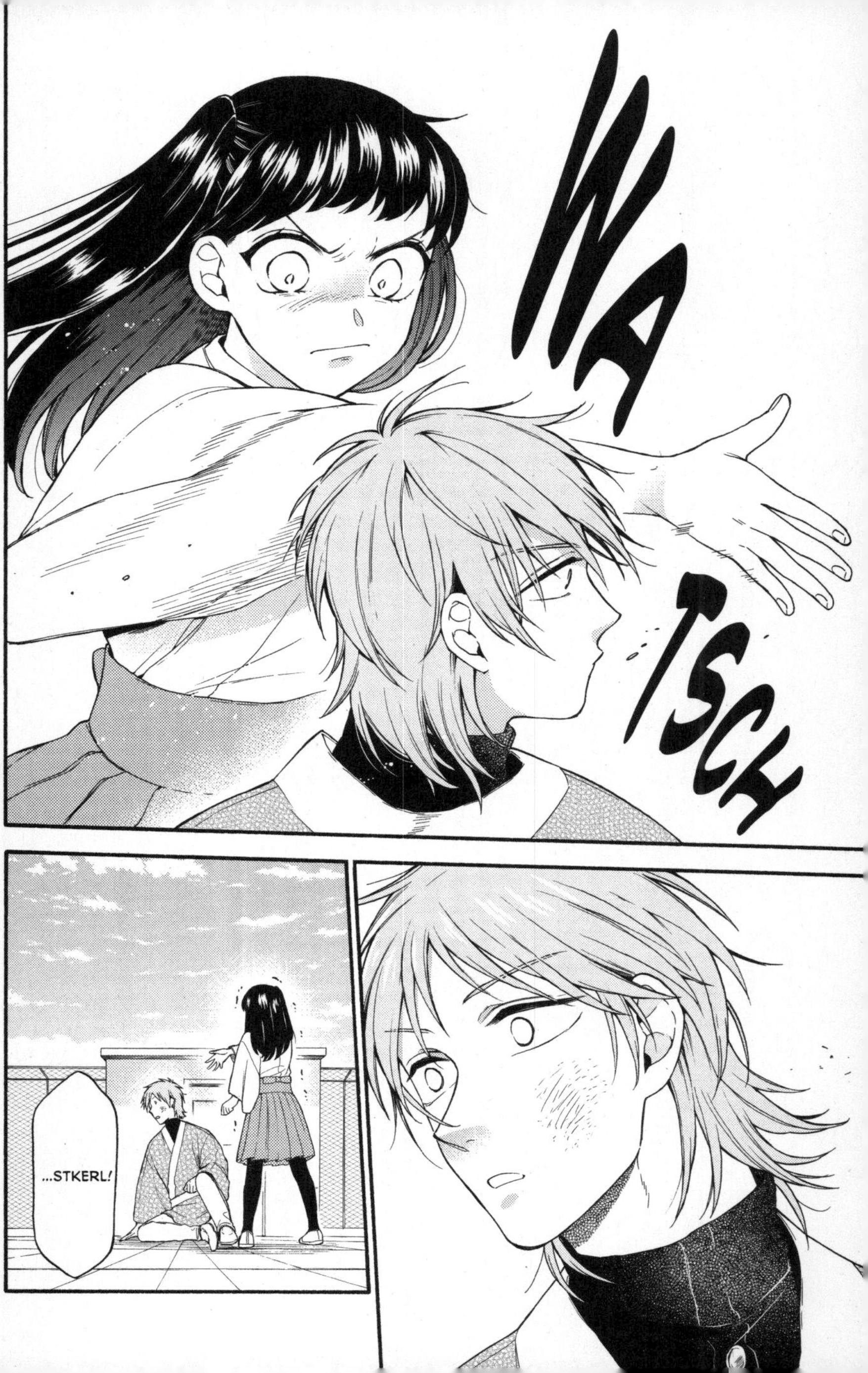
WATSCH
...STKERL!

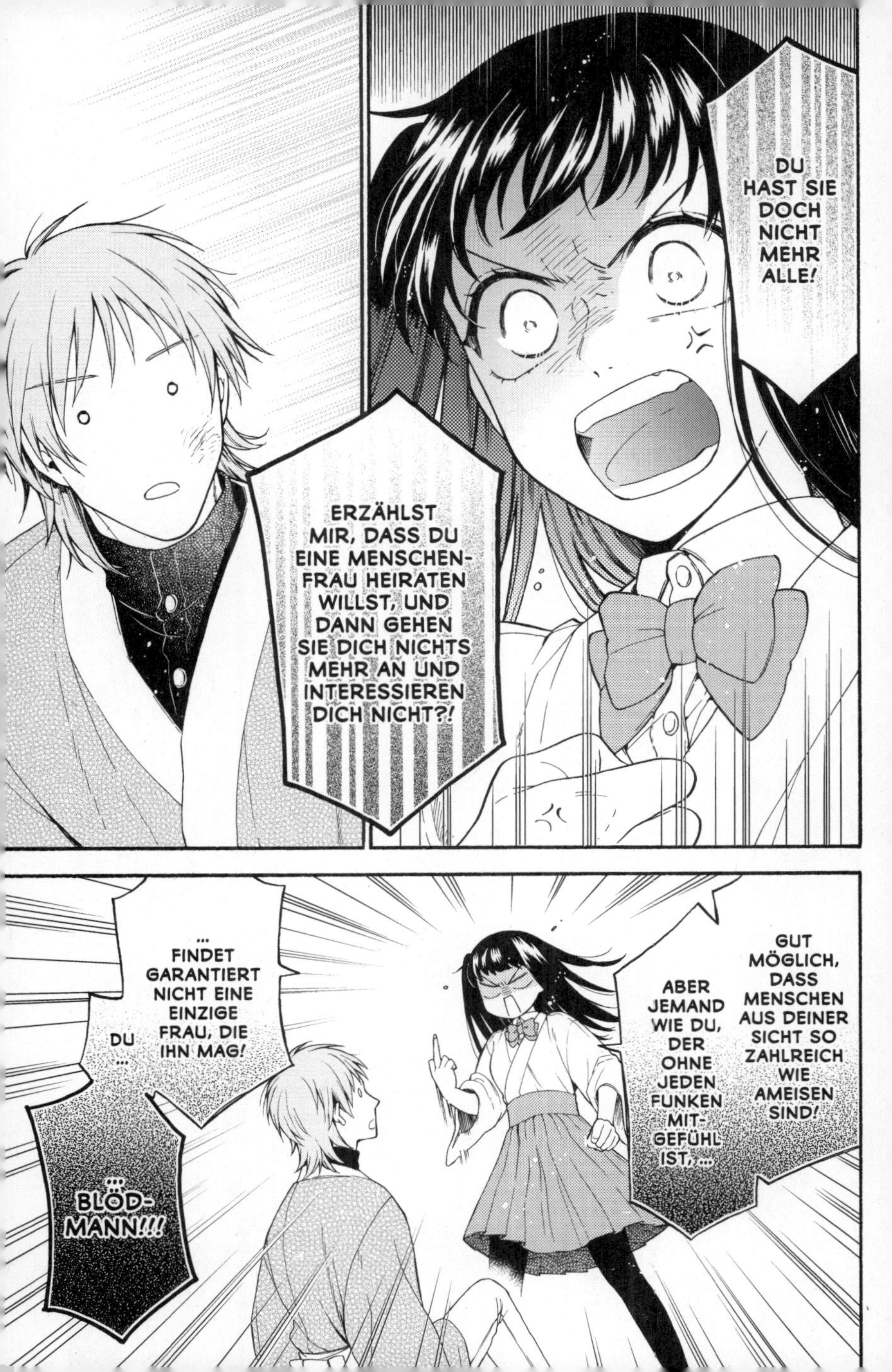
DU HAST SIE DOCH NICHT MEHR ALLE!
ERZÄHLST MIR, DASS DU EINE MENSCHEN-FRAU HEIRATEN WILLST, UND DANN GEHEN SIE DICH NICHTS MEHR AN UND INTERESSIEREN DICH NICHT?!
GUT MÖGLICH, DASS MENSCHEN AUS DEINER SICHT SO ZAHLREICH WIE AMEISEN SIND!
ABER JEMAND WIE DU, DER OHNE JEDEN FUNKEN MIT-GEFÜHL IST, ...
... FINDET GARANTIERT NICHT EINE EINZIGE FRAU, DIE IHN MAG!
DU ...
... BLÖD-MANN!!!

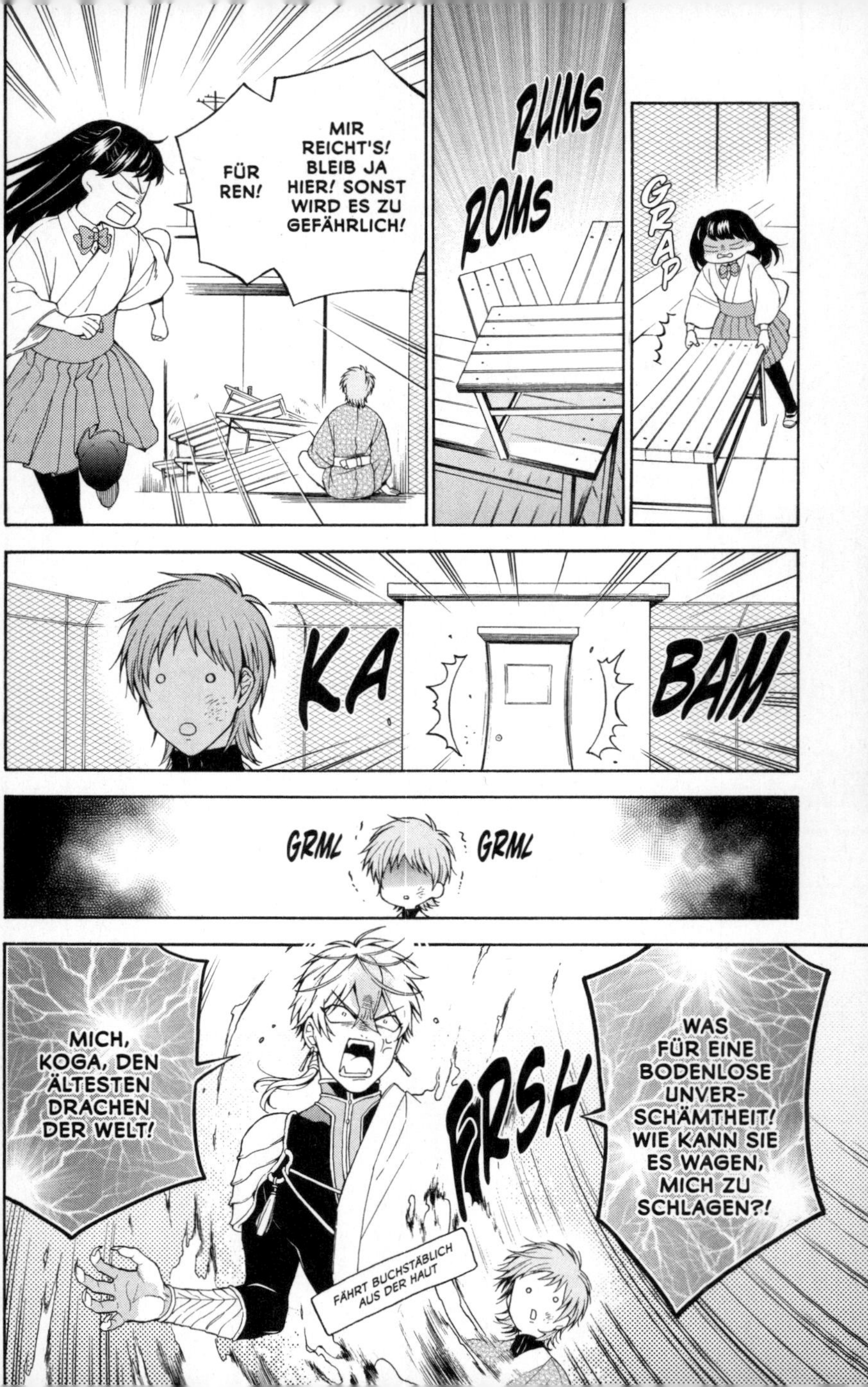
GRAP
RUMS
ROMS
MIR REICHT'S! BLEIB JA HIER! SONST WIRD ES ZU GEFÄHRLICH!
FÜR REN!
KA
BAM
GRML
GRML
WAS FÜR EINE BODENLOSE UNVER-SCHÄMTHEIT! WIE KANN SIE ES WAGEN, MICH ZU SCHLAGEN?!
FRSH
MICH, KOGA, DEN ÄLTESTEN DRACHEN DER WELT!
FÄHRT BUCHSTÄBLICH AUS DER HAUT

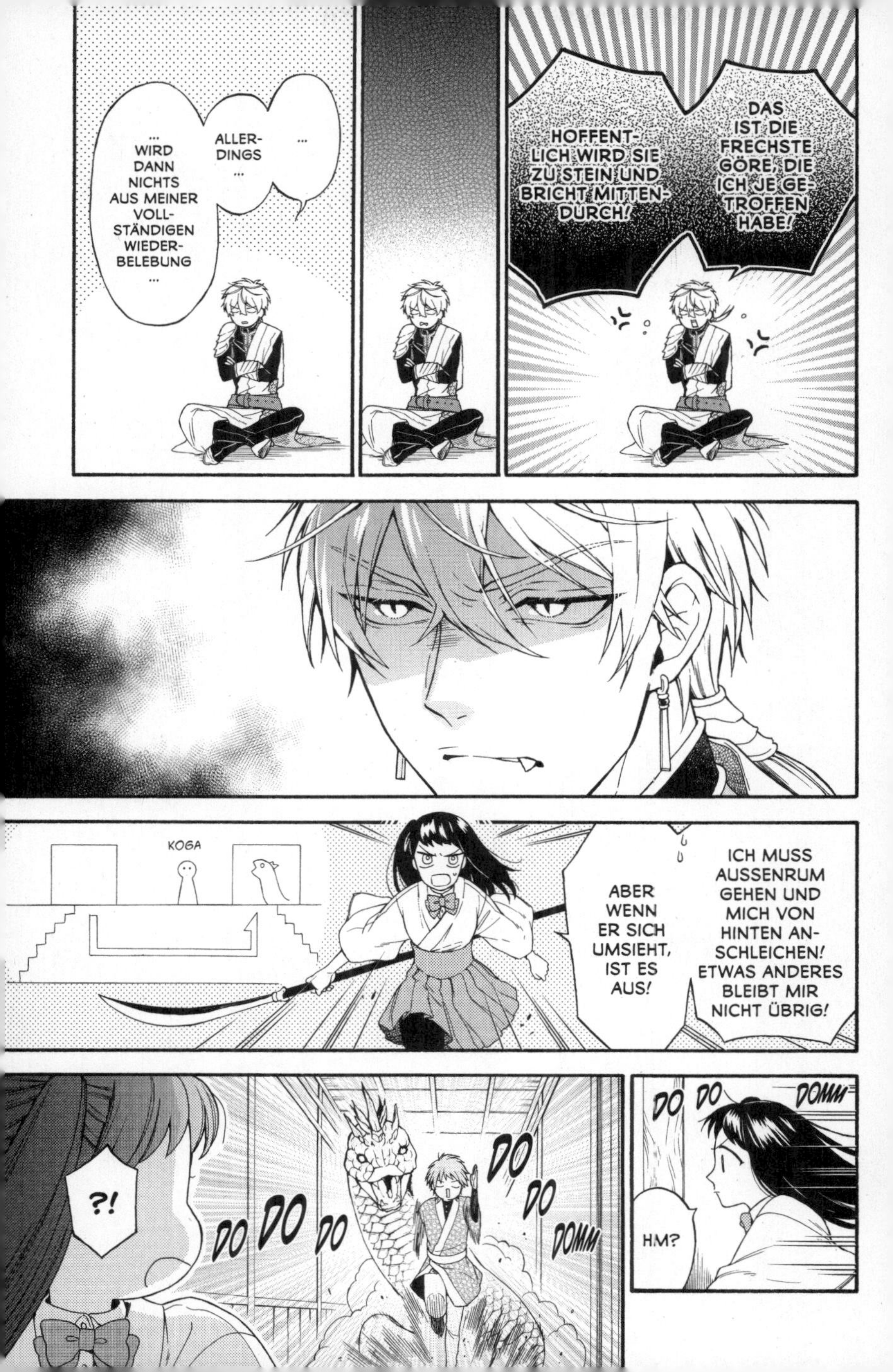
DAS IST DIE FRECHSTE GÖRE, DIE ICH JE GETROFFEN HABE!
HOFFENTLICH WIRD SIE ZU STEIN UND BRICHT MITTENDURCH!
...
ALLERDINGS ...
... WIRD DANN NICHTS AUS MEINER VOLLSTÄNDIGEN WIEDERBELEBUNG ...
ICH MUSS AUSSENRUM GEHEN UND MICH VON HINTEN ANSCHLEICHEN! ETWAS ANDERES BLEIBT MIR NICHT ÜBRIG!
ABER WENN ER SICH UMSIEHT, IST ES AUS!
KOGA
DO DO DOMM
HM?
DO DO DOMM
DO DO DO
?!

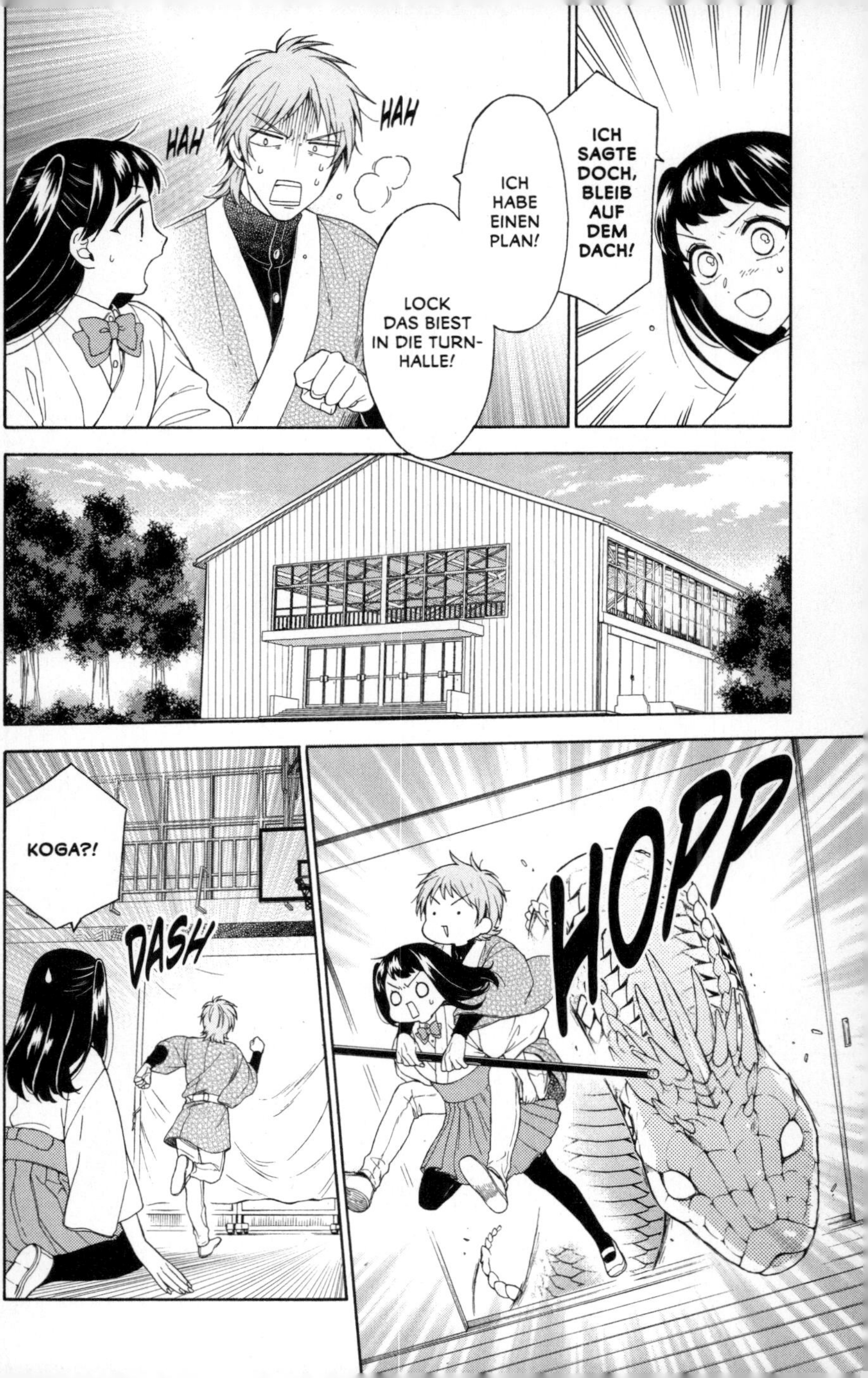
ICH SAGTE DOCH, BLEIB AUF DEM DACH!
HAH
HAH
ICH HABE EINEN PLAN!
LOCK DAS BIEST IN DIE TURN-HALLE!
KOGA?!
DASH
HOPP

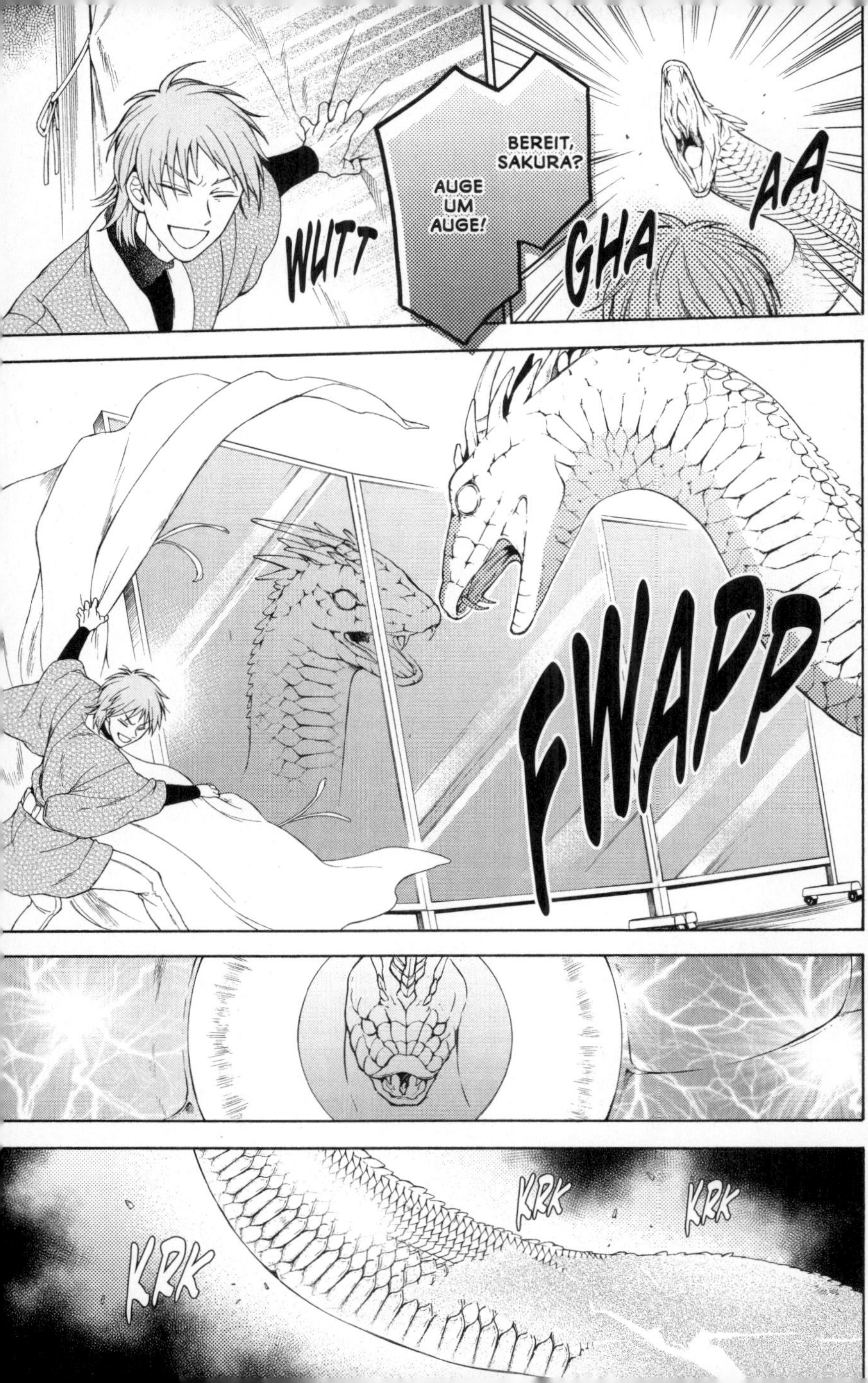
GHA AA
BEREIT, SAKURA?
AUGE UM AUGE!
WUTT
FWAPP
KRK
KRK
KRK

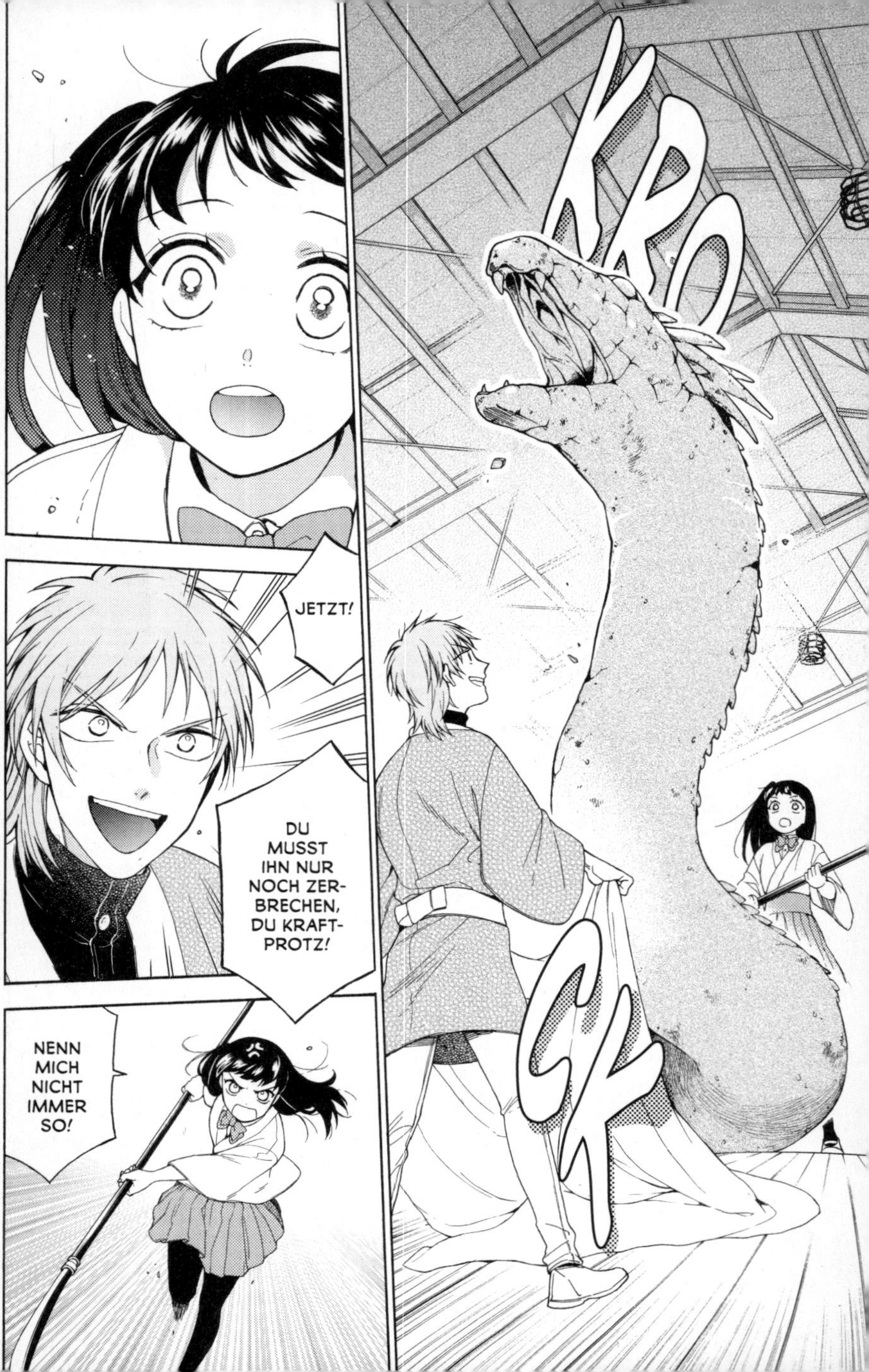
JETZT!
DU MUSST IHN NUR NOCH ZERBRECHEN, DU KRAFTPROTZ!
NENN MICH NICHT IMMER SO!

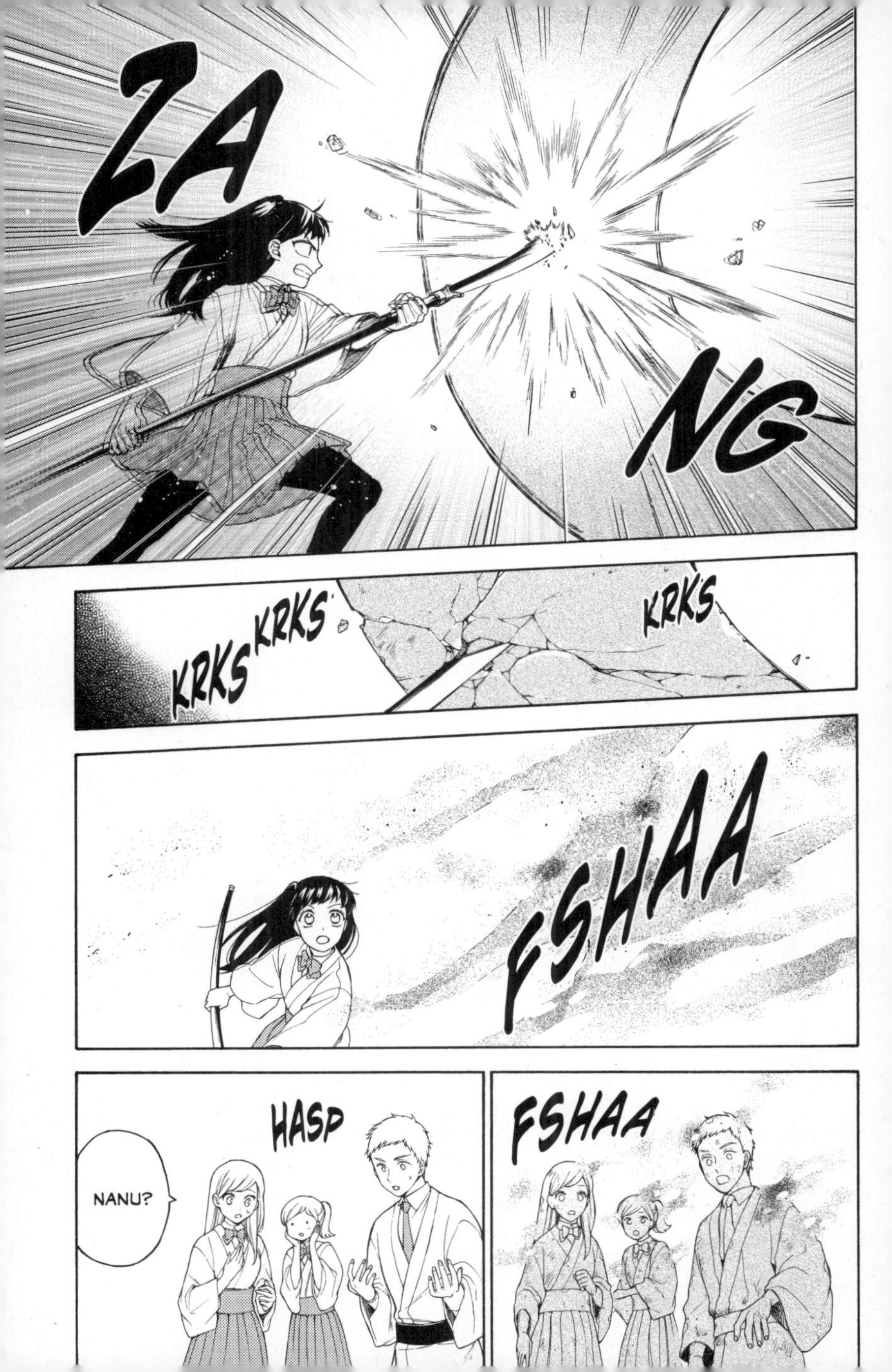
ZA
NG
KRKS
KRKS
KRKS
FSHAA
FSHAA
HASP
NANU?

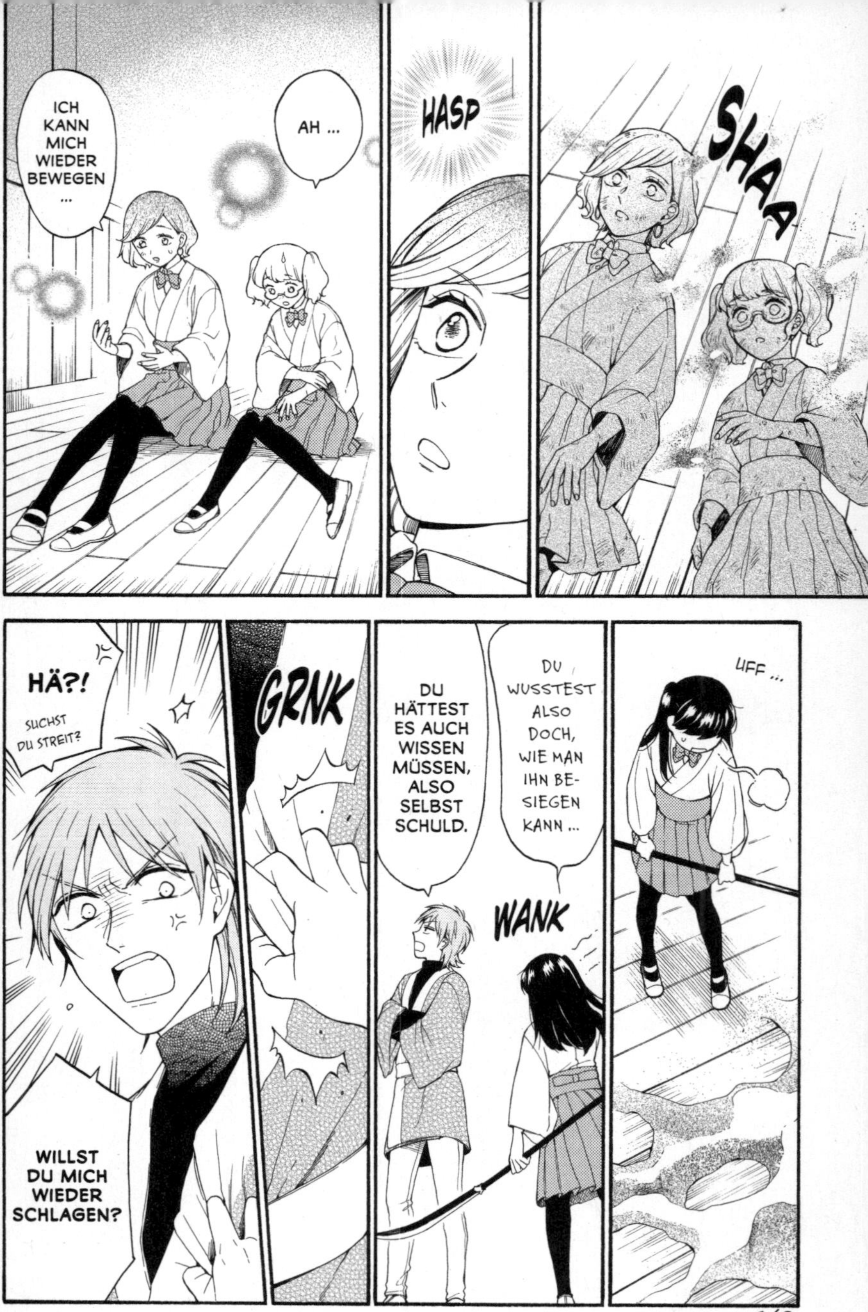
SHAA
HASP
AH ...
ICH KANN MICH WIEDER BEWEGEN ...
UFF ...
DU WUSSTEST ALSO DOCH, WIE MAN IHN BE-SIEGEN KANN ...
DU HÄTTEST ES AUCH WISSEN MÜSSEN, ALSO SELBST SCHULD.
WANK
GRNK
HÄ?!
SUCHST DU STREIT?
WILLST DU MICH WIEDER SCHLAGEN?

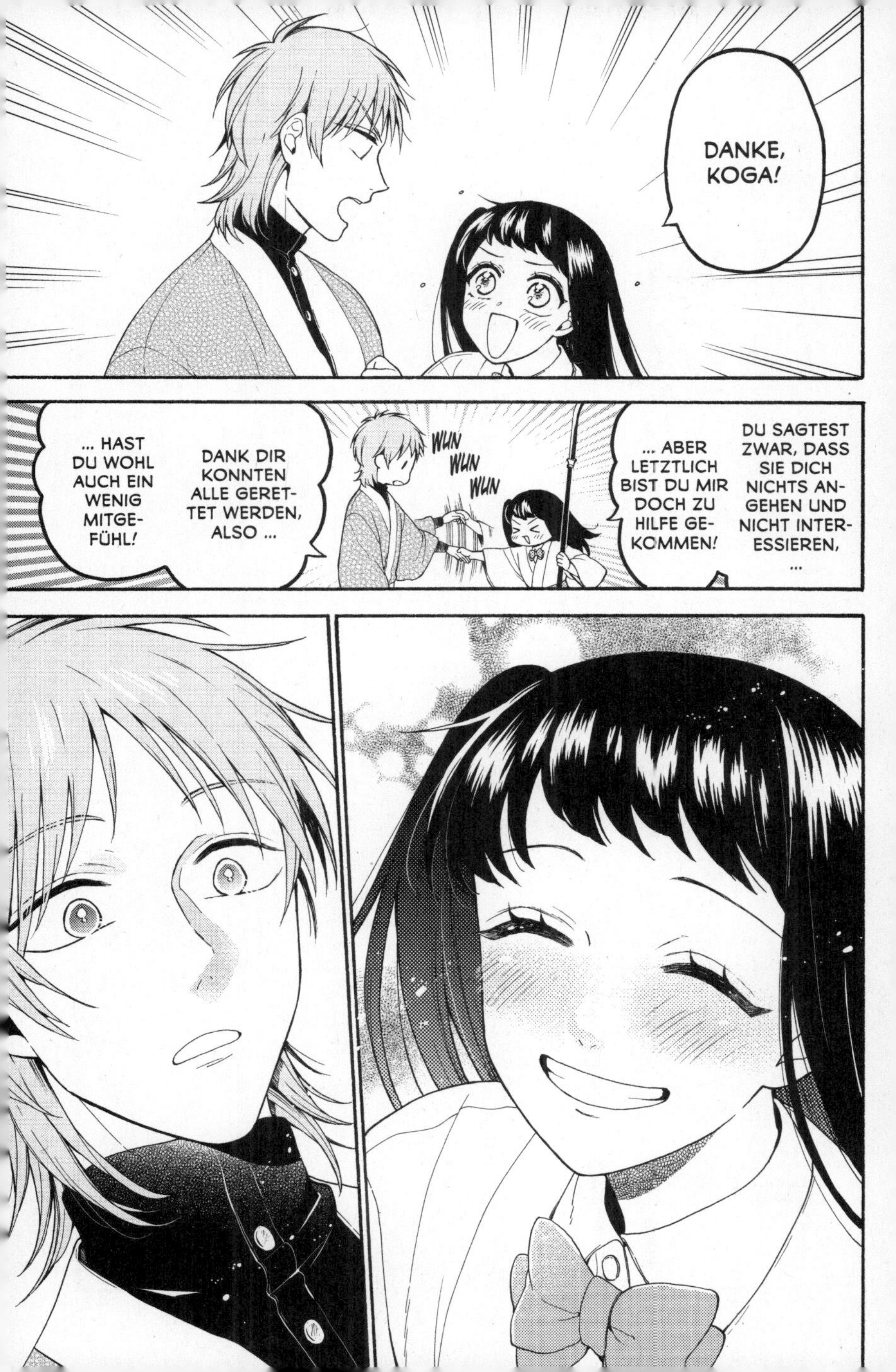
DANKE, KOGA!
DU SAGTEST ZWAR, DASS SIE DICH NICHTS ANGEHEN UND NICHT INTERESSIEREN, ...
... ABER LETZTLICH BIST DU MIR DOCH ZU HILFE GEKOMMEN!
WUN WUN WUN
DANK DIR KONNTEN ALLE GERETTET WERDEN, ALSO ...
... HAST DU WOHL AUCH EIN WENIG MITGEFÜHL!

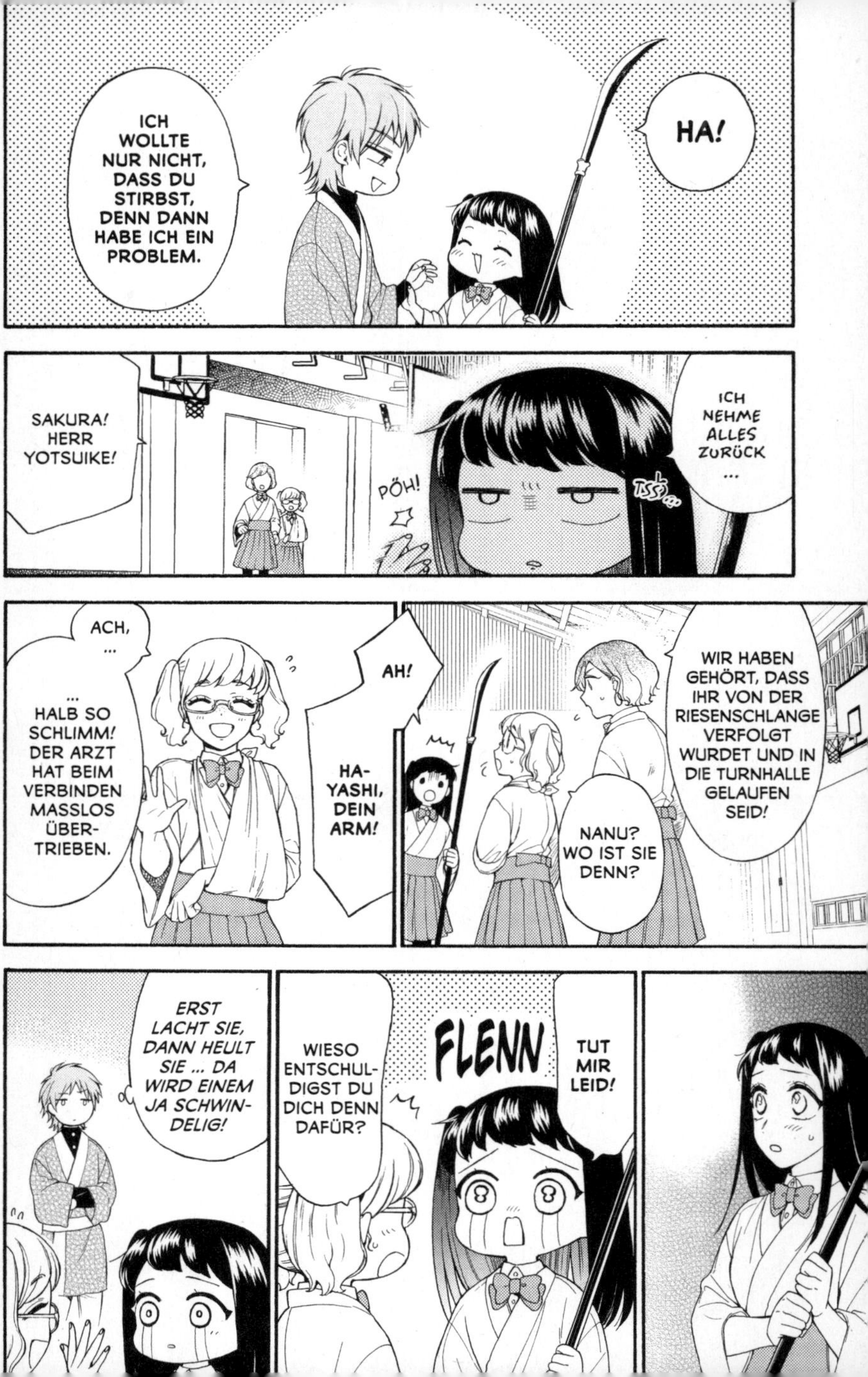
HA!
ICH WOLLTE NUR NICHT, DASS DU STIRBST, DENN DANN HABE ICH EIN PROBLEM.
ICH NEHME ALLES ZURÜCK ...
TSS
PÖH!
SAKURA! HERR YOTSUIKE!
WIR HABEN GEHÖRT, DASS IHR VON DER RIESENSCHLANGE VERFOLGT WURDET UND IN DIE TURNHALLE GELAUFEN SEID!
NANU? WO IST SIE DENN?
AH!
HA-YASHI, DEIN ARM!
ACH, ...
... HALB SO SCHLIMM! DER ARZT HAT BEIM VERBINDEN MASSLOS ÜBER-TRIEBEN.
TUT MIR LEID!
FLENN
WIESO ENTSCHUL-DIGST DU DICH DENN DAFÜR?
ERST LACHT SIE, DANN HEULT SIE ... DA WIRD EINEM JA SCHWIN-DELIG!

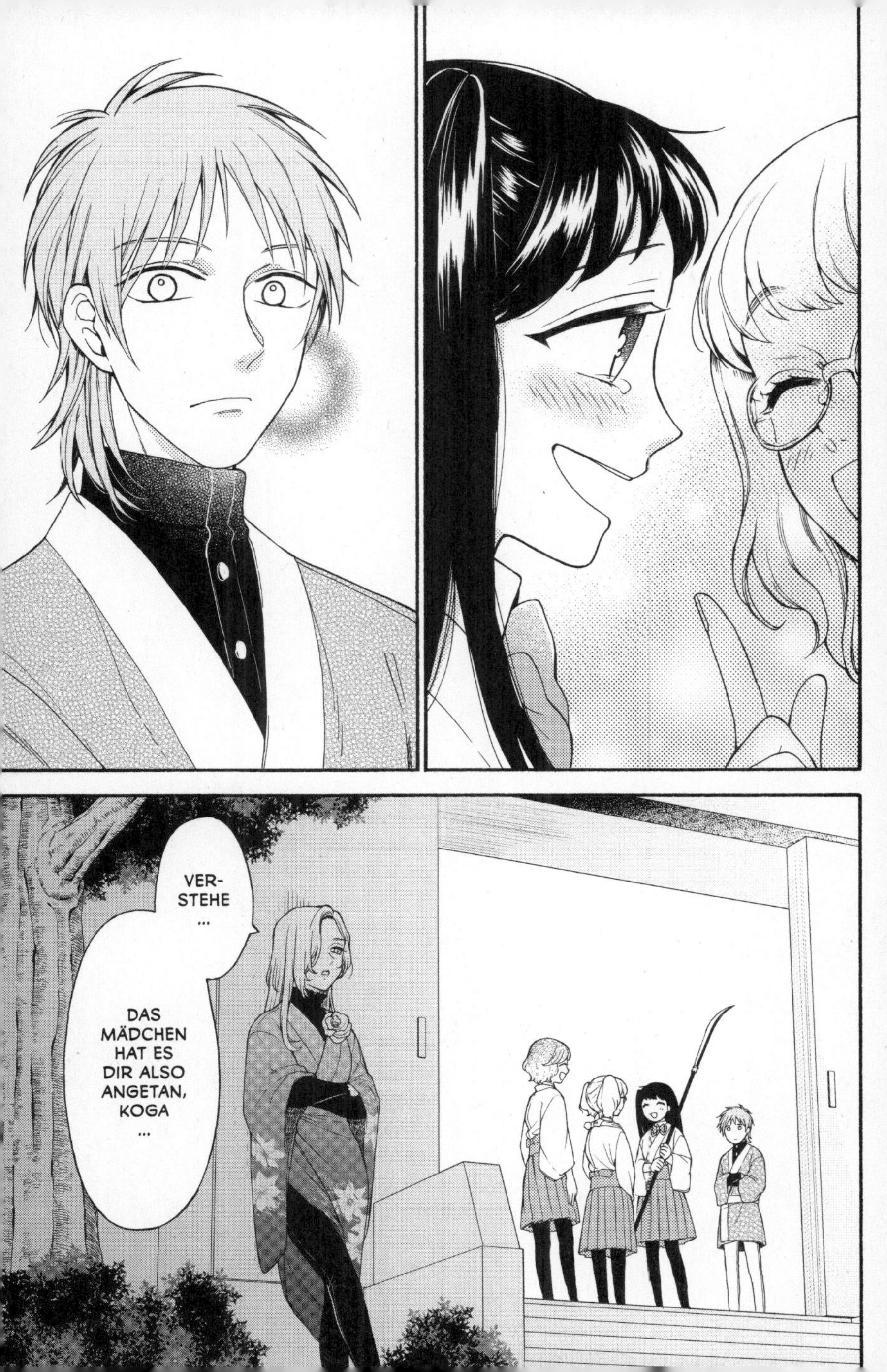
VER-
STEHE
...
DAS
MÄDCHEN
HAT ES
DIR ALSO
ANGETAN,
KOGA
...

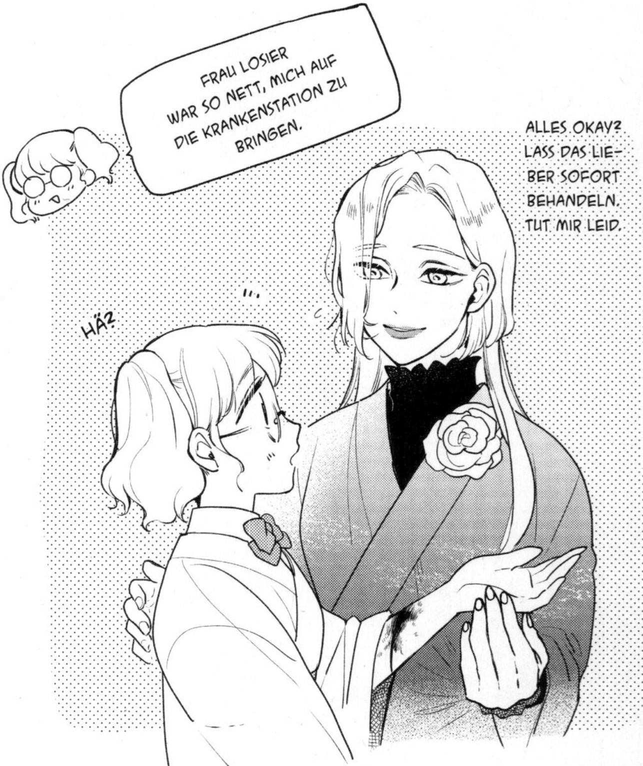
ALLES OKAY? LASS DAS LIEBER SOFORT BEHANDELN. TUT MIR LEID.
HÄ?
FRAU LOSIER WAR SO NETT, MICH AUF DIE KRANKENSTATION ZU BRINGEN.

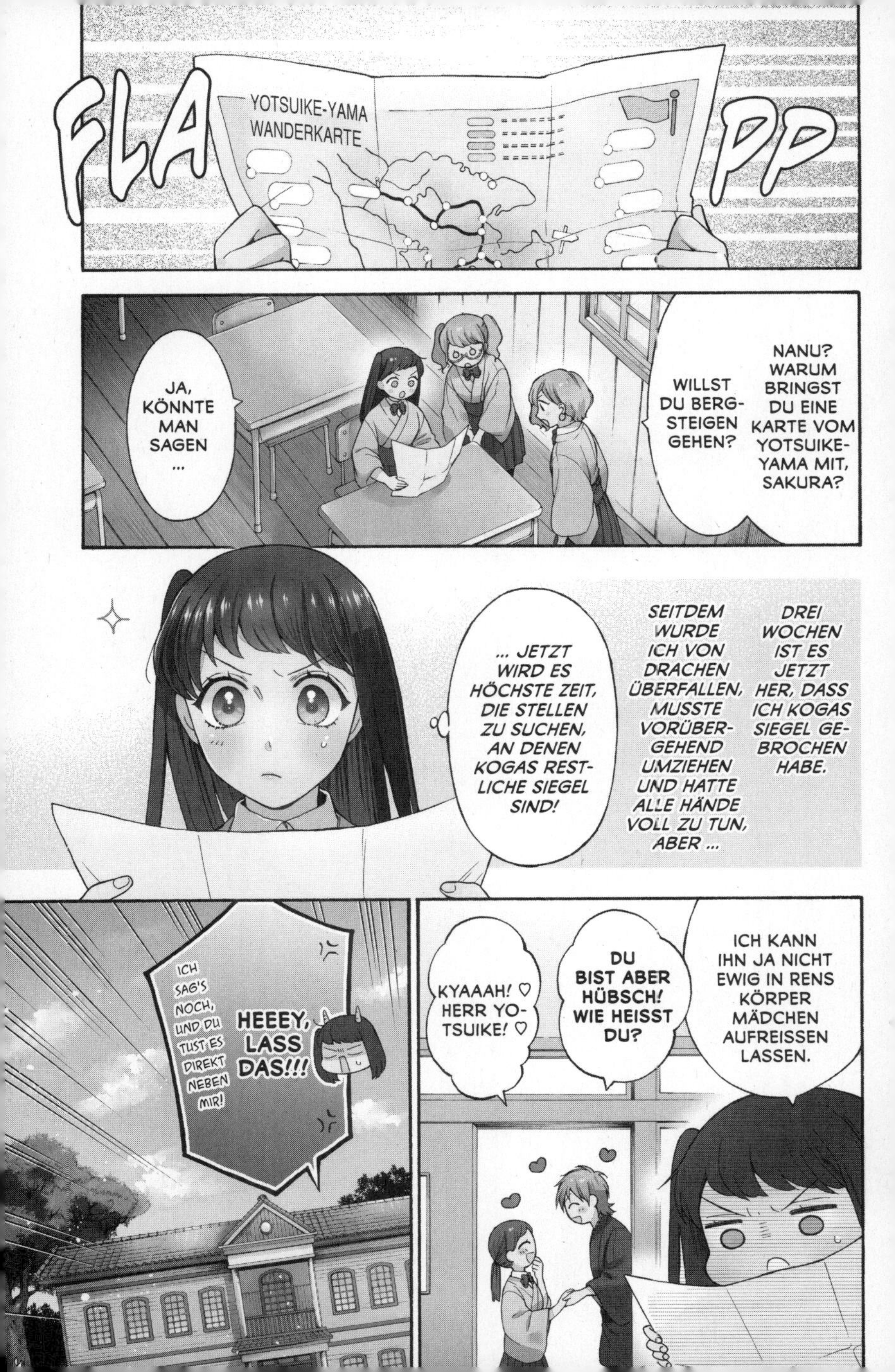
FLAPP
YOTSUIKE-YAMA WANDERKARTE
NANU? WARUM BRINGST DU EINE KARTE VOM YOTSUIKE-YAMA MIT, SAKURA?
WILLST DU BERGSTEIGEN GEHEN?
JA, KÖNNTE MAN SAGEN ...
DREI WOCHEN IST ES JETZT HER, DASS ICH KOGAS SIEGEL GEBROCHEN HABE.
SEITDEM WURDE ICH VON DRACHEN ÜBERFALLEN, MUSSTE VORÜBERGEHEND UMZIEHEN UND HATTE ALLE HÄNDE VOLL ZU TUN, ABER ...
... JETZT WIRD ES HÖCHSTE ZEIT, DIE STELLEN ZU SUCHEN, AN DENEN KOGAS RESTLICHE SIEGEL SIND!
ICH KANN IHN JA NICHT EWIG IN RENS KÖRPER MÄDCHEN AUFREISSEN LASSEN.
DU BIST ABER HÜBSCH! WIE HEISST DU?
KYAAAH! ♡ HERR YOTSUIKE! ♡
HEEEY, LASS DAS!!!
ICH SAG'S NOCH, UND DU TUST ES DIREKT NEBEN MIR!

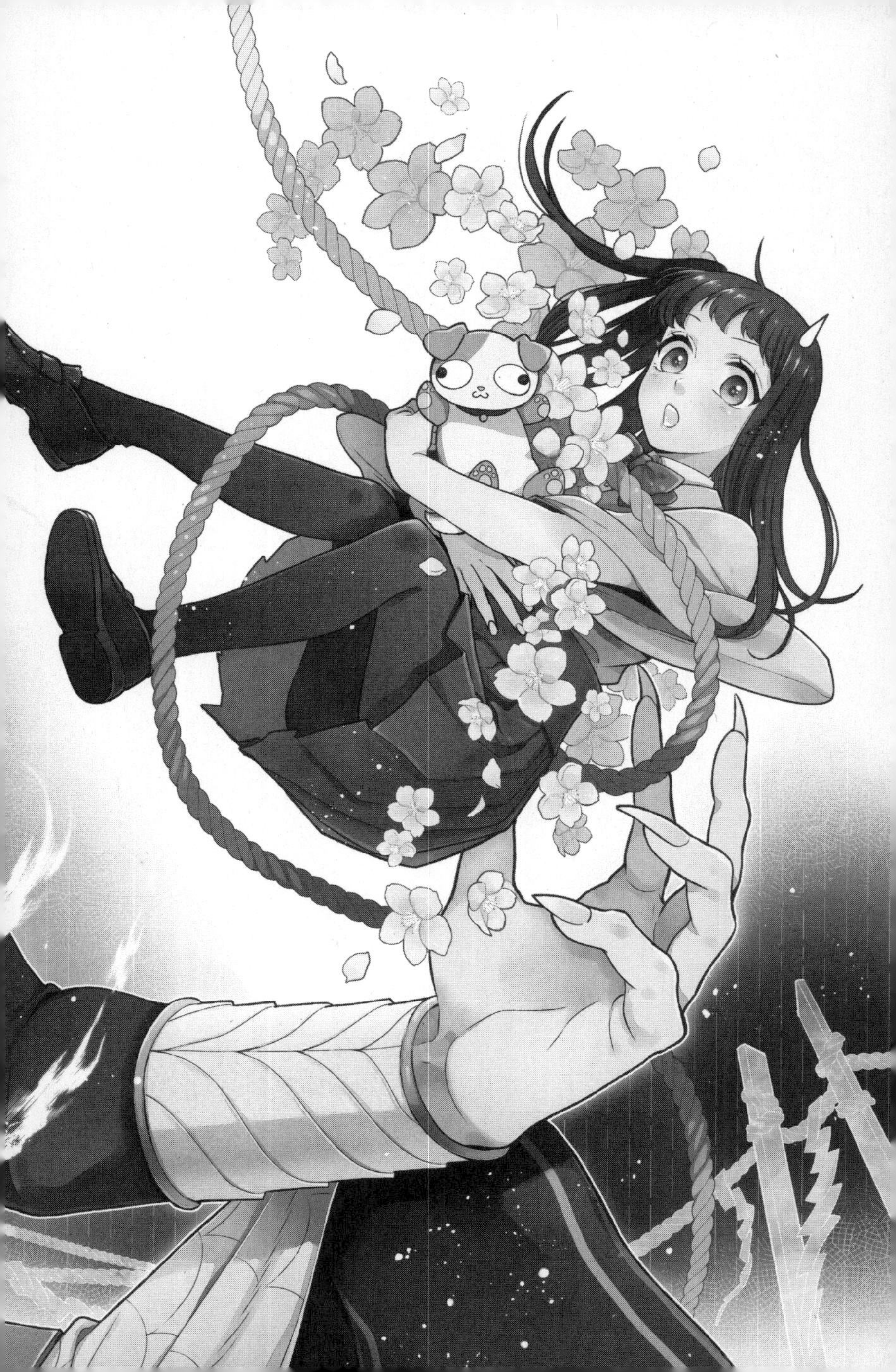

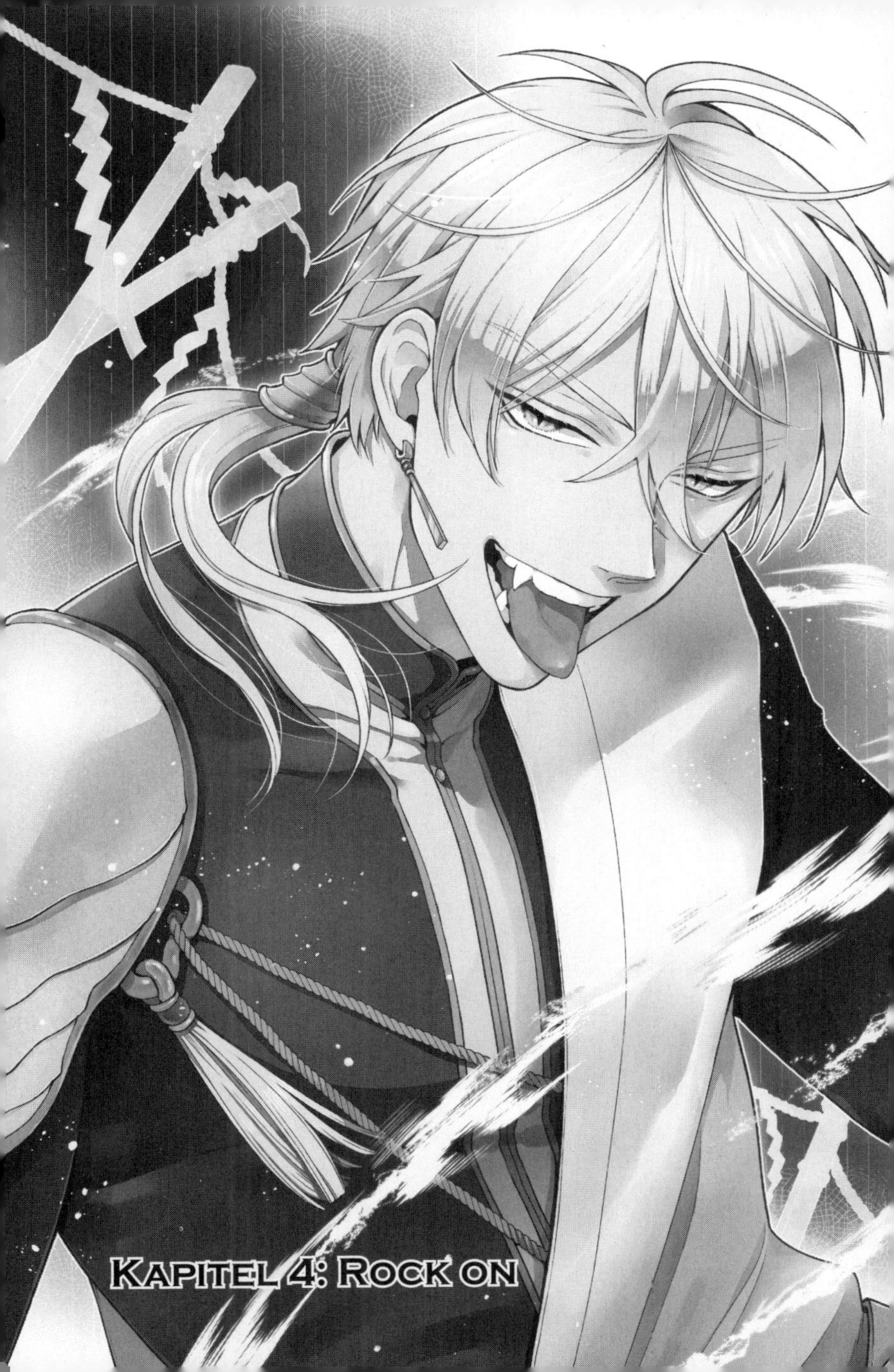
Kapitel 4: Rock on

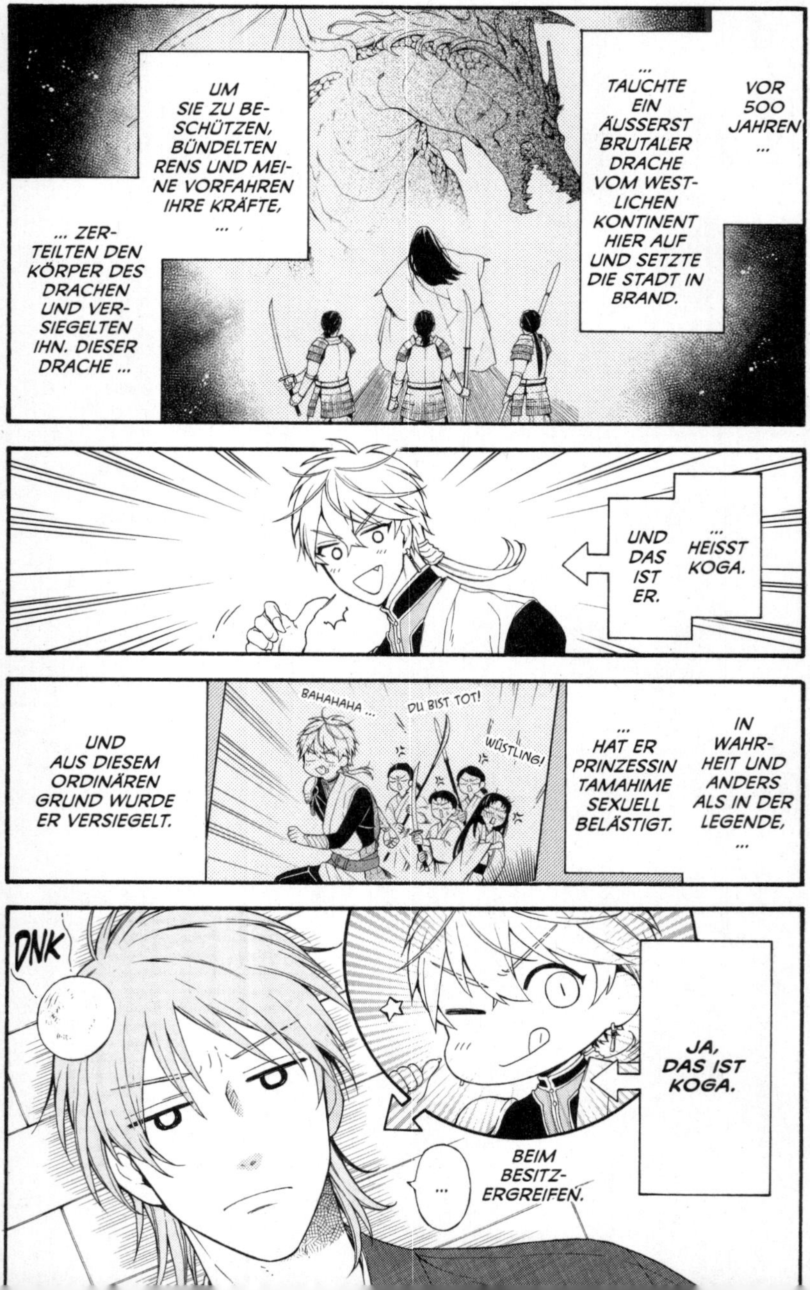
VOR 500 JAHREN ...
... TAUCHTE EIN ÄUSSERST BRUTALER DRACHE VOM WESTLICHEN KONTINENT HIER AUF UND SETZTE DIE STADT IN BRAND.
UM SIE ZU BESCHÜTZEN, BÜNDELTEN RENS UND MEINE VORFAHREN IHRE KRÄFTE, ...
... ZERTEILTEN DEN KÖRPER DES DRACHEN UND VERSIEGELTEN IHN. DIESER DRACHE ...
... HEISST KOGA.
UND DAS IST ER.
IN WAHRHEIT UND ANDERS ALS IN DER LEGENDE, ...
... HAT ER PRINZESSIN TAMAHIME SEXUELL BELÄSTIGT.
WÜSTLING!
DU BIST TOT!
BAHAHAHA ...
UND AUS DIESEM ORDINÄREN GRUND WURDE ER VERSIEGELT.
JA, DAS IST KOGA.
BEIM BESITZERGREIFEN.
...
DNK

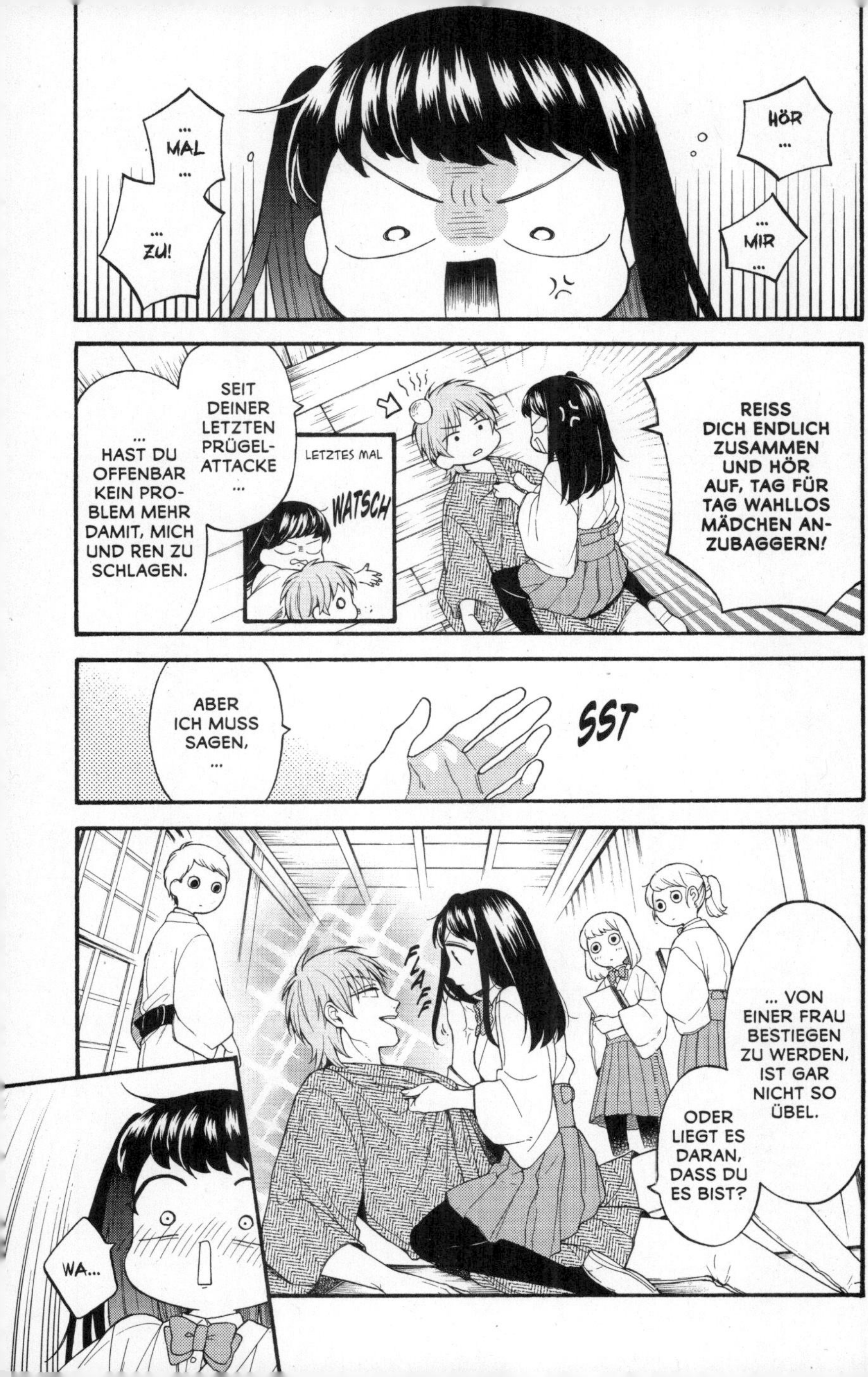
HÖR …
… MIR …
… MAL …
… ZU!
REISS DICH ENDLICH ZUSAMMEN UND HÖR AUF, TAG FÜR TAG WAHLLOS MÄDCHEN ANZUBAGGERN!
SEIT DEINER LETZTEN PRÜGELATTACKE …
LETZTES MAL
WATSCH
… HAST DU OFFENBAR KEIN PROBLEM MEHR DAMIT, MICH UND REN ZU SCHLAGEN.
SST
ABER ICH MUSS SAGEN, …
FLAFF
… VON EINER FRAU BESTIEGEN ZU WERDEN, IST GAR NICHT SO ÜBEL.
ODER LIEGT ES DARAN, DASS DU ES BIST?
WA…

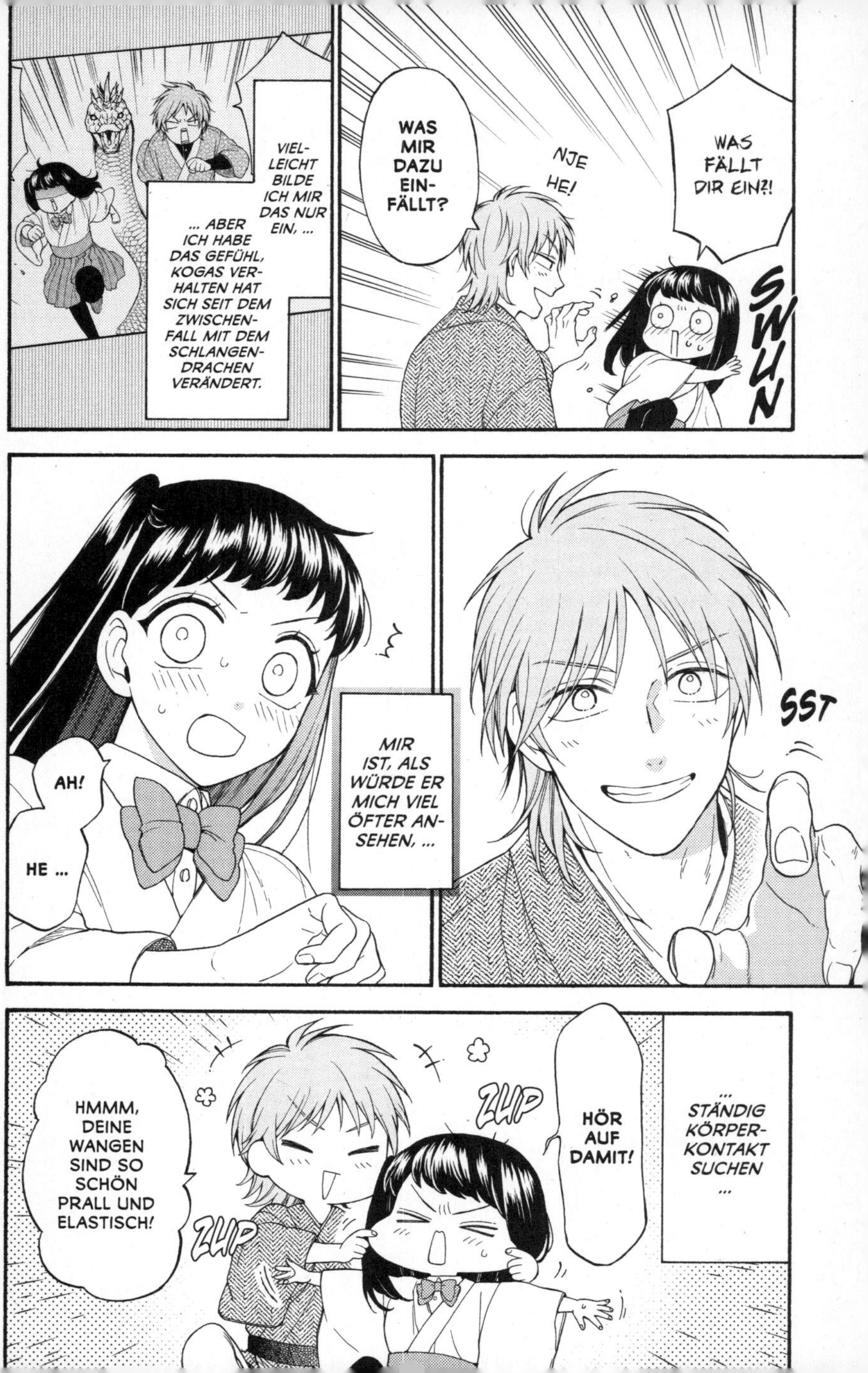
WAS FÄLLT DIR EIN?!
NJE HE!
WAS MIR DAZU EIN-FÄLLT?
SWUN
VIEL-LEICHT BILDE ICH MIR DAS NUR EIN, ...
... ABER ICH HABE DAS GEFÜHL, KOGAS VER-HALTEN HAT SICH SEIT DEM ZWISCHEN-FALL MIT DEM SCHLANGEN-DRACHEN VERÄNDERT.
SST
MIR IST, ALS WÜRDE ER MICH VIEL ÖFTER AN-SEHEN, ...
AH!
HE ...
... STÄNDIG KÖRPER-KONTAKT SUCHEN ...
HÖR AUF DAMIT!
ZUP
ZUP
HMMM, DEINE WANGEN SIND SO SCHÖN PRALL UND ELASTISCH!

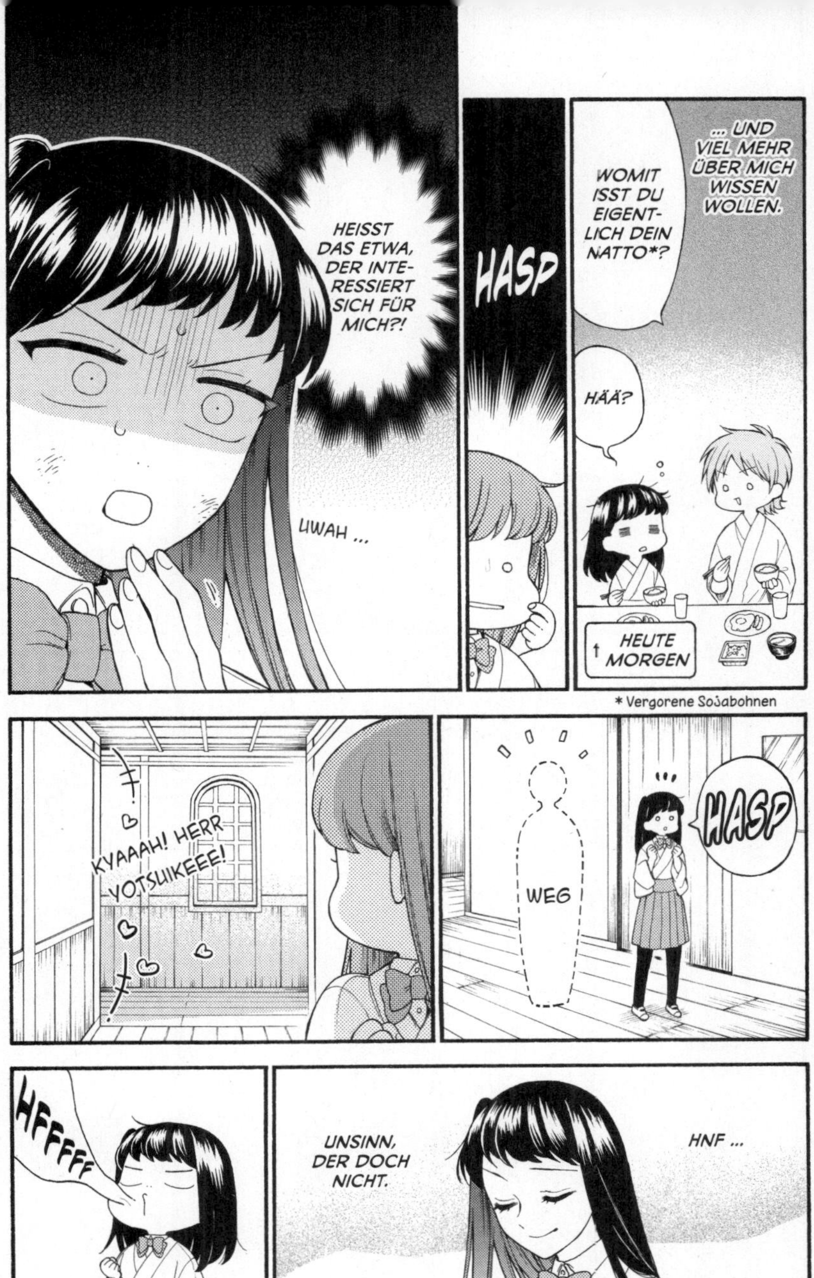

* Vergorene Sojabohnen

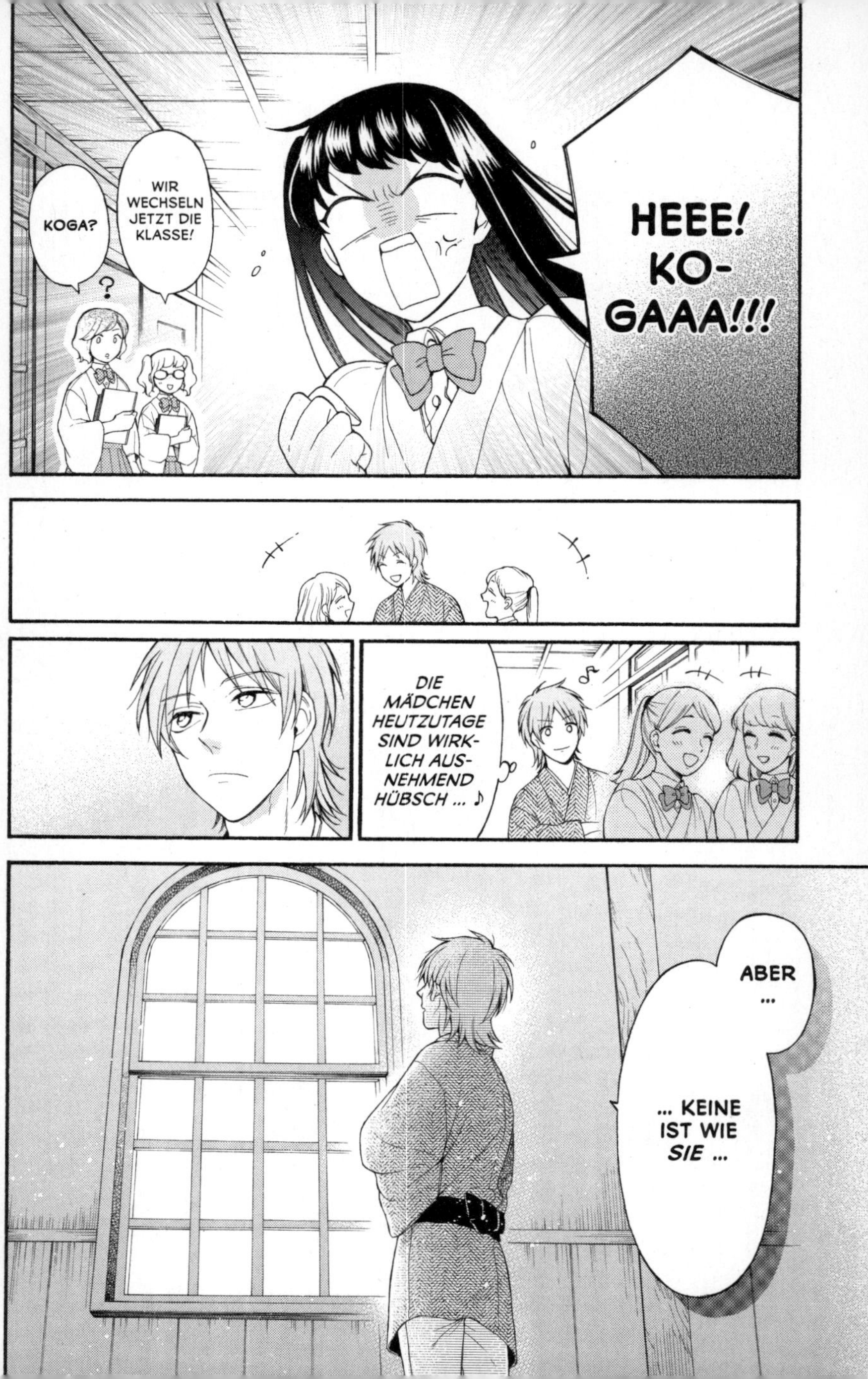

HEEE! KO-GAAA!!!
WIR WECHSELN JETZT DIE KLASSE!
KOGA?
DIE MÄDCHEN HEUTZUTAGE SIND WIRKLICH AUSNEHMEND HÜBSCH ... ♪
ABER ...
... KEINE IST WIE *SIE* ...

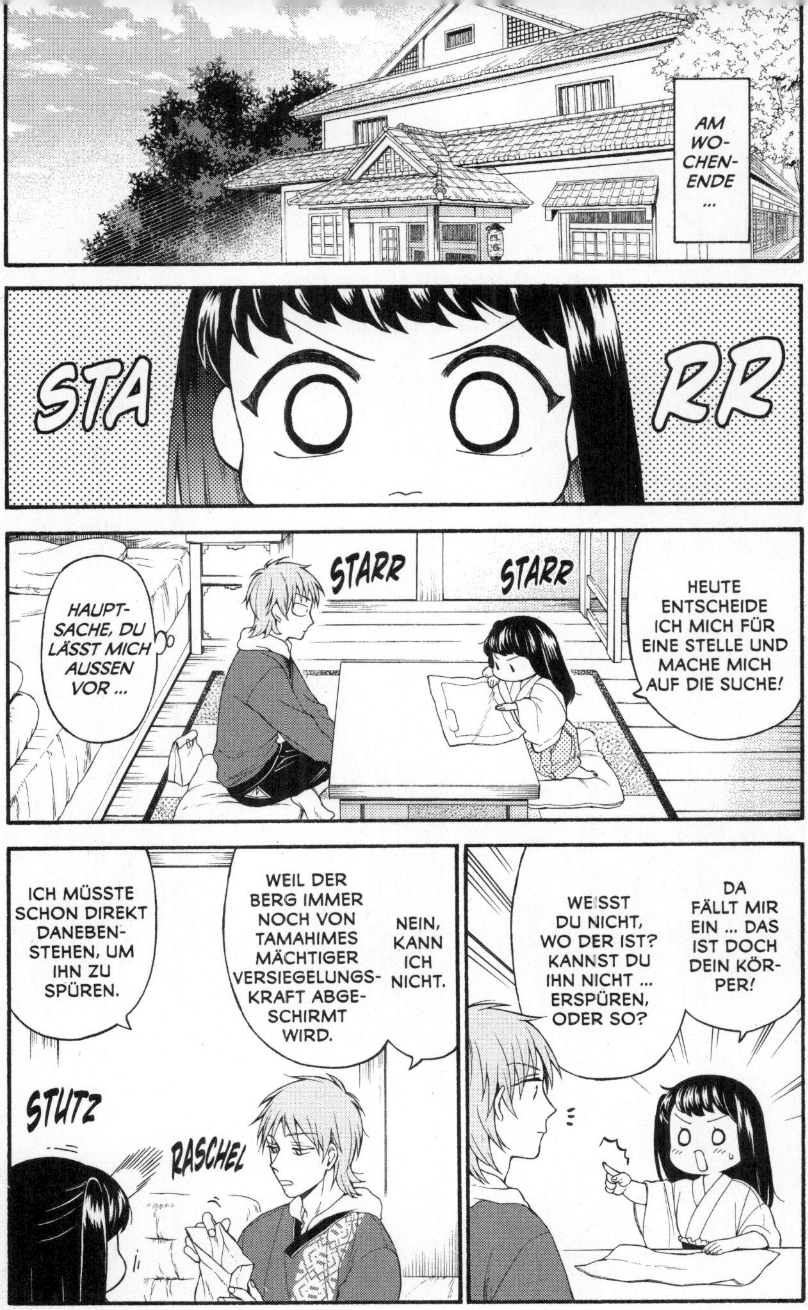

AM WO-CHEN-ENDE ...
STA RR
HEUTE ENTSCHEIDE ICH MICH FÜR EINE STELLE UND MACHE MICH AUF DIE SUCHE!
STARR
STARR
HAUPT-SACHE, DU LÄSST MICH AUSSEN VOR ...
DA FÄLLT MIR EIN ... DAS IST DOCH DEIN KÖR-PER!
WEISST DU NICHT, WO DER IST? KANNST DU IHN NICHT ... ERSPÜREN, ODER SO?
NEIN, KANN ICH NICHT.
WEIL DER BERG IMMER NOCH VON TAMAHIMES MÄCHTIGER VERSIEGELUNGS-KRAFT ABGE-SCHIRMT WIRD.
ICH MÜSSTE SCHON DIREKT DANEBEN-STEHEN, UM IHN ZU SPÜREN.
STUTZ
RASCHEL

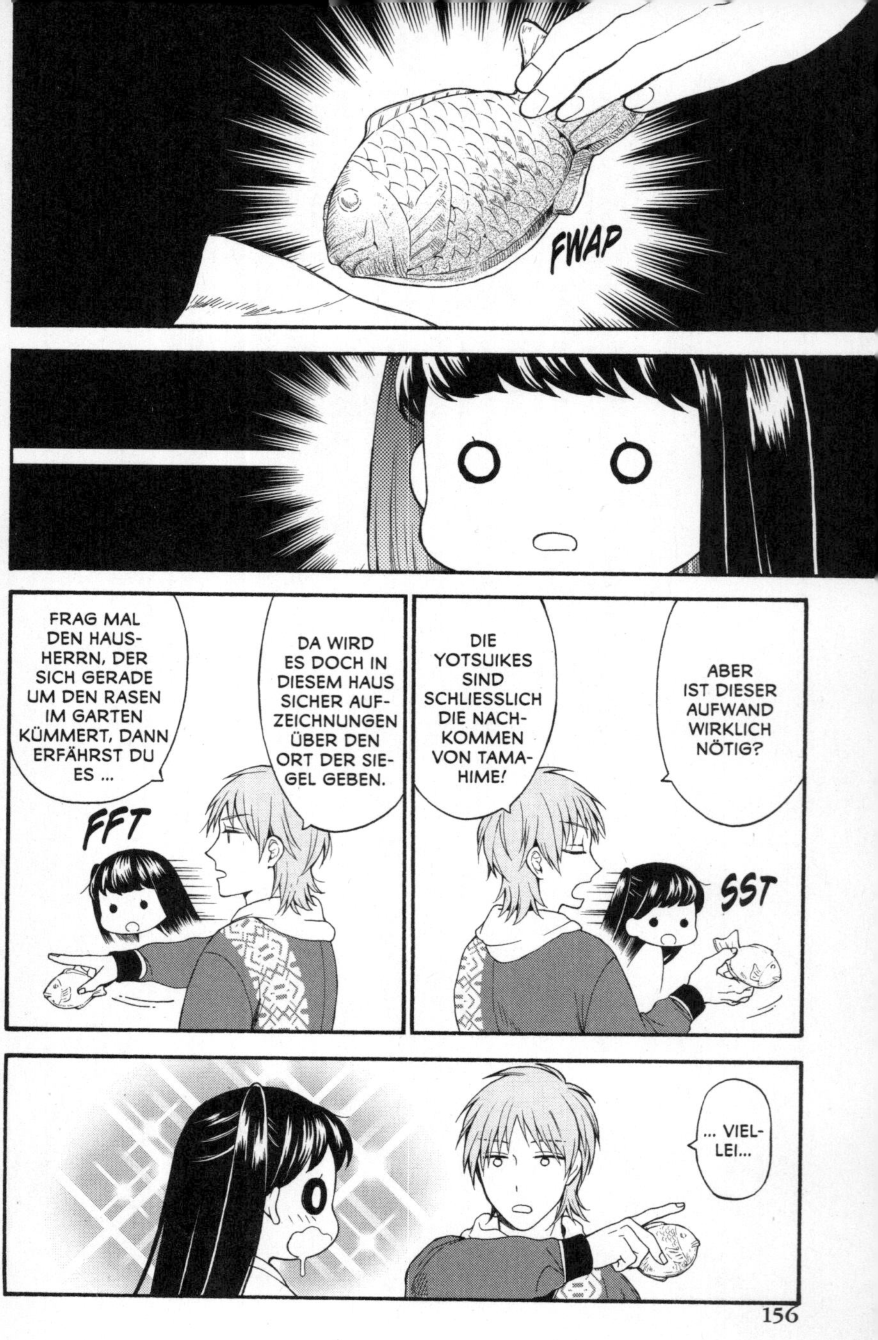
FWAP
ABER IST DIESER AUFWAND WIRKLICH NÖTIG?
DIE YOTSUIKES SIND SCHLIESSLICH DIE NACHKOMMEN VON TAMA-HIME!
SST
DA WIRD ES DOCH IN DIESEM HAUS SICHER AUFZEICHNUNGEN ÜBER DEN ORT DER SIEGEL GEBEN.
FRAG MAL DEN HAUSHERRN, DER SICH GERADE UM DEN RASEN IM GARTEN KÜMMERT, DANN ERFÄHRST DU ES ...
FFT
... VIEL-LEI...

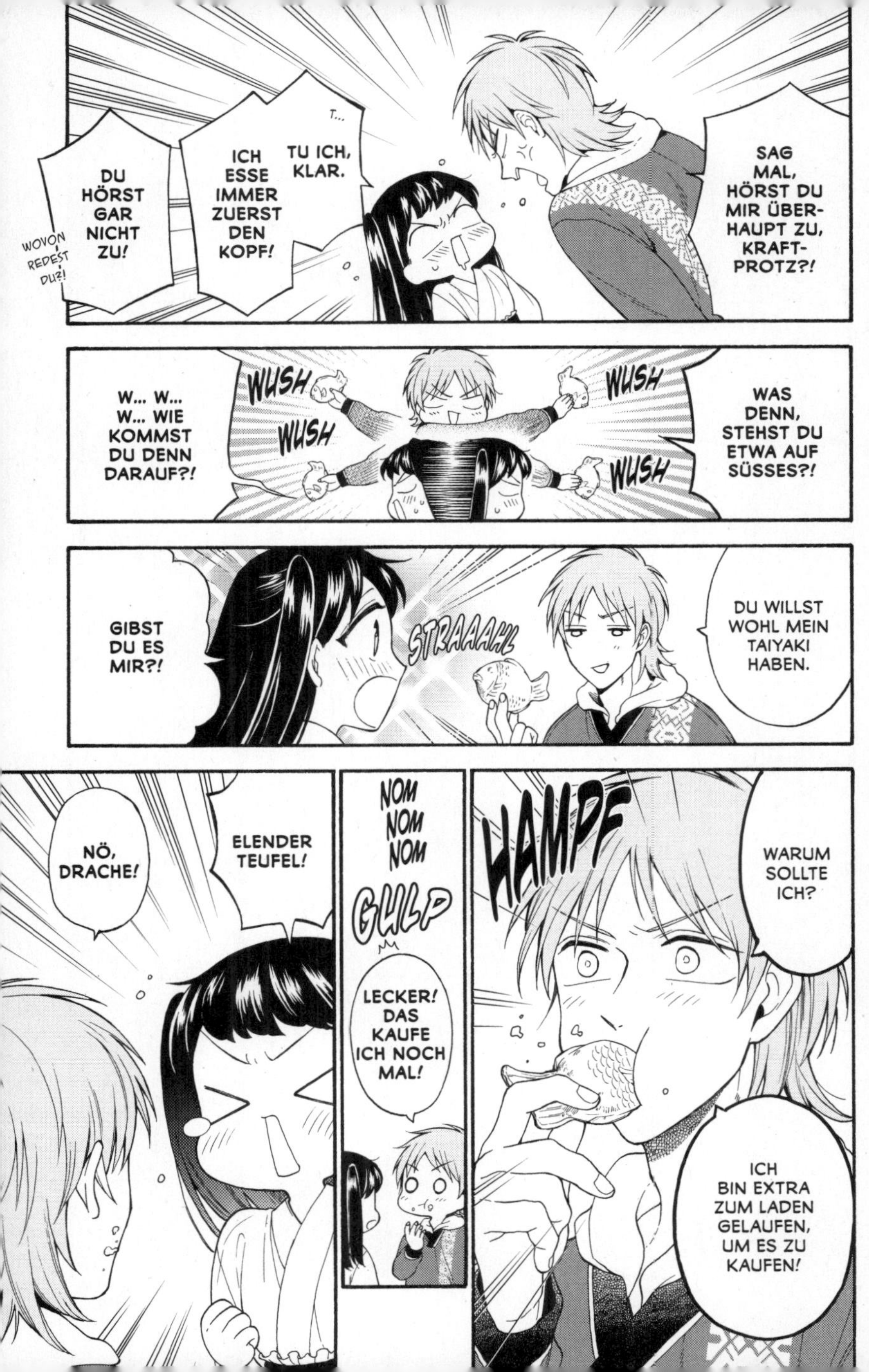
SAG MAL, HÖRST DU MIR ÜBER-HAUPT ZU, KRAFT-PROTZ?!
T... TU ICH, KLAR.
ICH ESSE IMMER ZUERST DEN KOPF!
DU HÖRST GAR NICHT ZU!
WOVON REDEST DU?!
WAS DENN, STEHST DU ETWA AUF SÜSSES?!
WUSH
WUSH
WUSH
WUSH
W... W... W... WIE KOMMST DU DENN DARAUF?!
DU WILLST WOHL MEIN TAIYAKI HABEN.
STRAAAHL
GIBST DU ES MIR?!
WARUM SOLLTE ICH?
HAMPF
ICH BIN EXTRA ZUM LADEN GELAUFEN, UM ES ZU KAUFEN!
NOM NOM NOM
GULP
LECKER! DAS KAUFE ICH NOCH MAL!
ELENDER TEUFEL!
NÖ, DRACHE!

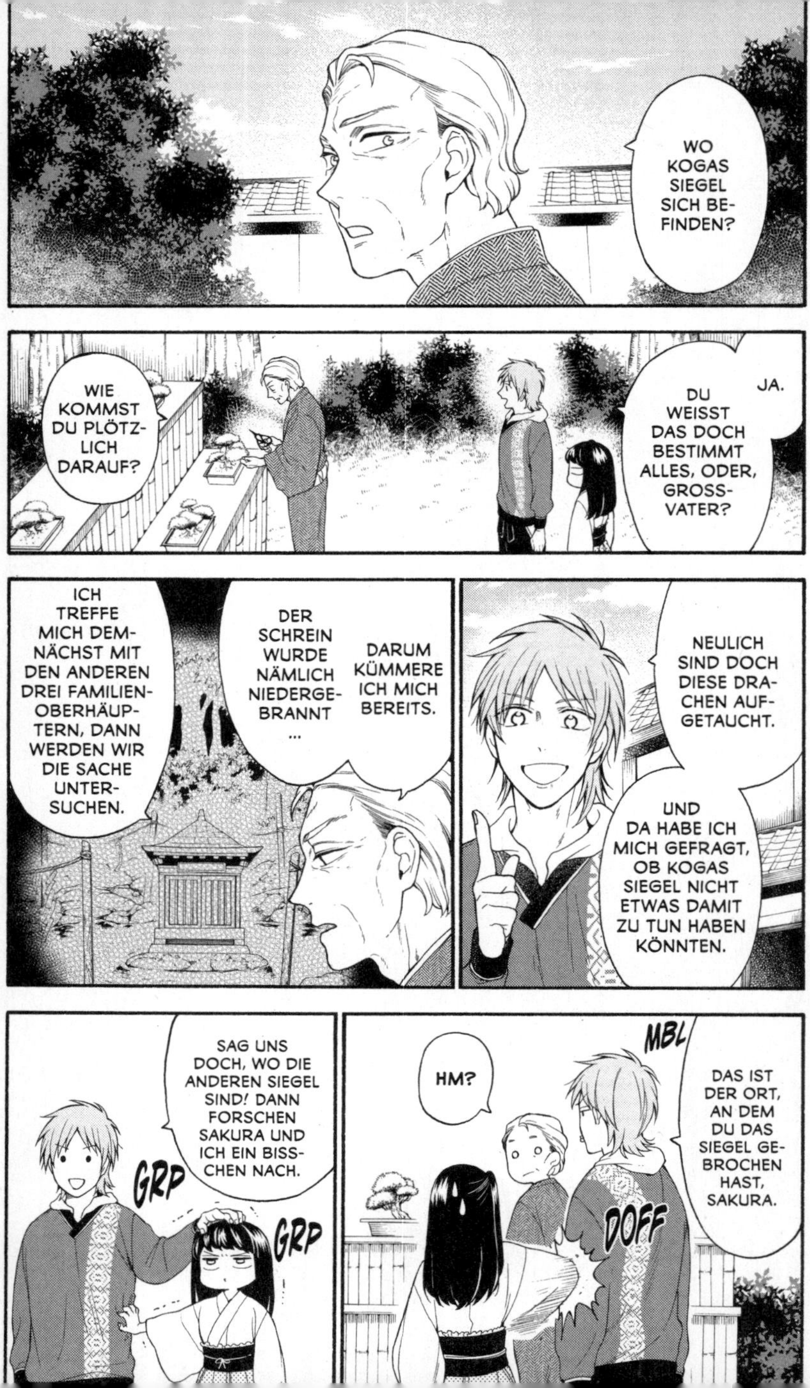
WO KOGAS SIEGEL SICH BEFINDEN?
JA.
DU WEISST DAS DOCH BESTIMMT ALLES, ODER, GROSSVATER?
WIE KOMMST DU PLÖTZLICH DARAUF?
NEULICH SIND DOCH DIESE DRACHEN AUFGETAUCHT.
UND DA HABE ICH MICH GEFRAGT, OB KOGAS SIEGEL NICHT ETWAS DAMIT ZU TUN HABEN KÖNNTEN.
DARUM KÜMMERE ICH MICH BEREITS.
DER SCHREIN WURDE NÄMLICH NIEDERGEBRANNT ...
ICH TREFFE MICH DEMNÄCHST MIT DEN ANDEREN DREI FAMILIENOBERHÄUPTERN, DANN WERDEN WIR DIE SACHE UNTERSUCHEN.
MBL
DAS IST DER ORT, AN DEM DU DAS SIEGEL GEBROCHEN HAST, SAKURA.
DOFF
HM?
SAG UNS DOCH, WO DIE ANDEREN SIEGEL SIND! DANN FORSCHEN SAKURA UND ICH EIN BISSCHEN NACH.
GRP
GRP

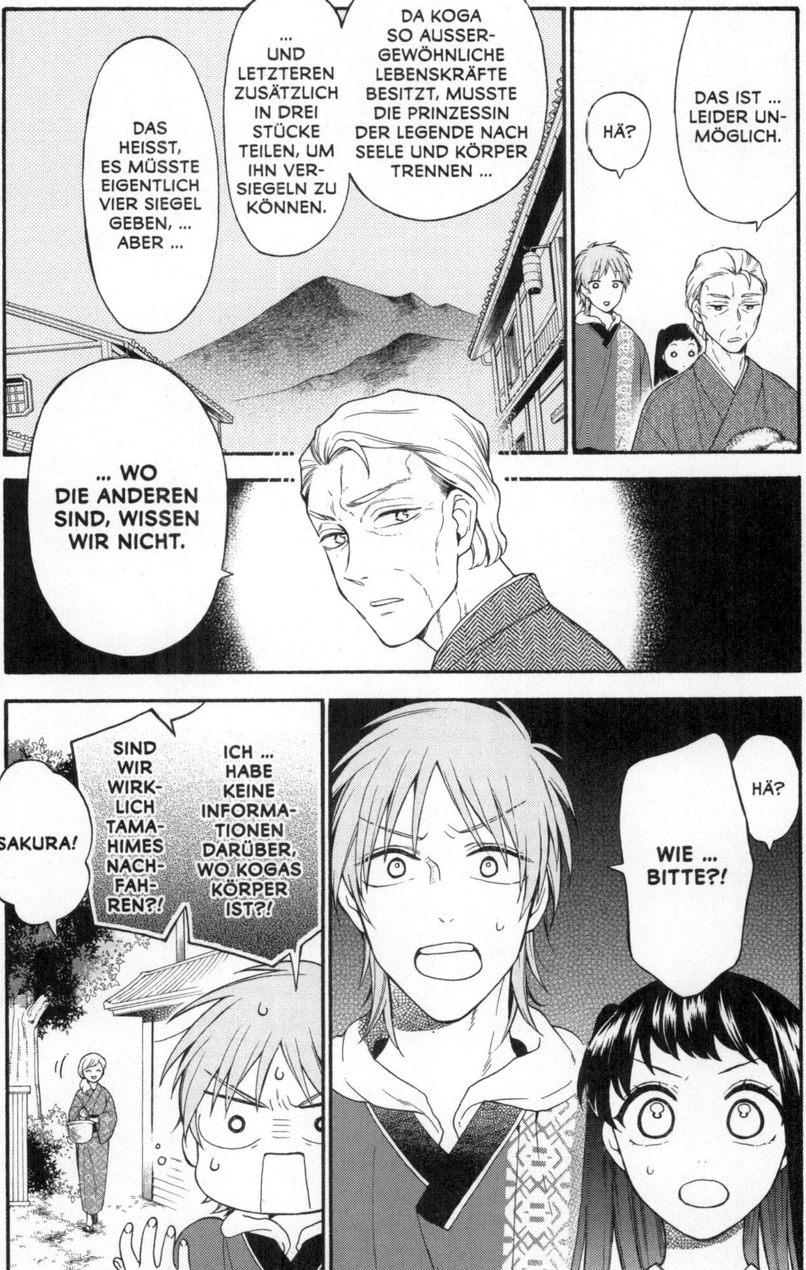
DAS IST ... LEIDER UNMÖGLICH.
HÄ?
DA KOGA SO AUSSERGEWÖHNLICHE LEBENSKRÄFTE BESITZT, MUSSTE DIE PRINZESSIN DER LEGENDE NACH SEELE UND KÖRPER TRENNEN ...
... UND LETZTEREN ZUSÄTZLICH IN DREI STÜCKE TEILEN, UM IHN VERSIEGELN ZU KÖNNEN.
DAS HEISST, ES MÜSSTE EIGENTLICH VIER SIEGEL GEBEN, ... ABER ...
... WO DIE ANDEREN SIND, WISSEN WIR NICHT.
HÄ?
WIE ... BITTE?!
ICH ... HABE KEINE INFORMATIONEN DARÜBER, WO KOGAS KÖRPER IST?!
SIND WIR WIRKLICH TAMAHIMES NACHFAHREN?!
SAKURA!

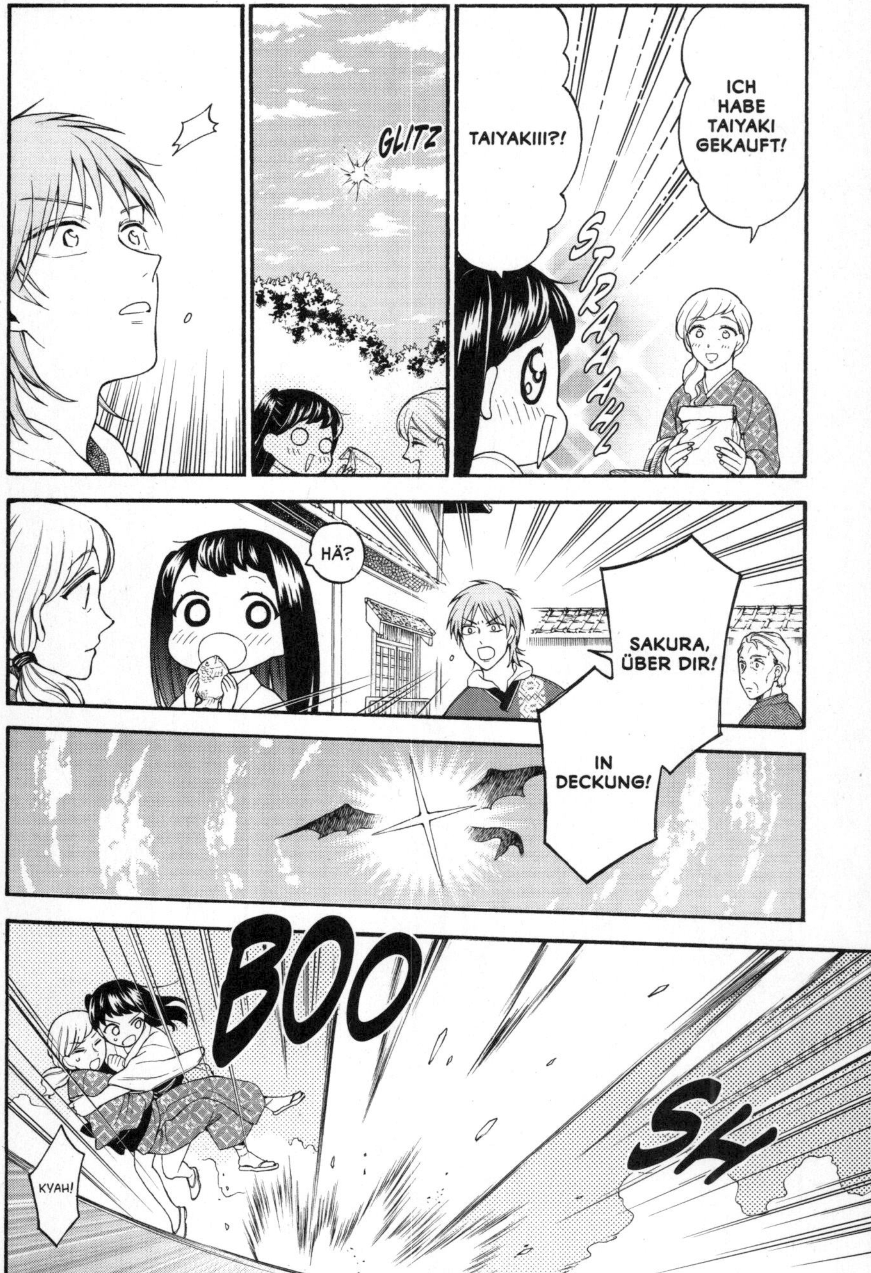
ICH HABE TAIYAKI GEKAUFT!
TAIYAKIII?!
STRAAAAHL
GLITZ
SAKURA, ÜBER DIR!
HÄ?
IN DECKUNG!
BOO
SH
KYAH!

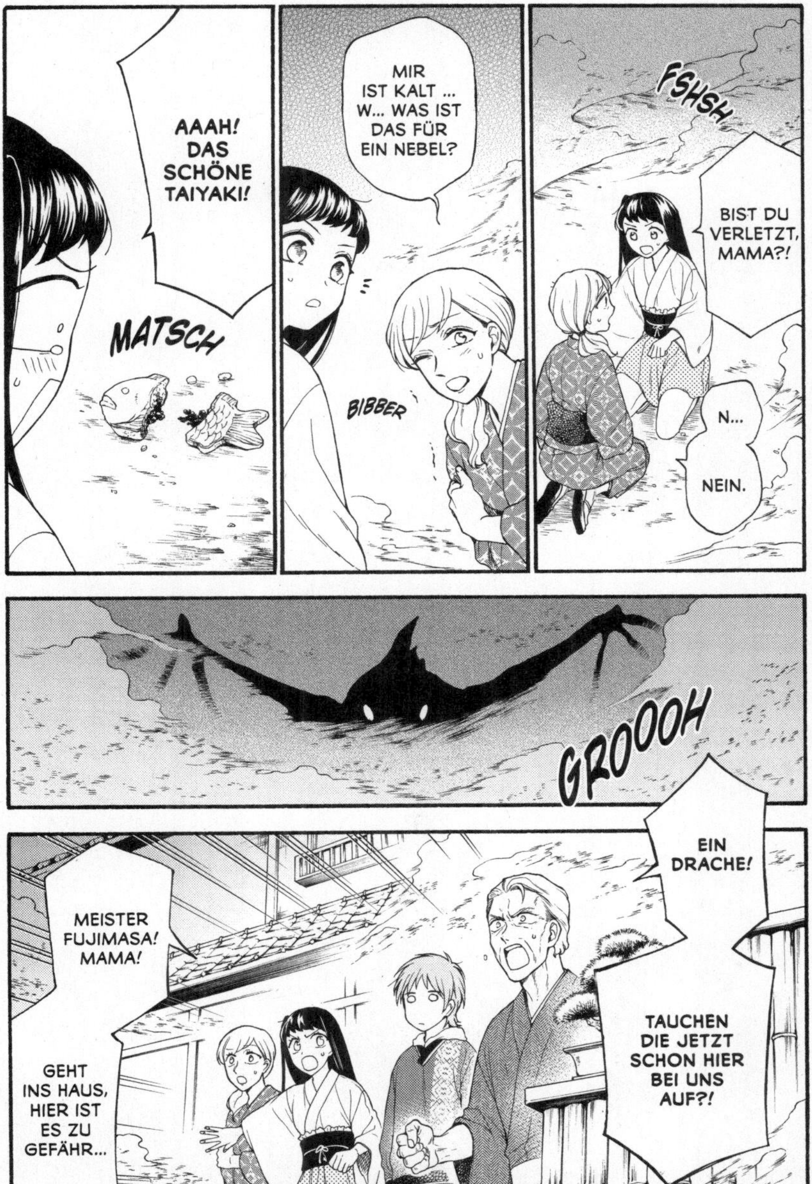
FSHSH
BIST DU VERLETZT, MAMA?!
N...
NEIN.
MIR IST KALT ... W... WAS IST DAS FÜR EIN NEBEL?
BIBBER
AAAH! DAS SCHÖNE TAIYAKI!
MATSCH
GROOOH
EIN DRACHE!
TAUCHEN DIE JETZT SCHON HIER BEI UNS AUF?!
MEISTER FUJIMASA! MAMA!
GEHT INS HAUS, HIER IST ES ZU GEFÄHR...

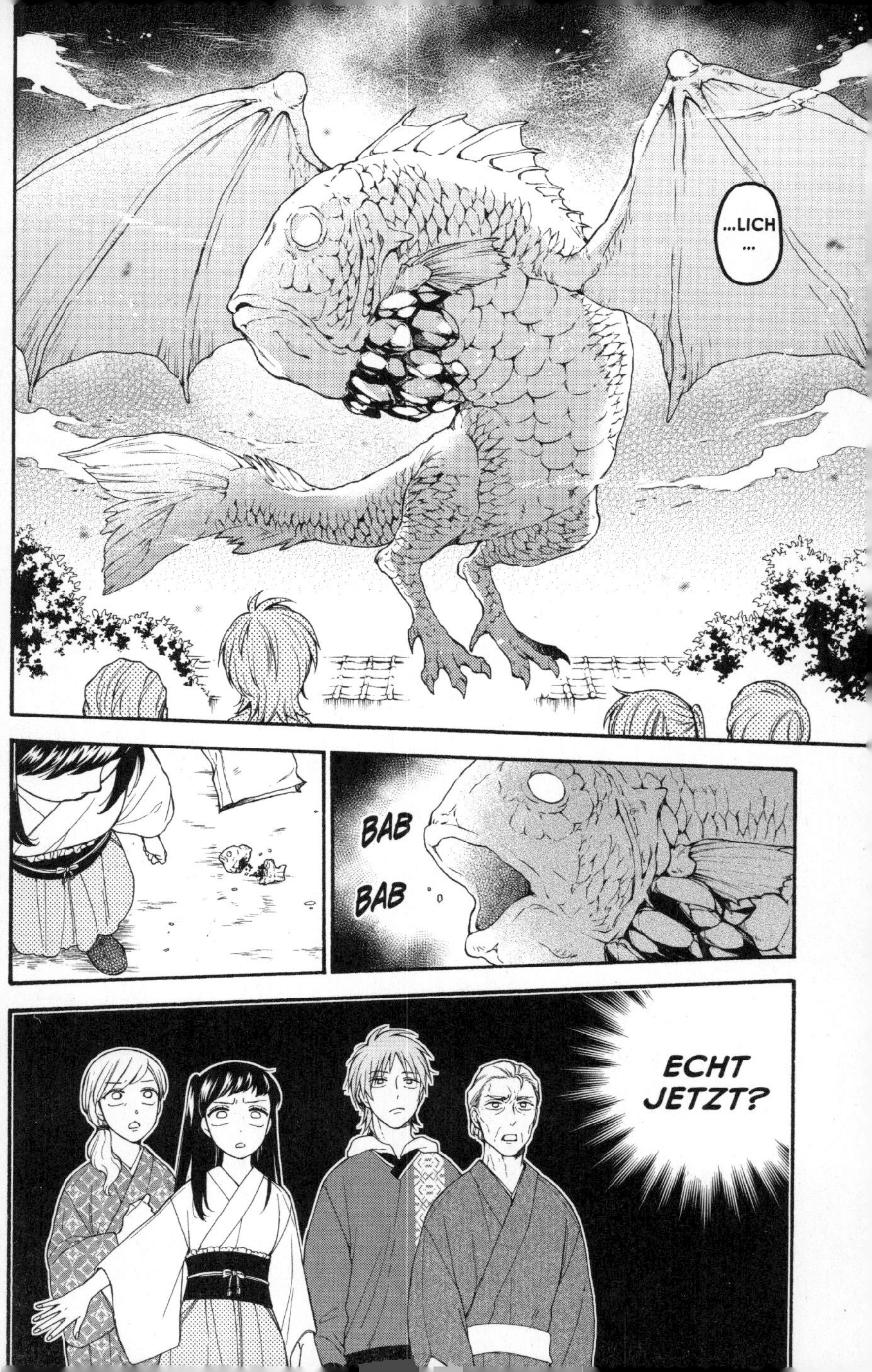
...LICH ...
BAB
BAB
ECHT JETZT?

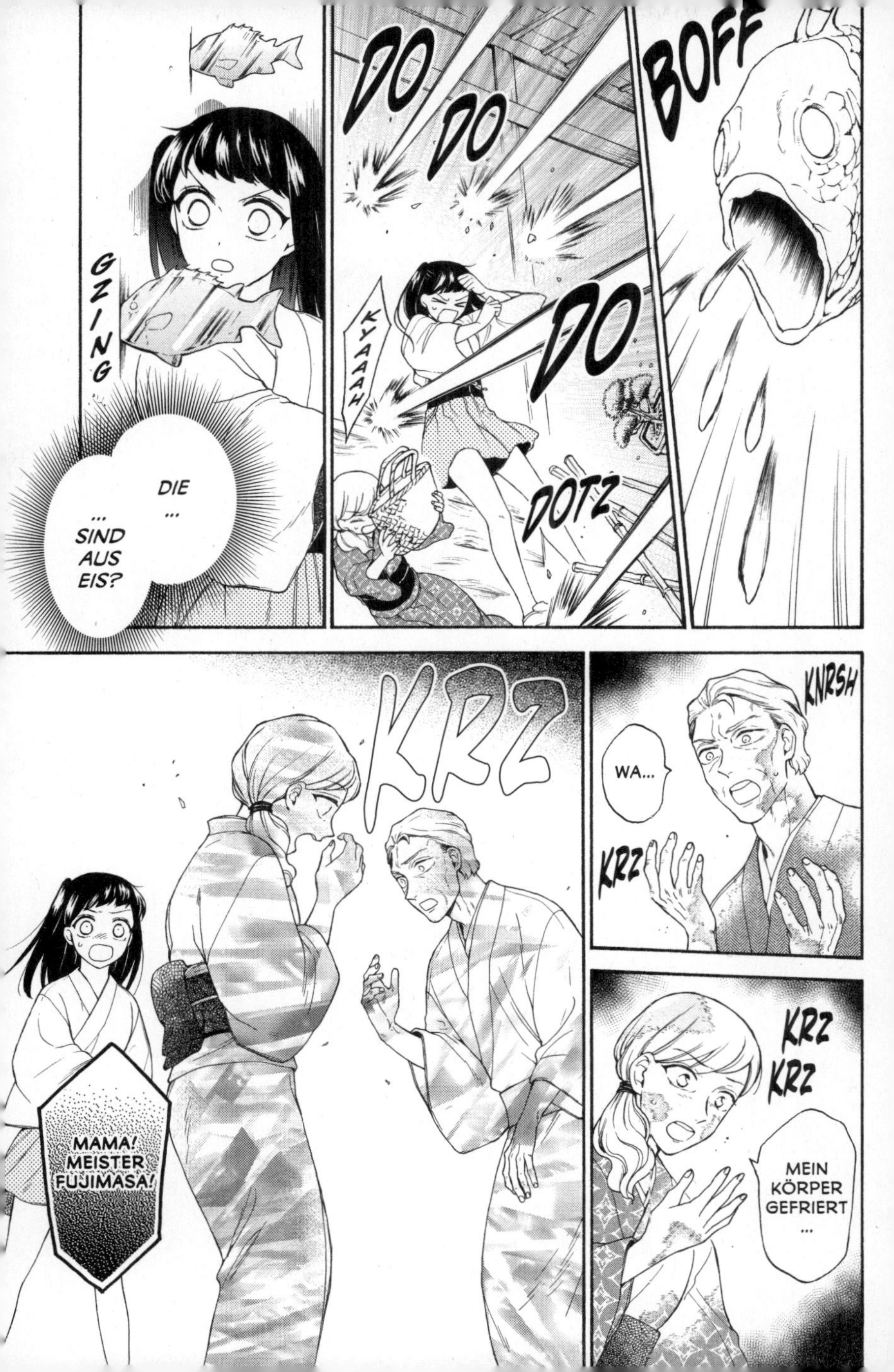
BOFF
DO
DO
KYAAAH
DO
DOTZ
GZING
DIE ... ... SIND AUS EIS?
KNRSH
WA...
KRZ
KRZ
KRZ
MEIN KÖRPER GEFRIERT ...
KRZ
MAMA! MEISTER FUJIMASA!

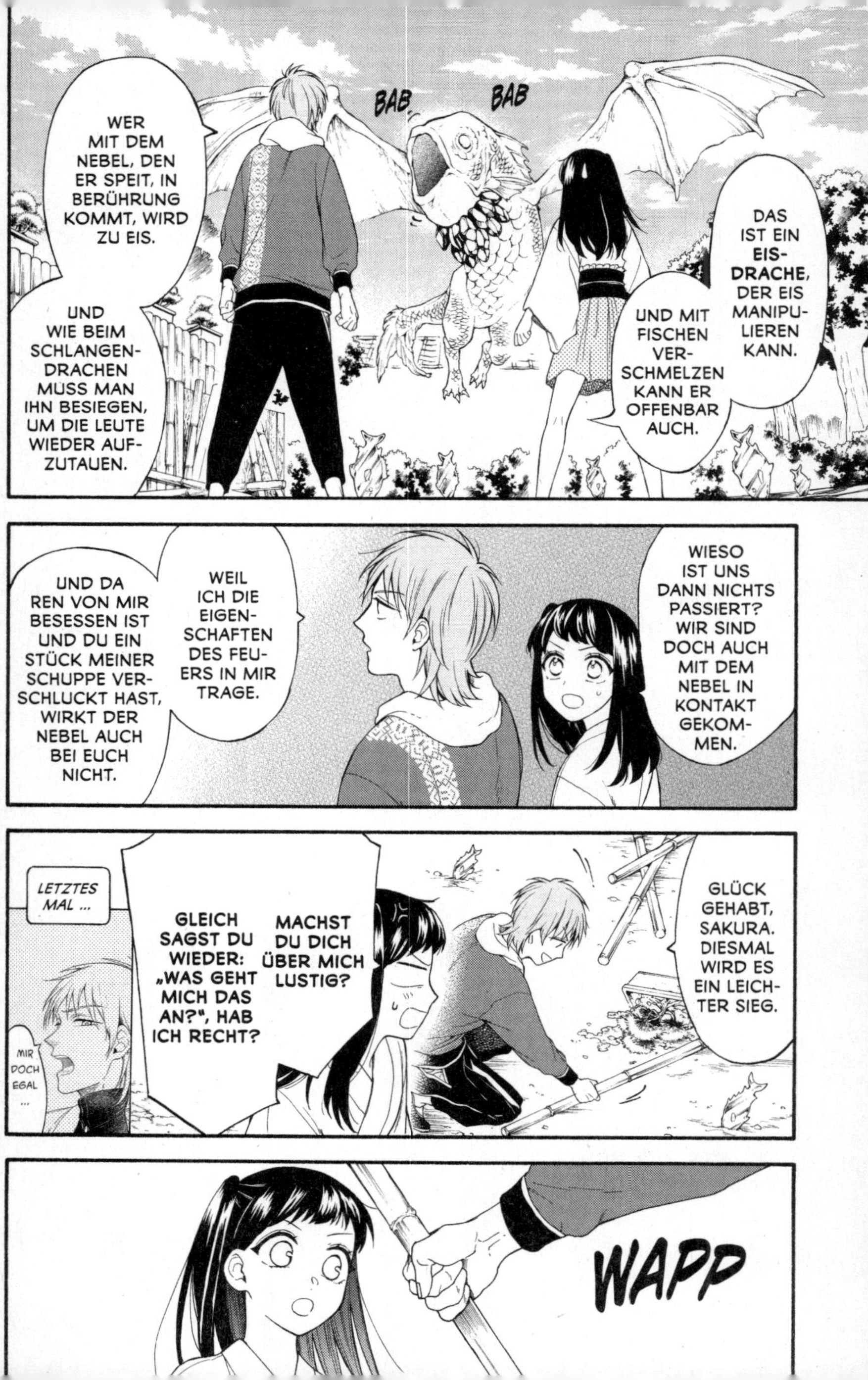

BAB BAB
DAS IST EIN EISDRACHE, DER EIS MANIPULIEREN KANN.
UND MIT FISCHEN VERSCHMELZEN KANN ER OFFENBAR AUCH.
WER MIT DEM NEBEL, DEN ER SPEIT, IN BERÜHRUNG KOMMT, WIRD ZU EIS.
UND WIE BEIM SCHLANGENDRACHEN MUSS MAN IHN BESIEGEN, UM DIE LEUTE WIEDER AUFZUTAUEN.
WIESO IST UNS DANN NICHTS PASSIERT? WIR SIND DOCH AUCH MIT DEM NEBEL IN KONTAKT GEKOMMEN.
WEIL ICH DIE EIGENSCHAFTEN DES FEUERS IN MIR TRAGE.
UND DA REN VON MIR BESESSEN IST UND DU EIN STÜCK MEINER SCHUPPE VERSCHLUCKT HAST, WIRKT DER NEBEL AUCH BEI EUCH NICHT.
GLÜCK GEHABT, SAKURA. DIESMAL WIRD ES EIN LEICHTER SIEG.
MACHST DU DICH ÜBER MICH LUSTIG?
GLEICH SAGST DU WIEDER: „WAS GEHT MICH DAS AN?“, HAB ICH RECHT?
LETZTES MAL ...
MIR DOCH EGAL ...
WAPP

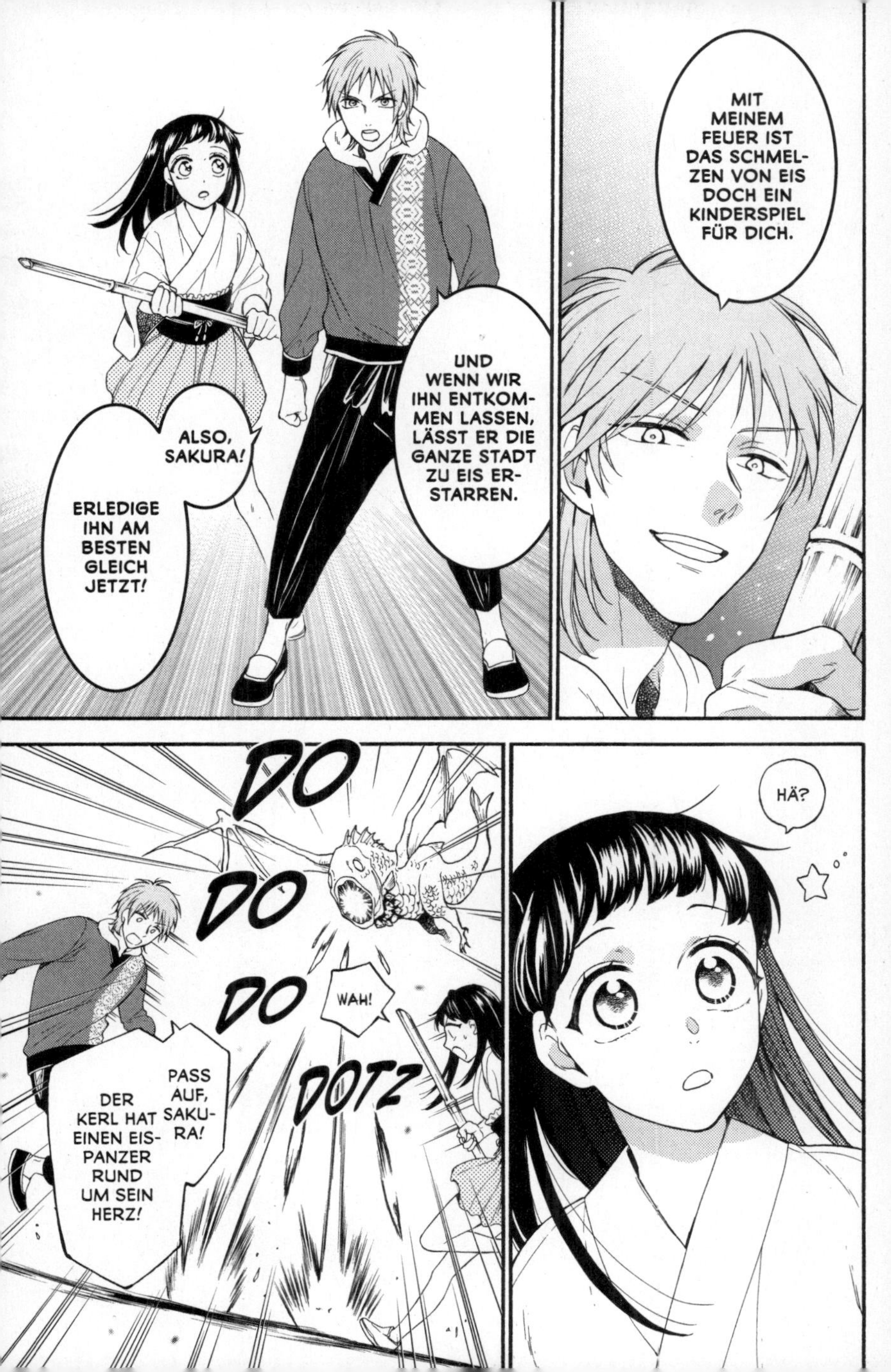
MIT MEINEM FEUER IST DAS SCHMELZEN VON EIS DOCH EIN KINDERSPIEL FÜR DICH.
UND WENN WIR IHN ENTKOMMEN LASSEN, LÄSST ER DIE GANZE STADT ZU EIS ERSTARREN.
ALSO, SAKURA!
ERLEDIGE IHN AM BESTEN GLEICH JETZT!
HÄ?
DO
DO
DO
DOTZ
WAH!
PASS AUF, SAKURA!
DER KERL HAT EINEN EISPANZER RUND UM SEIN HERZ!

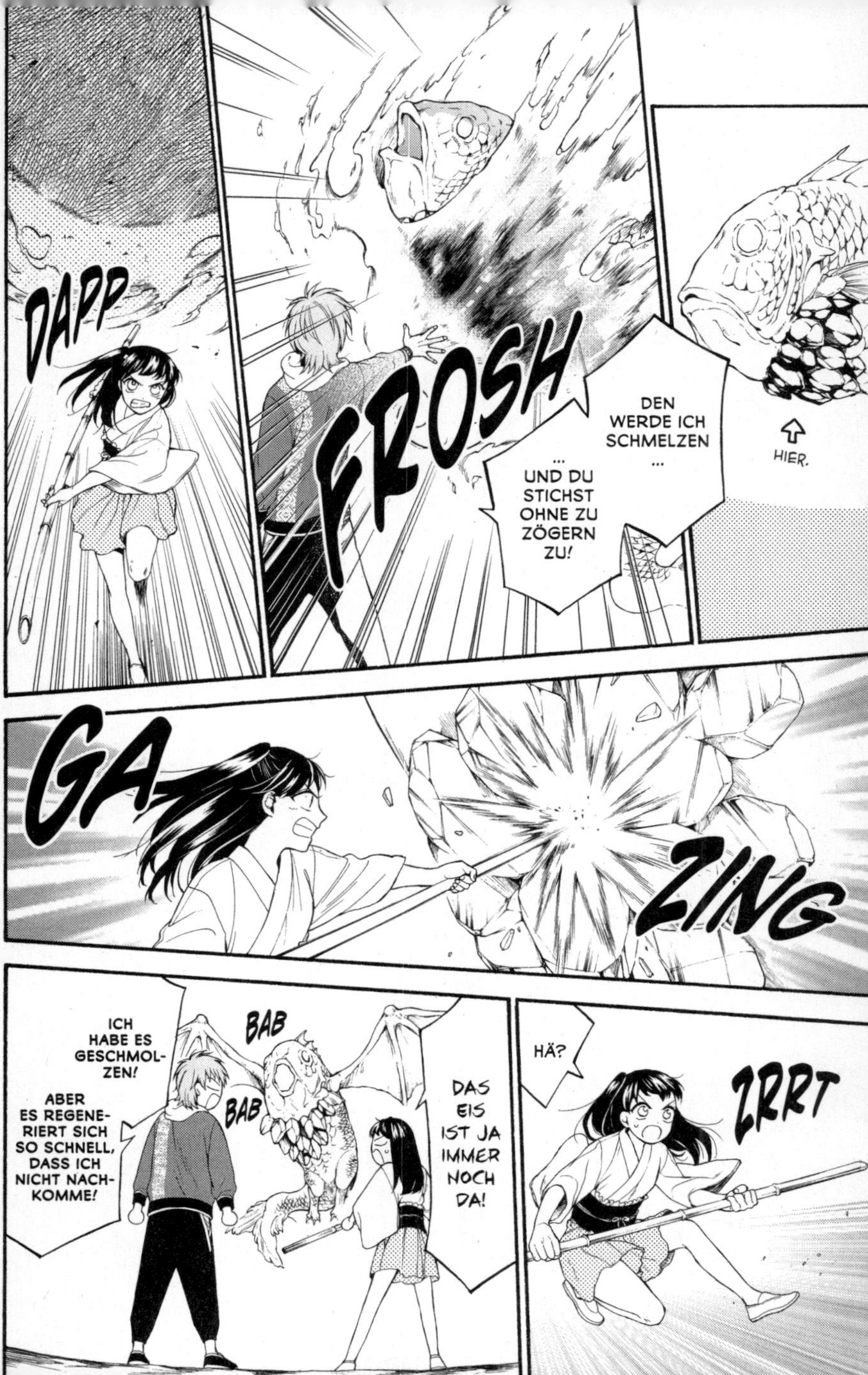
HIER.
DEN WERDE ICH SCHMELZEN ...
... UND DU STICHST OHNE ZU ZÖGERN ZU!
FROSH
DAPP
GA
ZING
ZRRT
HÄ?
DAS EIS IST JA IMMER NOCH DA!
BAB
BAB
ICH HABE ES GESCHMOL-ZEN!
ABER ES REGENE-RIERT SICH SO SCHNELL, DASS ICH NICHT NACH-KOMME!

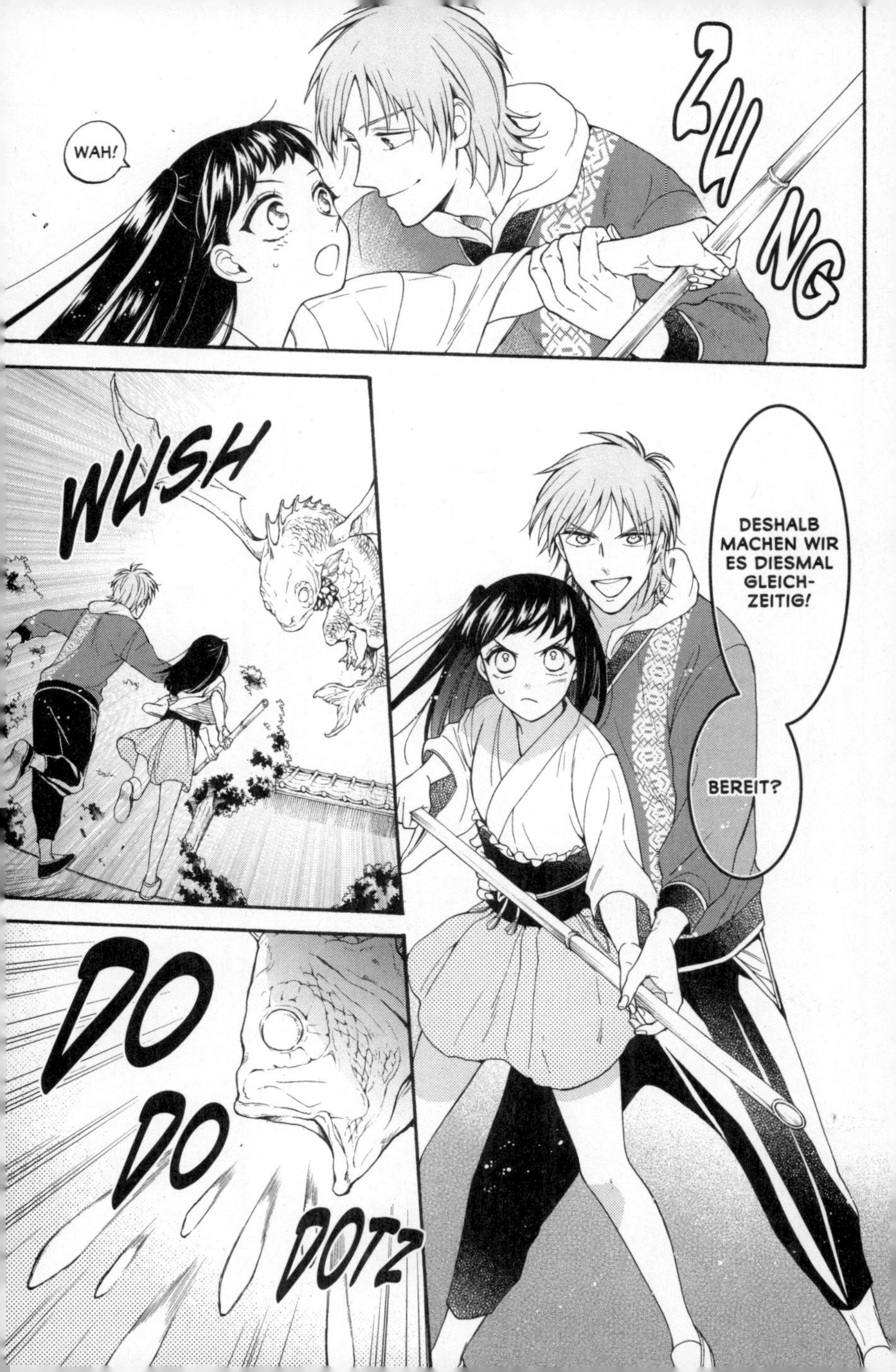
ZUING
WAH!
DESHALB MACHEN WIR ES DIESMAL GLEICH-ZEITIG!
BEREIT?
WUSH
DO DO DOTZ

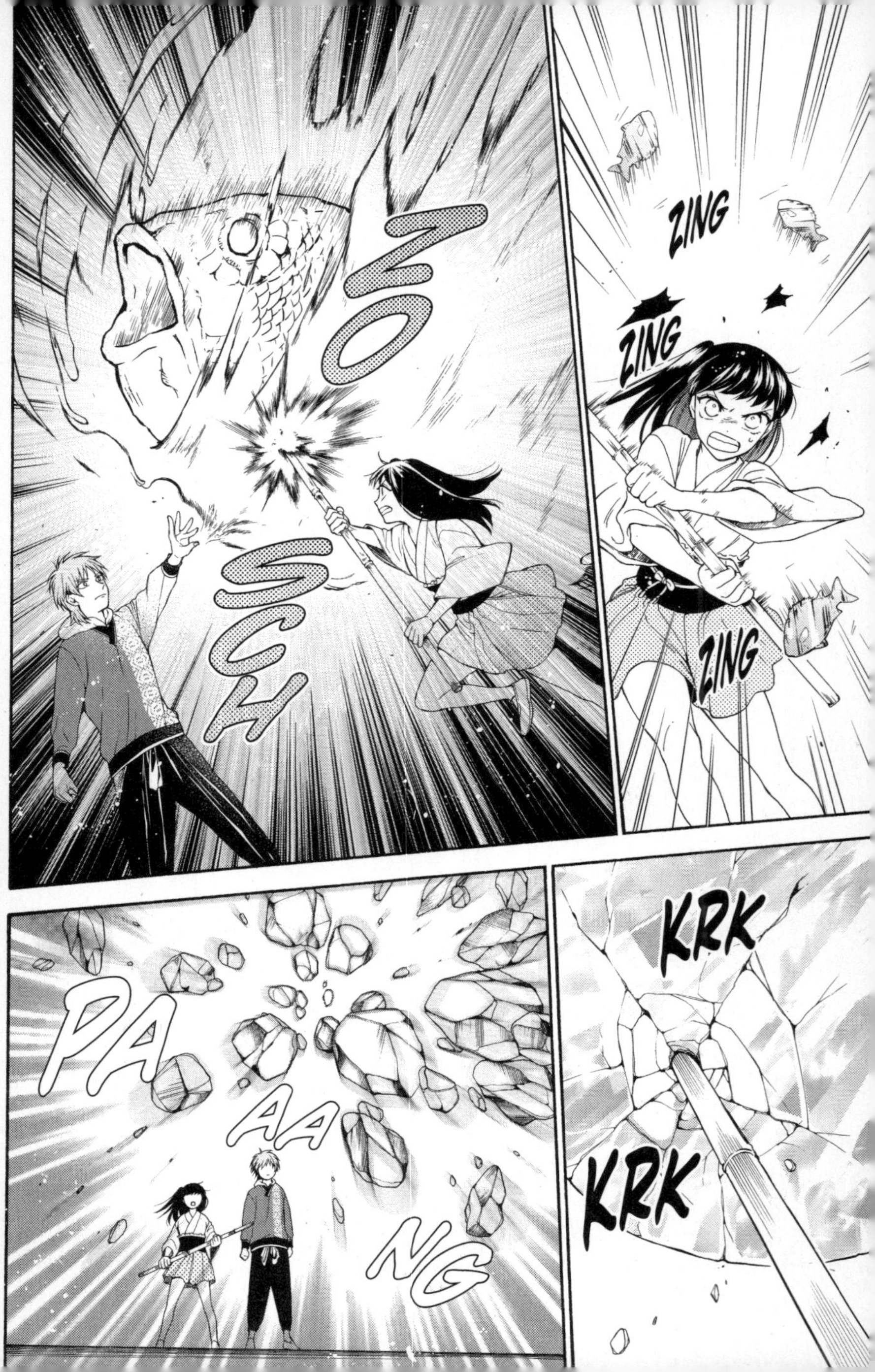
ZING
ZING
ZING
ZOSCH
KRK
KRK
PA
AA
NG

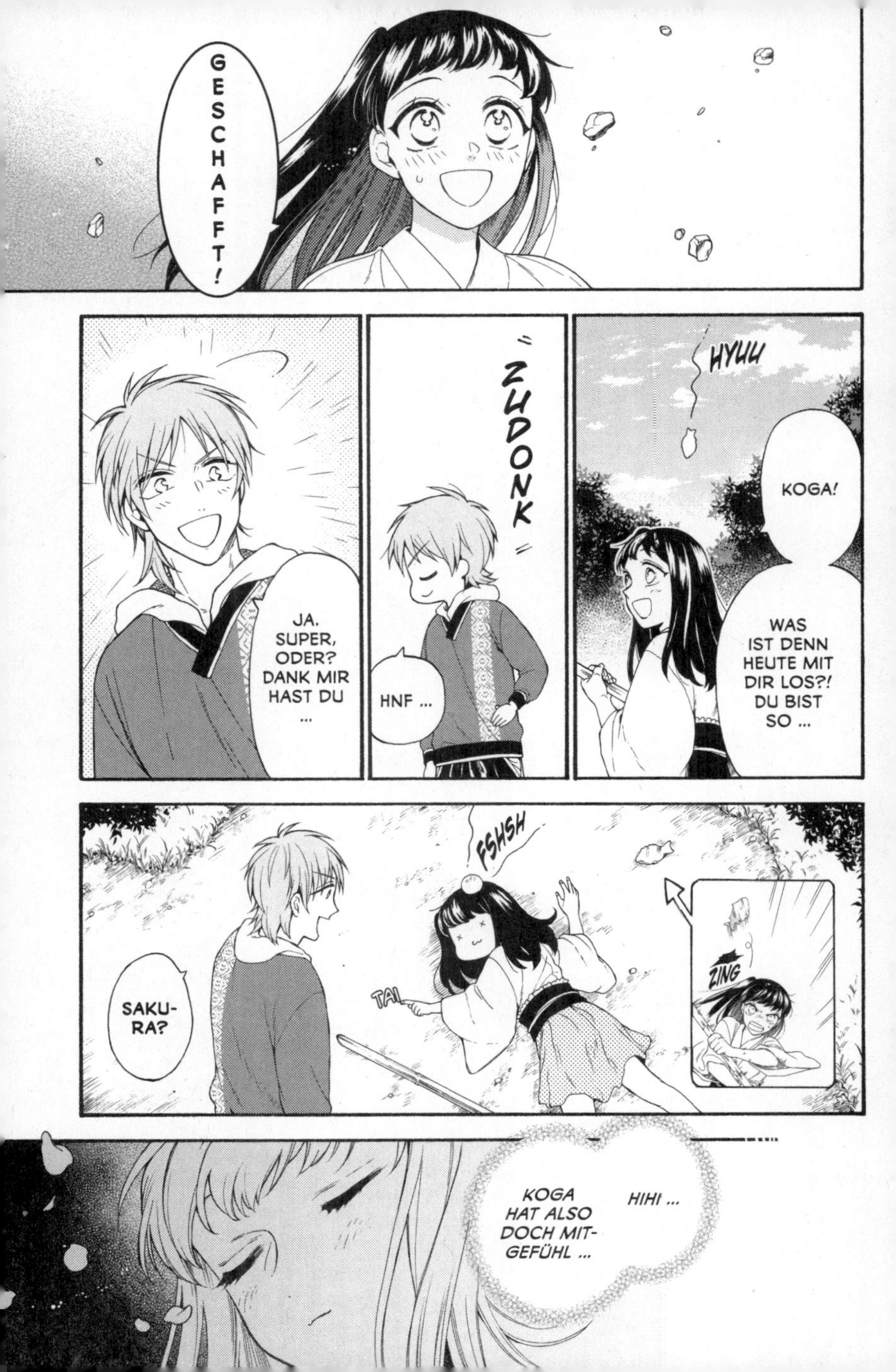
GESCHAFFT!
HYUU
KOGA!
WAS IST DENN HEUTE MIT DIR LOS?! DU BIST SO ...
ZUDONK
HNF ...
JA. SUPER, ODER? DANK MIR HAST DU ...
ZING
FSHSH
TAI
SAKURA?
HIHI ...
KOGA HAT ALSO DOCH MIT-GEFÜHL ...

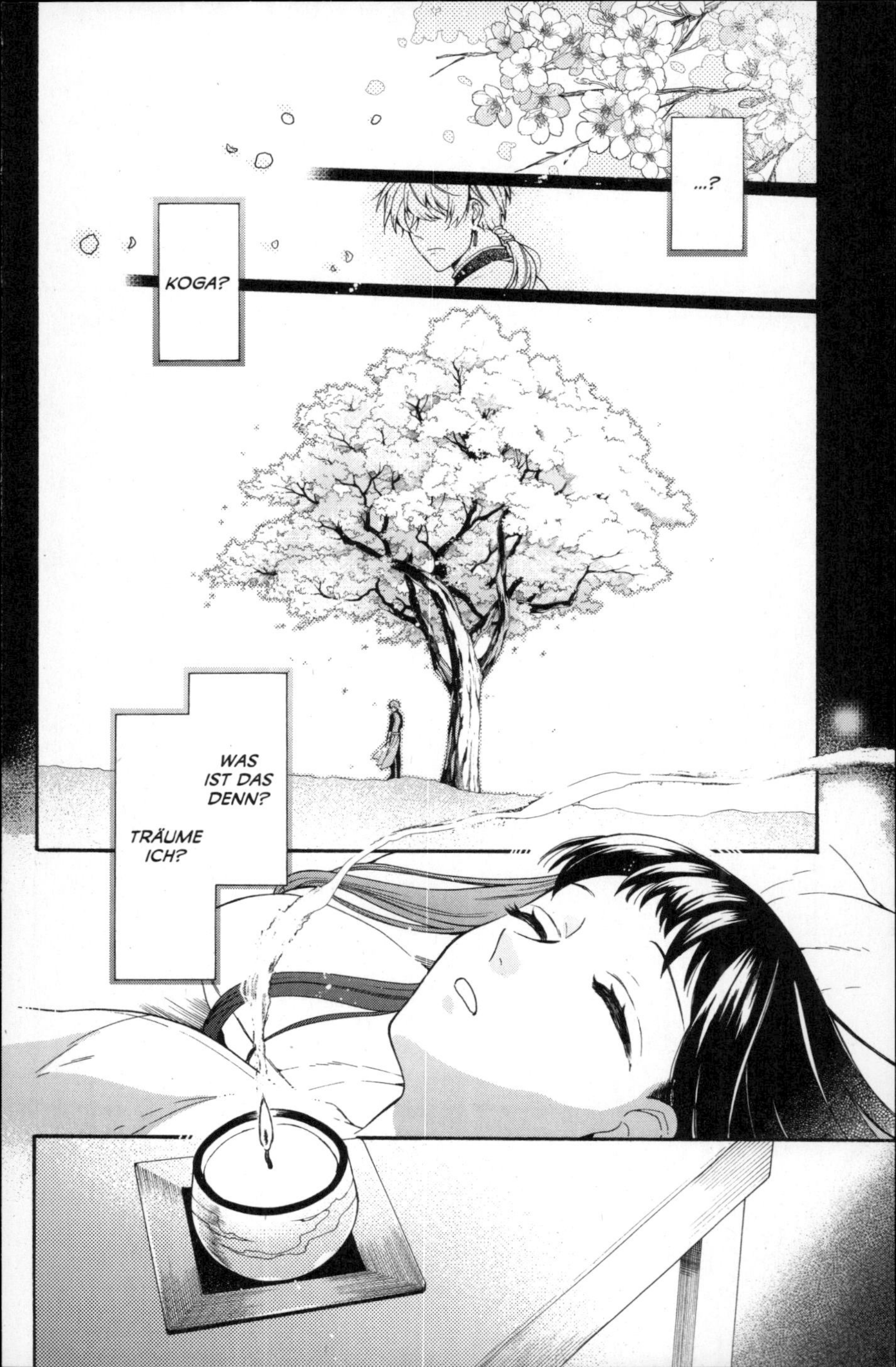
...?
KOGA?
WAS IST DAS DENN?
TRÄUME ICH?

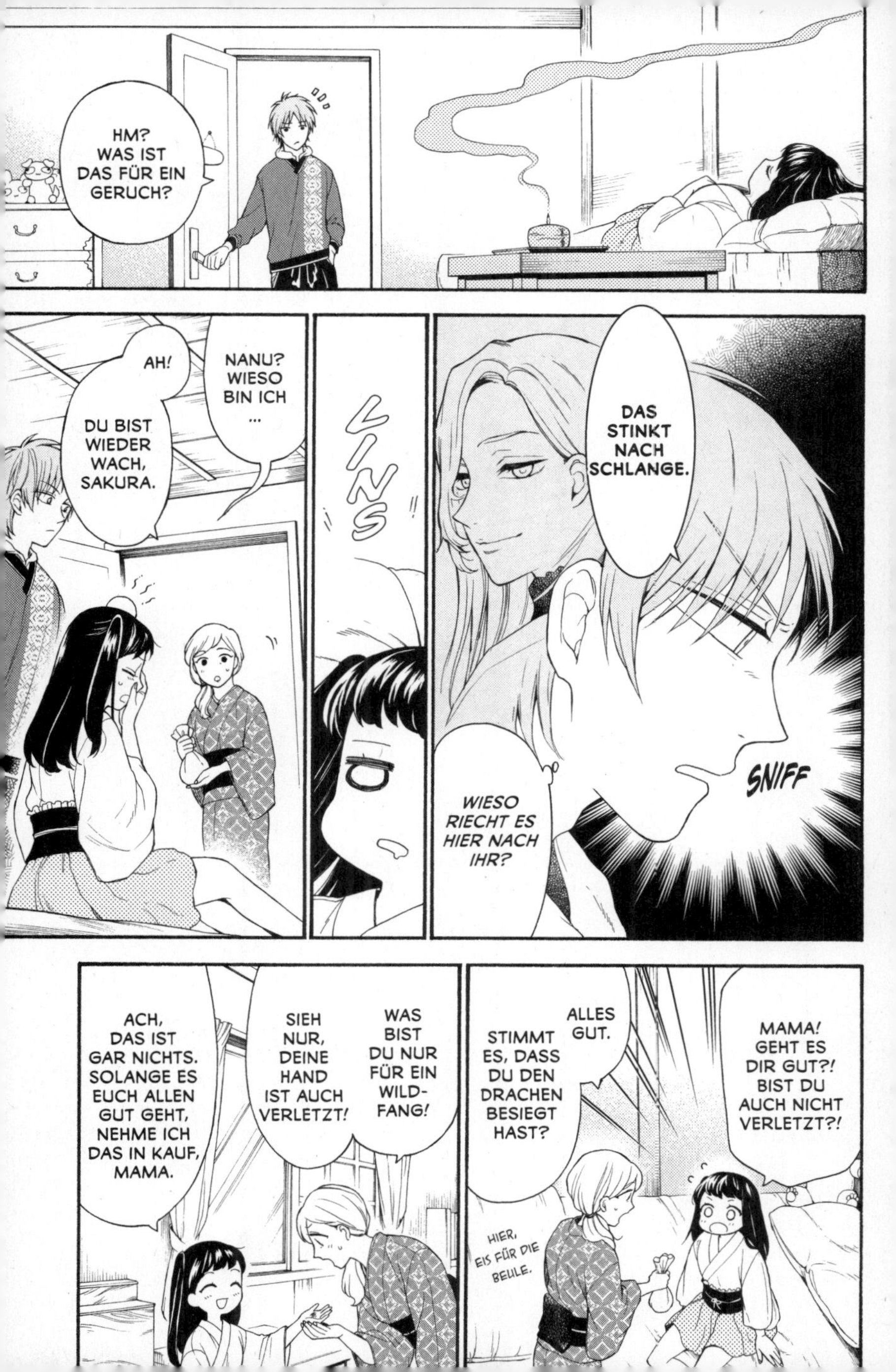
HM? WAS IST DAS FÜR EIN GERUCH?
DAS STINKT NACH SCHLANGE.
SNIFF
WIESO RIECHT ES HIER NACH IHR?
VINS
NANU? WIESO BIN ICH ...
AH!
DU BIST WIEDER WACH, SAKURA.
MAMA! GEHT ES DIR GUT?! BIST DU AUCH NICHT VERLETZT?!
ALLES GUT.
STIMMT ES, DASS DU DEN DRACHEN BESIEGT HAST?
HIER, EIS FÜR DIE BEULE.
WAS BIST DU NUR FÜR EIN WILD-
FANG!
SIEH NUR, DEINE HAND IST AUCH VERLETZT!
ACH, DAS IST GAR NICHTS. SOLANGE ES EUCH ALLEN GUT GEHT, NEHME ICH DAS IN KAUF, MAMA.

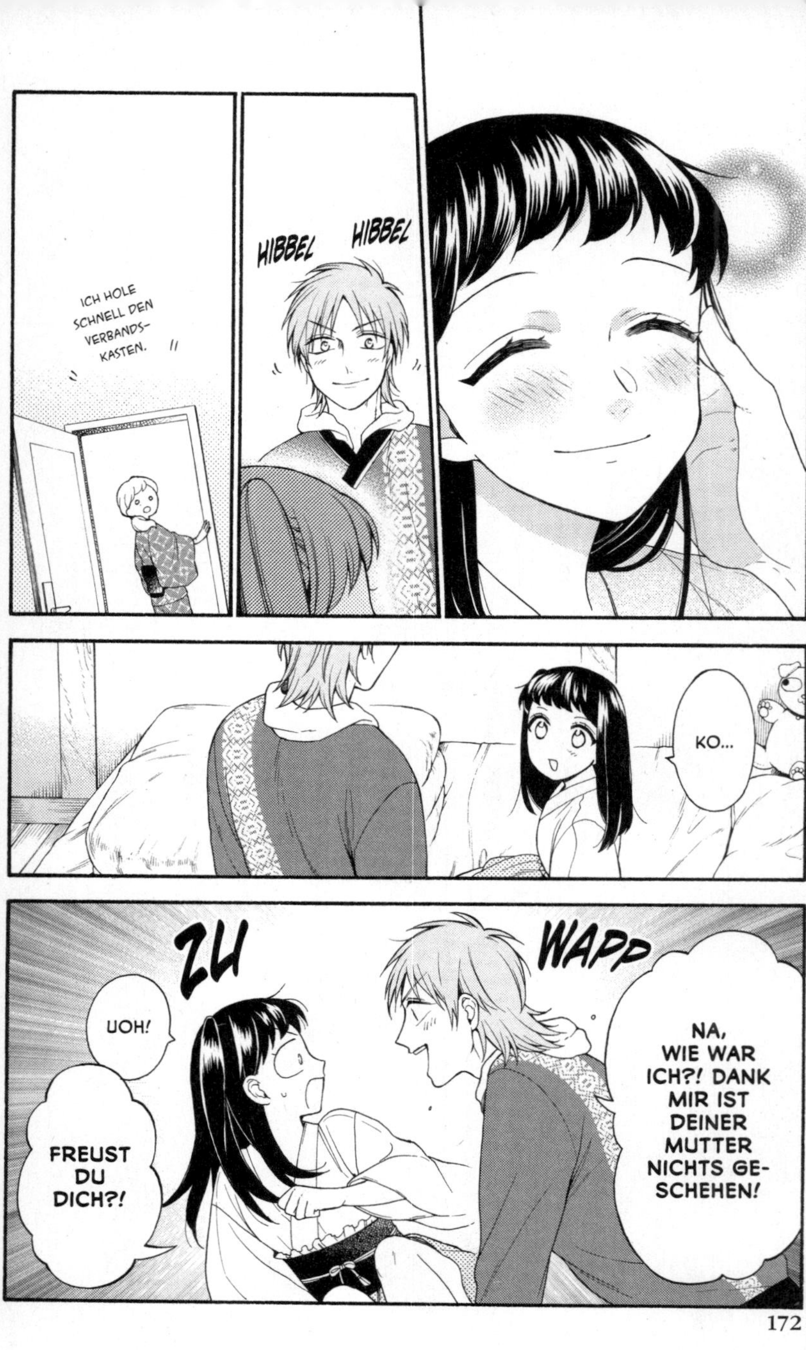

ICH HOLE SCHNELL DEN VERBANDS-KASTEN.
HIBBEL
HIBBEL
KO...
WAPP
ZU
NA, WIE WAR ICH?! DANK MIR IST DEINER MUTTER NICHTS GE-SCHEHEN!
UOH!
FREUST DU DICH?!

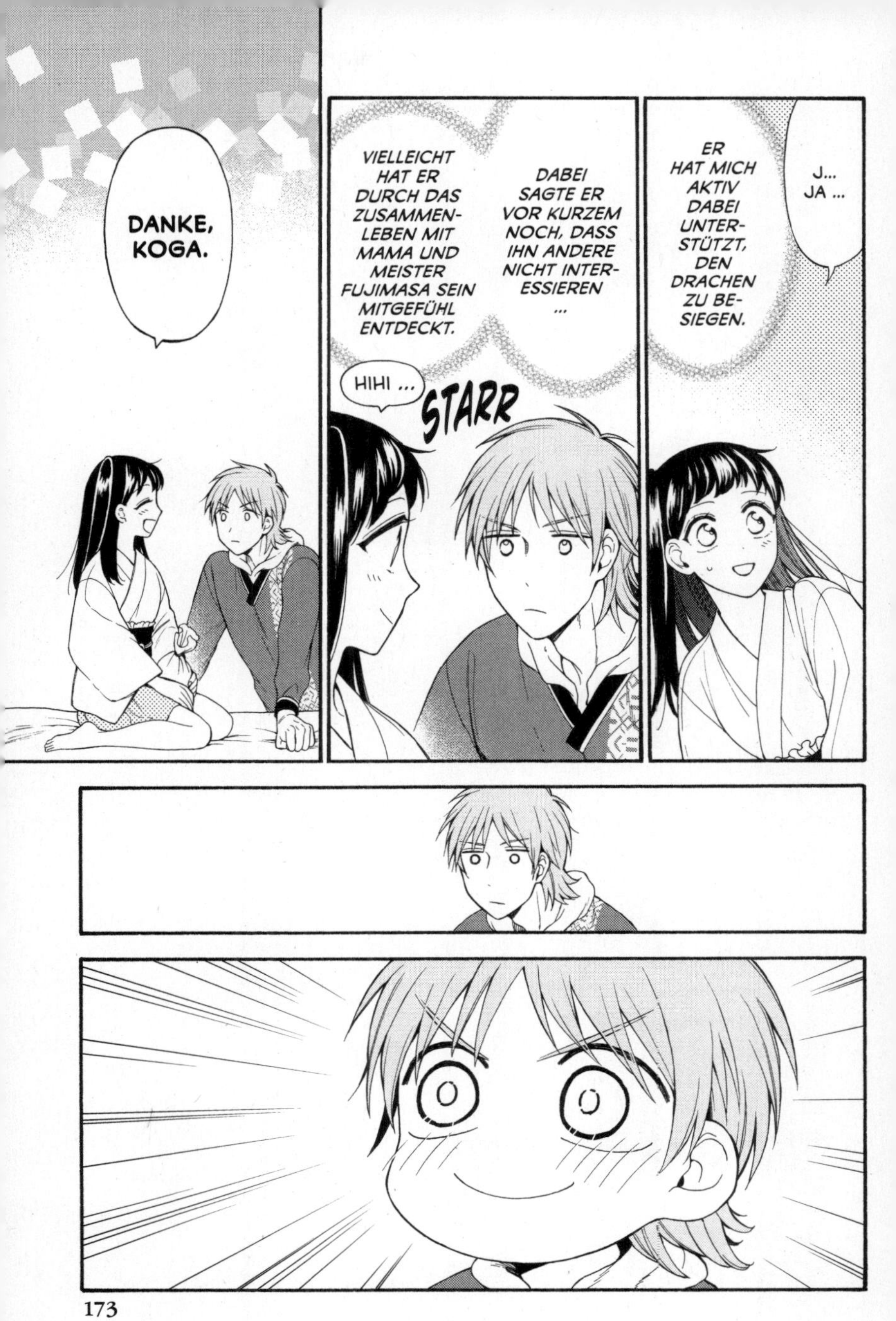

J... JA ...
ER HAT MICH AKTIV DABEI UNTERSTÜTZT, DEN DRACHEN ZU BESIEGEN.
DABEI SAGTE ER VOR KURZEM NOCH, DASS IHN ANDERE NICHT INTERESSIEREN ...
VIELLEICHT HAT ER DURCH DAS ZUSAMMENLEBEN MIT MAMA UND MEISTER FUJIMASA SEIN MITGEFÜHL ENTDECKT.
HIHI ...
STARR
DANKE, KOGA.

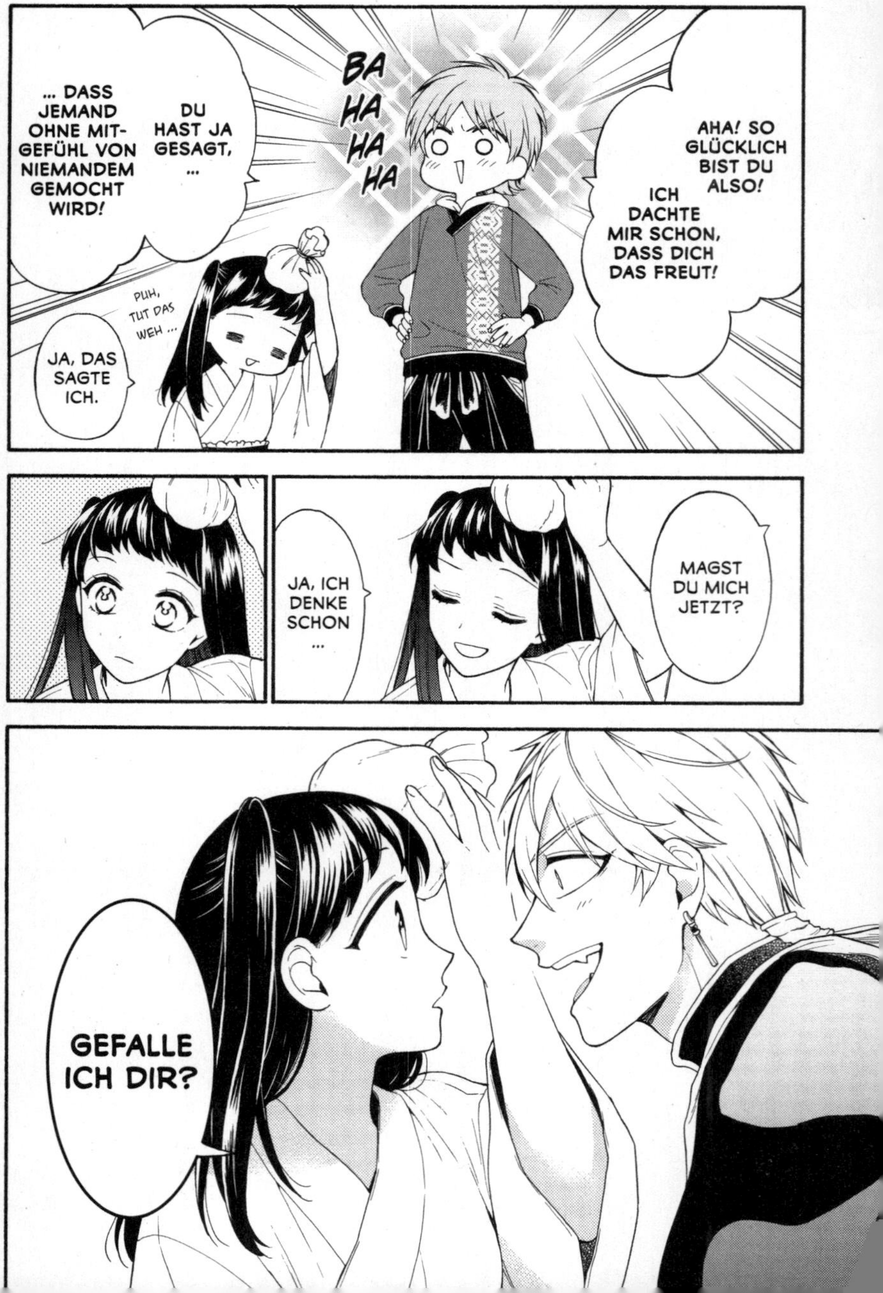
AHA! SO GLÜCKLICH BIST DU ALSO!
ICH DACHTE MIR SCHON, DASS DICH DAS FREUT!
BA HA HA HA
DU HAST JA GESAGT, ...
... DASS JEMAND OHNE MIT-GEFÜHL VON NIEMANDEM GEMOCHT WIRD!
PUH, TUT DAS WEH ...
JA, DAS SAGTE ICH.
MAGST DU MICH JETZT?
JA, ICH DENKE SCHON ...
GEFALLE ICH DIR?

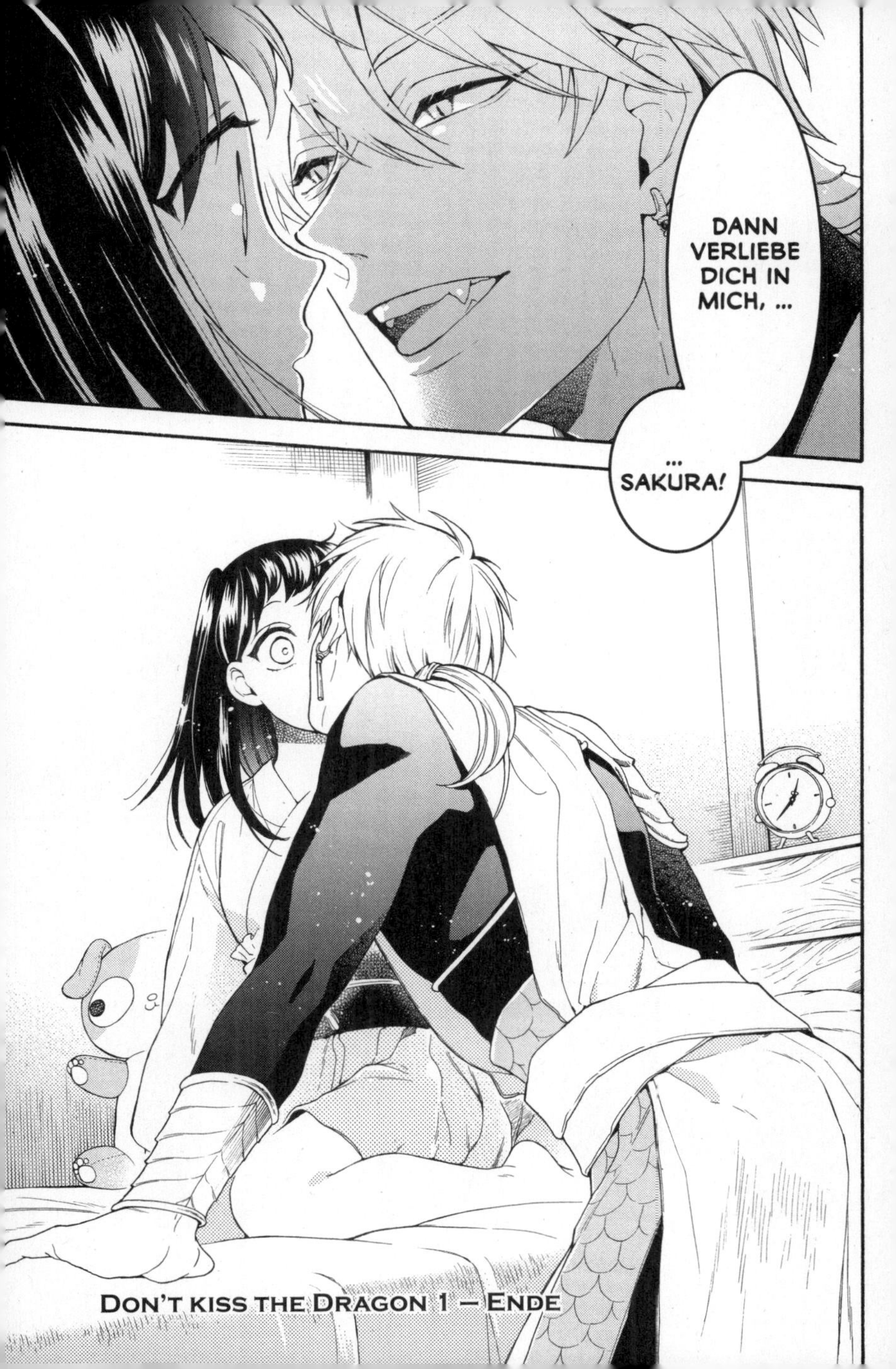

Don't kiss the Dragon 1 – Ende

NACHWORT

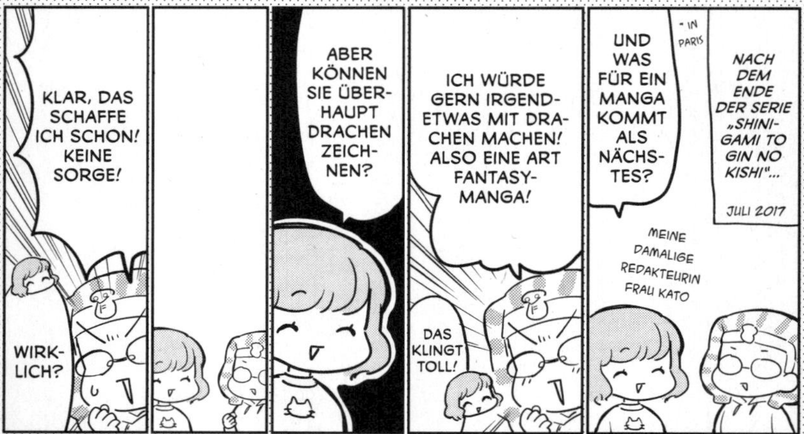

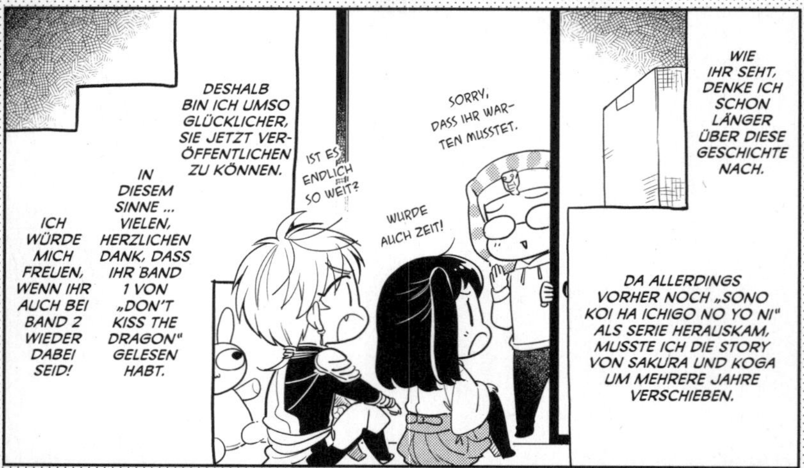

SPECIAL THANKS

AN MEINE ASSISTENTEN
EIKICHI-SAN & SETSU-SAN
TAUSEND DANK FÜR ALLES!

AN DEN DESIGNER
VIELEN DANK FÜR
DAS FANTASTISCHE
DESIGN!

AN MEINE REDAKTEURE
KATO-SAN, YAMAZAKI-SAN & HIRASAWA-SAN
ICH BIN GLÜCKLICH, DASS AN DIESEM
MANGA SO VIELE MENSCHEN BETEILIGT
SIND!

UND AN EUCH!!

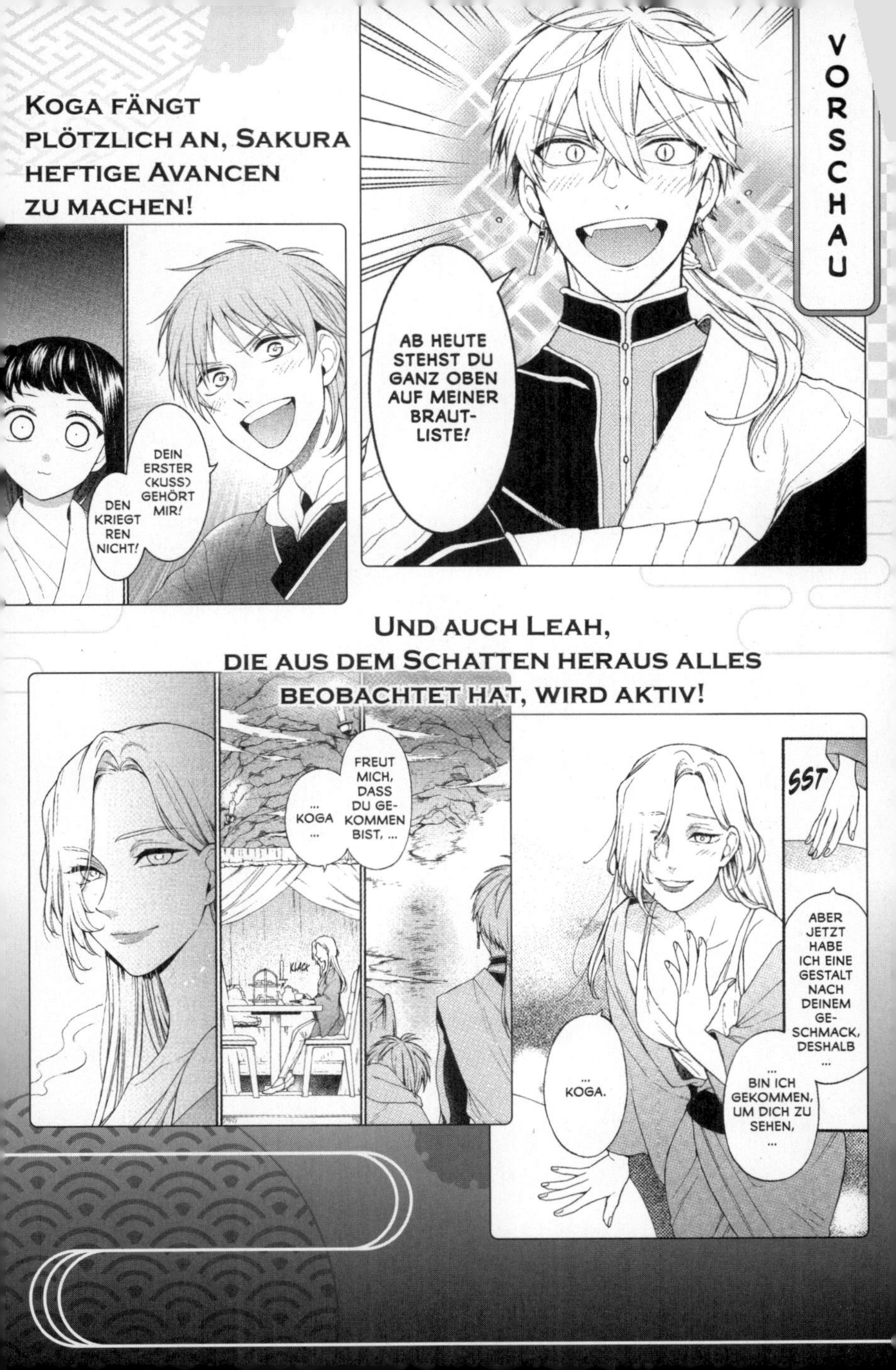
VORSCHAU
Koga fängt plötzlich an, Sakura heftige Avancen zu machen!
Ab heute stehst du ganz oben auf meiner Braut-liste!
Dein erster (Kuss) gehört mir!
Den kriegt Ren nicht!
Und auch Leah, die aus dem Schatten heraus alles beobachtet hat, wird aktiv!
SST
Aber jetzt habe ich eine Gestalt nach deinem Ge-schmack, deshalb ...
... bin ich gekommen, um dich zu sehen, ...
... Koga.
Freut mich, dass du ge-kommen bist, ...
... Koga ...
KLACK

Don't kiss the Dragon

RYU NO HANAYOME OKOTOWARI vol.1

Bühlstraße 4, D-95463 Bindlach

Aus dem Japanischen von Claudia Peter

Redaktion: Patrick Peltsch
Umschlaggestaltung: Jenifer Hüttmann
Herstellung: Gabriela Müller
Lettering: Datagrafix GPS GmbH
Druck und Bindung: GGP Media GmbH,
Karl-Marx-Straße 24, D-07381 Pößneck

ISBN 978-3-7432-1997-7
1. Auflage 2024

FSC www.fsc.org MIX Papier | Fördert gute Waldnutzung FSC® C014496